Sois jeune et tais-toi

Salomé Saqué

Sois jeune et tais-toi

Réponse à ceux qui critiquent la jeunesse

PETITE BIBLIO
PAYOT

Retrouvez l'ensemble des parutions
des Éditions Payot & Rivages sur

payot-rivages.fr

Cet ouvrage porte le numéro 1255 dans la collection
« Petite Bibliothèque Payot »

NOTE À LA PRÉSENTE ÉDITION

Paris, février 2024

La manière dont ce livre a été accueilli à sa sortie a dépassé toutes mes attentes. Jamais je n'aurais imaginé que vous seriez si nombreuses et nombreux à venir à ma rencontre. J'ai été profondément émue par nos échanges, vos témoignages et vos encouragements. Vos voix, vos histoires, ont continué à nourrir ce projet, m'ont redonné énergie et espoir en l'avenir.

Quand je dis « vous », je m'adresse aux plus jeunes, qui ont représenté la majorité du public lors de mes déplacements, mais je ne veux pas oublier les plus âgés que j'ai eu plaisir à rencontrer, et avec qui j'ai échangé, quand bien même nous n'étions pas toujours d'accord : ce livre s'adresse aussi à eux, à nos parents et grands-parents, qui ont entre leurs mains une grande partie de la solution.

Car tout reste à faire pour les jeunes. Tout au long de l'année 2023 et jusqu'au début 2024, à l'heure où j'écris ces lignes, le président de la République s'est fait le porte-voix de clichés sur la jeunesse aussi négatifs qu'erronés. Dans son sillage, de hauts responsables politiques ont défendu l'idée que la jeunesse avait besoin d'« ordre », de « discipline » ou encore de « cohésion ». Des jeunes femmes ont dû justifier de la longueur de leur jupe à la télévision, de jeunes militants écologistes ont été qualifiés d'« écoterroristes ». Plus que jamais, je crois que les jeunes ne doivent pas se taire, et plus que jamais, il est nécessaire qu'ils soient écoutés. C'est là toute l'ambition de cet ouvrage : contribuer d'une part à ce que les voix portent, d'autre part à ce que les oreilles entendent. Puisse cette nouvelle édition y contribuer à son tour.

AVANT-PROPOS

« Connasse ! Crève et fais pas chier ! »

Ce sont les mots qu'un actionnaire de TotalEnergies, âgé d'une soixantaine d'années, a assénés le 25 mai 2022 à une jeune militante pour le climat qui bloquait l'entrée de l'assemblée générale du groupe pour en dénoncer les activités climaticides[1]. La séquence a fait le tour des réseaux, les larmes de la jeune femme en ont ému certains, quand d'autres ont fustigé son « non-respect des règles » ou l'ont traitée de « geignarde ».

Ces insultes m'ont révoltée et le désespoir de cette jeune femme m'a intimement touchée. La séquence m'a semblé tellement violente que j'ai immédiatement tenté de joindre des témoins de la scène pour m'assurer qu'elle n'était pas tronquée : n'y avait-il pas eu une altercation au préalable ? Les actionnaires n'avaient-ils pas été eux-mêmes injuriés ou bousculés ? Ne manquait-il pas un élément de contexte pour comprendre cette invraisemblable brutalité ? À ma stupéfaction, les réponses sont catégoriques : l'actionnaire a insulté la militante sans avoir été aucunement agressé auparavant. Être confronté à une poignée de jeunes[2] venus remettre en cause sa vision du monde et lui reprocher ses intérêts personnels a suffi à le faire sortir de ses gonds et abandonner toute la bienséance poudrée généralement de mise dans ce genre d'événement, pour couvrir d'insultes une jeune fille en pleurs. Au nom du respect de leur sacro-sainte liberté, d'autres actionnaires se sont insurgés contre l'occupation pacifiste du parvis du bâtiment de Total ce jour-là.

Comme j'aurais aimé être aux côtés de ces jeunes, pour demander à ces irresponsables actionnaires : et ma liberté à moi, celle de vivre sur une planète habitable, vous en faites quoi ?

J'ouvre ce livre sur cette séquence emblématique de « jeune *versus* boomer » et sur ce qu'elle a fait naître en moi, car si cette enquête sur la jeunesse se veut aussi sourcée et sérieuse que possible – données chiffrées et études scientifiques à l'appui –, elle n'en demeure pas moins l'expression d'une certaine appréhension du monde : la mienne.

Je ne crois pas – et c'est ma vision du journalisme – que nous soyons capables de nous détacher complètement de notre vécu personnel, de nos émotions et de notre empathie. S'il est indispensable de respecter méthodologie et déontologie, je suis convaincue que la « neutralité » journalistique est un leurre : je préfère embrasser ma subjectivité et revendiquer mon honnêteté. Alors avant d'aller plus loin, par souci de transparence, je souhaite préciser d'où j'écris, et donc qui je suis.

J'ai 28 ans, je suis journaliste, je gagne un salaire correct et j'habite à Paris dans un appartement décent – ce qui, dans cette capitale, n'a rien de naturel. Tout ne me prédestinait pas à une vie de journaliste parisienne. J'ai grandi dans un village de quelques centaines d'habitants en Ardèche, le seul département métropolitain dépourvu de gare de voyageurs et d'autoroute. Si je ne viens pas d'un milieu modeste (mes parents étaient fonctionnaires), je ne viens pas non plus d'une classe particulièrement privilégiée et je n'ai pas grandi dans l'opulence.

J'ai longtemps vécu avec la conviction que le monde se limitait à une succession de ronds-points déserts en hiver et que l'accomplissement d'une vie se bornait à échapper à l'ennui. Adolescente, je n'avais aucune conscience des inégalités de classe, de l'existence d'établissements scolaires avec une meilleure qualité d'enseignement et encore moins, par la suite, de celle des grandes écoles : dans mon cas, l'isolement a longtemps anesthésié l'ambition.

En revanche, grandir à la campagne m'a permis de ressentir de manière concrète, aiguë, affective, les conséquences du changement climatique. L'Ardèche est soumise à des sécheresses de plus en plus sévères qui entraînent des restrictions de la consommation d'eau : à l'été 2023, il était à certains endroits formellement interdit de laver sa voiture, d'arroser son jardin ou son potager. Quant au plaisir de se rafraîchir dans les nombreuses rivières du département, il est chaque jour davantage contrarié par l'assèchement de la plupart des cours d'eau. En mai 2023, le débit des cours d'eau était six à huit fois inférieur au niveau habituel et, à de nombreux endroits chers à mes souvenirs d'enfance, l'eau était croupie dès le printemps. Pire, l'été précédent avait vu, après trois canicules et une sécheresse historique, des incendies ravager une partie de la région, à quelques kilomètres de la maison où j'ai grandi. Cette dégradation très concrète et visible de mon territoire d'attachement n'a fait que renforcer mon intérêt de journaliste pour les thématiques écologiques.

Mes prises de position à ce sujet suscitent parfois l'incompréhension de mes consœurs et confrères :

l'origine de mon « indignation », notamment, interroge. Il faut dire que mon enfance en zone rurale à la périphérie de la diagonale du vide et mon arrivée tardive dans la capitale et dans le monde du journalisme ne sont pas la norme au sein de l'intelligentsia parisienne. Contrairement à beaucoup de mes collègues, je ne suis pas auréolée d'un CV doré par le nom de grandes écoles attestant du parcours d'excellence attendu dans le paysage audiovisuel français. Je n'étais pas particulièrement assidue au lycée – et personne ne m'y a encouragée. J'ai longtemps pensé qu'exercer le métier de ses rêves n'était pas un objectif pour les gens comme moi. Ce n'était ni un problème ni une source d'angoisse, puisque ce n'était même pas un sujet de discussion. Après des études en science politique et en droit que je jugeais plus à même de m'ouvrir les voies de l'insertion professionnelle, j'ai finalement bifurqué sur le journalisme. Mais pendant longtemps, j'ai souffert d'un puissant sentiment d'illégitimité. Même en faisant un stage au *Monde diplomatique*, même en intégrant l'équipe de France 24 en tant que pigiste, même avec une expérience professionnelle conséquente, j'ai continué, des années durant, à passer des entretiens d'embauche dans d'autres domaines pour m'assurer un revenu « au cas où » tout s'arrêterait subitement. Alors écrire un livre… Après de nombreux mois de tergiversations à multiplier les entretiens et à me documenter, il me fallait un petit séisme pour vaincre cette peur paralysante de l'erreur : le visionnage de cette altercation entre la jeune militante écologiste et l'actionnaire de TotalEnergies a joué ce rôle. J'ai alors compris que cette indignation, loin d'être un obstacle, pouvait être un carburant : plutôt que de grommeler dans mon coin sur le sort réservé aux jeunes, j'ai voulu le raconter avec mes mots.

INTRODUCTION

En débutant ce livre, je me suis demandé si je faisais encore partie de la « jeunesse ». Je ne me sens pas encore suffisamment âgée pour ne plus en être, mais je me considère en même temps comme une « adulte », ce qui aux yeux de certains me fait déjà passer de l'autre côté de la barrière des « ni vieux ni jeunes ». Ce qui est sûr, c'est que pour les plus âgés, j'en fais partie : les seniors[1] ne perdent jamais une occasion de me renvoyer à mon âge pour me discréditer. À tel point que j'ai développé mille stratagèmes pour le faire oublier, fatiguée d'être confondue avec la stagiaire alors que je dirige le pôle économie de mon média. Fatiguée encore d'être parfois interrompue sur mon propre plateau par certaines personnalités économiques ou politiques que j'invite, qui estiment pouvoir me faire la leçon parce qu'ils sont plus vieux que moi[2].

On m'a par ailleurs longtemps affirmé que j'étais « trop jeune » pour traiter de sujets aussi sérieux et décisifs que la politique et l'économie. On accuse régulièrement mes analyses de pécher par « idéalisme », (ce prétendu) travers que l'on attribue volontiers – avec une bonne dose de paternalisme – à « ma jeunesse ». Un article de presse[3] me décrit d'ailleurs comme « une jeune journaliste qui brise le plafond de verre interdisant normalement à une novice de donner son avis sur les grands sujets ». L'auteur de l'article a bien saisi la problématique à laquelle je suis confrontée chaque jour : car le souci n'est évidemment pas, au fond, le peu de crédit que certains prêtent à mes paroles, mais bien plus les comportements systémiques qui transparaissent dans mes difficultés. Je suis jeune, donc mon avis compte moins. Et parce que je refuse d'être moins entendue pour cette raison, parce que je tente de m'imposer malgré tout, je passe au mieux pour une audacieuse, au pire pour une impertinente. Sur les plateaux TV ou dans la vie, on disqualifie sans cesse mon discours en m'indiquant que je « ne dirai plus la même chose dans quelques années », manière de nimber mes convictions de cette « naïveté fougueuse » que l'on prête à la jeunesse. Cette jeunesse, toujours cette jeunesse à laquelle on m'assigne, comme si c'était une tare !

Si bien que j'ai fini par ressentir de l'intérieur le discrédit accordé à la jeunesse dans ce pays. De là, il n'y avait qu'un pas pour comprendre combien l'émergence de voix plus jeunes en France était rendue délicate – notamment dans les médias.

Cette discrimination à l'égard des plus jeunes est-elle indépassable ? Une expérience de vie moins longue est-elle forcément une faiblesse ? Empêche-t-elle nécessairement l'éclosion d'une pensée construite et éventuellement éclairante ?

Je ne pense pas une seconde pécher par naïveté ou idéalisme. Je suis au contraire persuadée que ma génération est, dans l'ensemble, réaliste, informée et courageuse. Je suis profondément convaincue que notre jeunesse peut sauver l'humanité. Et lorsque je dis « sauver l'humanité », je pèse chaque mot de ce que certains considéreront comme un poncif, car c'est bien la tâche qui nous incombe, collectivement : réparer ou sombrer. Jamais une génération n'a été comme la mienne au pied du mur. Il ne s'agit évidemment pas de dire que nous souffrons davantage ou de tenter vainement d'établir une échelle de valeur absurde dans la charge que chaque génération a eu à supporter depuis que le monde est monde. Si d'autres avant nous ont souffert – et bien davantage, indiscutablement –, la nouveauté est ailleurs : dans la responsabilité que nous, humains, avons dans la catastrophe à l'œuvre, et dans son irréversibilité. Cette responsabilité oblige ma génération comme aucune autre ne l'a été jusqu'ici.

En 1972, le rapport Meadows établi par des scientifiques mettait déjà en garde l'humanité sur l'état préoccupant de la planète, soulignant les limites à la croissance et appelant à des politiques volontaristes. Il était déjà question d'effondrement du système planétaire. En 1990 paraissait le premier rapport du GIEC[4], qui alertait de manière précise sur le réchauffement climatique et ses conséquences. Qu'a-t-il été fait entre-temps pour y échapper ? Rien de significatif. Depuis cette époque, l'empreinte carbone des Français a augmenté, la vente de SUV[5] sur notre territoire a explosé[6], tout comme le trafic aérien[7] ou les importations de biens[8]. En quelques décennies, la température mondiale a augmenté de 0,8 °C, la biodiversité s'est effondrée et l'air et l'eau ont été encore plus pollués. L'urgence écologique – la plus grande menace pour l'humanité – n'a tout simplement pas été prise au sérieux, ni ici ni ailleurs.

Nous – ma génération et les suivantes – n'étions pas là, quand il aurait fallu prendre des décisions et que rien n'a été fait. Nous ne pouvions ni voter, ni consommer autrement, ni manifester, ni agir d'une quelconque façon, puisque nous n'étions pas nés. Pourtant, c'est bien nous qui subirons et devrons gérer les pires conséquences des décisions politiques des générations précédentes. Il n'y aura pas de retour en arrière en ce qui concerne l'écologie, puisque six limites planétaires sur neuf[9] ont déjà été dépassées.

Dans ces conditions, il n'y a de place ni pour la naïveté, ni pour l'idéalisme. Au vu de la crise écologique, économique et géopolitique que nous traversons, ce sont les générations précédentes qui ont été et sont encore remarquablement naïves, voire irresponsables et égoïstes pour une partie d'entre elles – des qualificatifs pourtant volontiers associés aux « jeunes ». Aujourd'hui, nous ne pouvons plus revenir en arrière. Nous pouvons uniquement participer à dévier cette trajectoire mortifère, limiter ses effets, nous adapter ; ce qui est déjà une tâche herculéenne. Tâche que nous devons non seulement affronter dans une certaine solitude, mais en plus en courbant l'échine sous le feu des critiques.

Dans la presse, on nous sermonne, nous qui ne « compren[ons] pas la vraie vie »[10], on parle de « génération narcissique »[11] ou de « génération douillette »[12] quand on ne nous traite pas d'« inconscients » en pleine pandémie. Pire, une petite partie d'entre nous sommes écolos : un « troupeau de moutons »[13] se livrant à une « infâme propagande de la peur »[14]. Sans oublier que, nous sommes « incultes »[15] : « Une jeunesse plus abrutie que celle des générations précédentes »[16] pour reprendre les mots du *Point*. On retrouve cette critique acerbe de la jeunesse dans nombre d'essais dénonçant des jeunes tous plus égocentriques et stupides les uns que les autres. Et nous grandissons avec cette petite musique de fond, dans laquelle nos aînés – parmi les plus influents – nous rappellent finalement à ce slogan de Mai 68 que certains dénonçaient pourtant en leur temps : « Sois jeune et tais-toi. »

Les jeunes sont-ils ces incapables qu'une partie de l'opinion dénonce ? Méritent-ils le dénigrement qu'ils essuient ces dernières années ? La pyramide des âges – qui met la jeunesse dans une situation de minorité dans le pays – suffit-elle à expliquer la puissance du discrédit qui la frappe ? Pourquoi cet acharnement d'une partie des générations précédentes, et notamment de la génération dite des « boomers » ?

Avant d'aller plus loin, une petite mise au point lexicale s'impose. En 2024, cinq générations cohabitent : la génération dite « silencieuse » (les individus nés entre 1928 et 1945), la génération des *baby-boomers* (ceux nés entre 1946 et 1964), la génération X (ceux nés entre 1965 et 1980), la génération Y (ou *millennials*, ceux nés entre 1981 et 1996) et enfin la génération Z (ou « Gen Z », ceux nés après 1995 ou après 1997, selon les sociologues)[17]. Ces catégories – simples repères temporels – sont souvent utilisées pour décrire des phénomènes culturels. Mais lorsque l'on parle d'une « génération », on parle d'un groupe non défini : appartenir à telle ou telle génération ne nous définit en rien, le terme n'est là que pour faciliter la désignation d'une catégorie d'individus nés au même moment (une personne de la génération Y née en 1981 ne sera pas bien différente d'une personne née en 1980 appartenant à la génération X). De même, la jeunesse « n'est qu'un mot », et l'âge « une donnée biologique socialement manipulable et manipulée »[18] (merci Pierre Bourdieu[19] !), c'est-à-dire que la jeunesse – comme la vieillesse – n'a pas de délimitation claire, ce que l'on y met varie d'un institut à l'autre, d'un pays, d'une culture et d'une époque à l'autre, bref, rappelons-le : c'est avant tout une construction sociale.

On évoque souvent la « jeunesse » avec la ferme conviction d'en détenir une définition évidente, oubliant donc qu'elle n'est qu'un mot derrière lequel on peut placer à peu près tout et n'importe quoi. Pour l'aborder dans ce livre, il a donc fallu faire des choix, et établir un cadre.

Je me suis appuyée sur la définition de l'Institut national de la statistique et des études économiques (l'Insee)[20] qualifiant de « jeunes » les personnes âgées de 18 à 29 ans (comprenant des « millennials » et des « Gen Z »), soit 13,7 % de la population française totale. Ce livre parle de ces 9 millions de personnes, avec une certaine marge de liberté, car les choses ne sont pas figées et que la photo nécessite parfois d'élargir un peu la focale. « On n'est pas sérieux quand on a 17 ans[21] », on n'est pas vieux quand on en a 29 : mon analyse ne vise pas à opposer deux populations autour d'une frontière d'âge[22], mais à analyser le traitement qui est fait d'une génération par celles qui l'ont précédée. Ainsi, j'appelle « vieux » ceux qui jugent la jeunesse de loin, sans essayer de la comprendre, préférant s'en distancier au risque d'alimenter le conflit de générations – et de ce point de vue, on peut être « vieux » avant que d'être âgé, et inversement.

Par ailleurs, au-delà des grandes tendances, la jeunesse (comme la vieillesse) n'est pas un groupe homogène. Chaque groupe est traversé par de multiples fractures politiques, sociales et culturelles : « la jeunesse » comprend par exemple conjointement deux des enfants du multimilliardaire Bernard Arnault et ceux qui survivent grâce à l'aide alimentaire, il faudrait donc parler *des* jeunesses[23]. Je n'entends cependant pas passer chaque tranche d'âge au microscope pour les recenser dans un ouvrage de référence qui ferait 5 000 pages. J'essaie plus modestement d'offrir une vue d'ensemble de la jeunesse, en donnant au maximum la parole aux jeunes. Je mets en évidence des phénomènes de société, des tendances qui dessinent la jeunesse en France métropolitaine[24] ; et si celles-ci diffèrent de celles observées dans les générations précédentes, cela ne justifie pas de les clouer au pilori ! Bref, loin de moi l'idée de m'attaquer aux plus âgés. Mon objectif est plutôt de défendre les jeunes en tordant le cou à certains clichés, pour en finir une bonne fois pour toutes avec cette affaire de « guerre des générations » qui nous met tous en péril dans le contexte inédit de crise écologique et sociale.

« Moi, à mon époque, les jeunes travaillaient plus… », « Quand j'étais jeune, je peux te dire qu'on mouftait pas sur les conditions… », « Ah pour râler il y a du monde, mais quand il faut aller bosser, là… » : ce fameux réflexe du « C'était mieux avant » écorche mes oreilles de journaliste depuis trop longtemps maintenant. Si l'on ne peut certainement pas comparer deux époques à tous points de vue, on peut au moins jeter un œil aux indicateurs sociaux. J'ai ainsi voulu décrire la situation de la jeunesse française des années 2020 au regard de celle de nos aînés – parents et grands-parents – (même si une fois encore, au sein de chaque classe sociale et de chaque génération, les individus évoluent en fonction de paramètres socioculturels particuliers), afin de mettre en évidence quelques faits non discutables : la jeunesse d'aujourd'hui est contrainte de composer avec un chômage structurel, des inégalités sociales croissantes et un État de moins en moins providence et protecteur. En 1975, 6 % des 15-29 ans étaient au chômage[25] ;

ils sont 19 % en 2016[26]. Moins d'emplois donc, et des emplois plus fragiles : si seulement 17 % des jeunes étaient touchés par la précarité de l'emploi dans les années 1980 (où l'intérim et les CDD étaient quasi inexistants), 60 % d'entre eux le sont en 2016[27] !

Les générations qui ont grandi dans les années 1960 et 1970 peinent parfois à comprendre que la méritocratie en laquelle ils croient est bien fissurée[28]. Se « faire tout seul » est pratiquement impossible. Il ne s'agit pas de travailler plus, d'être plus déterminé ou plus intelligent. Il s'agit d'avoir les ressources nécessaires pour le faire, alors que le déterminisme social a fait son grand retour depuis plusieurs décennies déjà. Ainsi, les jeunes arrivés sur le marché du travail pendant les Trente Glorieuses ont bénéficié d'une croissance économique exceptionnelle favorisant l'accès à un emploi qualifié – et donc une forme de méritocratie par certains aspects. Période dorée dont n'ont pas bénéficié les générations suivantes, puisque les différentes crises économiques ont réduit les chances de mobilité sociale ascendante[29]. Le prix de l'autonomie, notamment, a considérablement augmenté : là où un emploi au Smic en 1975 assurait au travailleur un toit et un équipement minimum (une voiture par exemple), un emploi au Smic en 2022 ne permet même pas de se loger correctement dans un certain nombre de grandes villes.

De plus, attentats, menace nucléaire, pénuries et changement climatique dessinent un avenir pour le moins effrayant à des jeunes condamnés à subir un flot d'informations continues par le biais des écrans omniprésents autour d'eux – un environnement pour le moins anxiogène entretenu et exacerbé par des médias aux injonctions lancinantes : « ne pas être malade cet été »[30], car les services d'urgences vont fermer faute de personnel, « rembourser la dette publique » sous peine d'un effondrement financier, faire face à des pénuries de gaz, d'électricité, de denrées alimentaires (huile de tournesol, moutarde), limiter sa consommation d'eau potable en été[31]. La « fin de l'abondance » quoi.

Pour mettre en lumière la réalité de la jeunesse et lutter contre le bashing anti-jeunes que je ne supporte plus, j'ai travaillé autour de trois axes que je retrouve régulièrement dans les critiques faites à la jeunesse : l'accusation de mollesse, de paresse générationnelle (pas envie de travailler, pas envie de se bouger) ; le reproche de se prendre la tête pour rien (les jeunes, ces prophètes de la peur) ; et enfin le procès en individualisme qui conduit à voir dans les générations Y et Z un gang d'égoïstes dénués de toute conscience politique et insensibles au bien commun.

Après un panorama du conflit de générations, particulièrement visible dans la sphère médiatique, qui m'a conduite à l'écriture de ce livre, je débuterai donc cet ouvrage en analysant les conditions effectives de démarrage dans la vie adulte dont disposent aujourd'hui les jeunes afin de voir si oui ou non, nous méritons le mépris de ceux qui voient en nous des mollassons incapables de se bouger pour trouver du travail et gagner en autonomie. Je réaliserai pour ce faire un comparatif économique et social entre les conditions de vie et d'emploi des jeunes d'aujourd'hui et celles de la génération dite des « baby-boomers » : mon objectif est de dépassionner le débat en comparant ce qui est comparable, à savoir les chiffres et les statistiques. Or ces données chiffrées sont sans appel : chômage, prix de l'immobilier, qualité des emplois, éducation, etc. ; depuis les années 1970, la situation économique s'est lentement détériorée, et ma génération en paie le prix, ce qui rend la tâche de « se faire tout seul » *a minima* difficile. Je compléterai cette comparaison aux années « fastes » de l'économie française avec un portrait de la situation de l'éducation et de l'égalité des chances dans la France d'aujourd'hui, des désillusions des jeunes quant aux promesses des politiques et enfin de la complexe question d'internet et des réseaux sociaux – susceptibles d'apparaître aux jeunes comme un refuge dans ce contexte critique, le mirage d'une réussite facile, en marge du système bouché. Au terme de cette première partie, j'aurai dessiné le contexte socio-économique de la jeunesse d'aujourd'hui, qui peut sans aucun doute expliquer une part de l'abattement observé chez les jeunes…

Or le désarroi de nombre d'entre nous fait précisément l'objet de nombreuses critiques : nous serions des oiseaux de malheur, incapables d'aller de l'avant, enkystés dans un pessimisme délétère et injustifié. La deuxième partie du livre sera ainsi l'occasion de détailler les raisons de l'inquiétude de la jeunesse, et de rappeler que le fait même qu'une partie des générations précédentes ne s'en fassent pas davantage justifie en soi une part de notre angoisse. Je me pencherai également sur le manque de projection des jeunes Français : contexte politique, pandémie, changement climatique et dégradation géopolitique… de manière à obtenir une radiographie la plus complète possible des raisons du pessimisme de la jeunesse, dont le cumul et les spécificités sont inédits à mes yeux.

Enfin, les procès fréquents en égoïsme et en désinvestissement civique dont font l'objet les jeunes m'amèneront à poser la question de leur engagement. Je veux notamment tenter de comprendre pourquoi le vote ne les fait effectivement plus rêver et, de là, mettre en évidence leurs nouvelles manières de s'engager dans la société. Cette partie sera l'occasion de reconsidérer la prétendue dépolitisation de la jeunesse – l'augmentation de l'abstention des jeunes lors des dernières élections ayant fait couler tant d'encre !

Je n'entends aucunement démontrer que ma génération est moralement supérieure aux autres, ou rejeter la faute des dégâts actuels sur une génération donnée. Ce livre n'est pas un brûlot « anti-boomers ». Je veux simplement mettre en évidence le caractère hors sol des critiques récurrentes envers la jeune génération, tenter d'esquisser la réalité qui est la nôtre, et démontrer la nécessité (l'urgence !) d'une union de tous, jeunes et plus âgés, pour lutter contre les crises auxquelles nous devons faire face aujourd'hui. Pour ce faire, je m'appuierai sur la centaine de témoignages de jeunes que j'ai recueillis, les rencontres que j'ai pu faire dans des établissements scolaires, les dizaines d'entretiens en présentiel ou par téléphone avec certains d'entre eux, les interviews de sociologues (Camille Peugny, Sebastian Roché, Vincent Tiberj), de politistes (Tom Chevalier, Kari De Pryck), de climatologues (Christophe Cassou) et d'économistes (David Cayla, Dany Lang) et les nombreux articles, études et ouvrages que j'ai consultés sur le sujet. Enfin, vous l'avez compris, ce livre mêle une enquête précise et aussi objective que possible à mon ressenti intime : je défends bel et bien un point de vue dans ces pages – mais un point de vue fondé.

NOTA BENE

Avant d'entrer dans le vif du sujet, j'aimerais souligner une chose : jamais je n'ai eu autant de facilité à recueillir des témoignages. Quand, il y a deux ans, j'ai lancé un timide appel à témoignages sur mes réseaux sociaux (à l'époque, j'étais peu suivie), j'ai reçu plus de cent mails en quelques jours. Mes questions étaient pourtant très basiques : « Qu'est-ce qui vous intéresse dans la vie ? Quels sont les sujets de société qui vous préoccupent ? Comment avez-vous vécu le confinement ? Comment vous informez-vous sur les réseaux sociaux ? » Dans leur réponse, la plupart des jeunes me remerciaient de leur poser ces questions et quelques-uns prenaient même la peine de rédiger des documents soignés et argumentés de plusieurs dizaines de pages. Certains avaient moins de 18 ans, mais souhaitaient « quand même s'exprimer », d'autres s'excusaient pour les fautes d'orthographe, d'autres encore, nombreux, se disaient « désolés » de ne pas être « très intéressants ». Nous n'étions plus en confinement à ce moment-là, il faisait beau, et plus d'une centaine de jeunes avaient pris la peine de me répondre pour me raconter leur vie. Certains en ont parlé à leurs amis, qui m'ont contactée à leur tour. Puis je suis passée aux entretiens en présentiel ou par téléphone, avec d'autres jeunes encore, grâce au bouche-à-oreille, *via* les réseaux sociaux, ou tout simplement au hasard d'une rencontre. Chaque fois, j'ai été étonnée par leur réceptivité, leur disponibilité, leur ponctualité, et leur envie de témoigner – qu'ils connaissent ou non mon travail au préalable, d'ailleurs.

Pendant un an et demi, les jeunes avec qui j'ai pu discuter – qu'ils aient 18 ou 28 ans, qu'ils viennent de milieux populaires ou très favorisés, qu'ils votent à l'extrême droite, Macron, EELV, ou qu'ils ne votent pas du tout –, tous m'ont donné de leur temps, tous ont pris un soin immense à me transmettre leurs messages, revenant souvent vers moi car ils se souvenaient d'une phrase maladroite qu'ils avaient prononcée et voulaient s'assurer que je l'avais « bien comprise », me posant des questions sur les autres jeunes que j'avais interrogés, sur la manière dont le livre avançait. Souvent, très souvent, ils se sont excusés pour ce qu'ils me disaient : « ça va paraître bête, mais... », « je sais que c'est pas bien de faire ça mais... », « me juge pas, mais parfois... ». Plusieurs d'entre eux ont requis l'anonymat, parce qu'ils avaient honte, parce qu'ils craignaient d'être jugés ou que les adultes de leur entourage ne « comprennent pas ».

Et je dois dire que plus j'ai échangé avec ces jeunes, plus je me suis prise d'affection pour cette génération – la mienne. Je n'ai évidemment pas rencontré tous les jeunes de France et, encore une fois, cet ouvrage n'a aucunement l'ambition de l'exhaustivité. Mais j'ai été très touchée par leur humilité et l'accueil généreux qu'ils m'ont réservé. Car tous, aussi différents soient-ils, étaient animés d'une même volonté, primordiale : ils voulaient faire entendre leur voix.

PREMIÈRE PARTIE

« Sois jeune, et fais-toi »

Pas si facile d'être autonome dans les années 2020

Oublie l'futur c'était avant
Oublie l'futur d'avant
C'est pas sûr qu'on soit d'dans
Apprends-moi l'pardon la patience
Faut qu'on soit meilleurs qu'nos parents
Faut qu'on apprenne à désapprendre

Orelsan, extrait de « Civilisation »

La tendresse légendaire des aînés pour leurs cadets

Le clivage des générations ne date pas d'aujourd'hui. On en trouve des traces dans bon nombre d'ouvrages, de discours et, plus récemment, d'articles de presse. S'il n'est jamais uniforme, et que la « guerre des générations » à proprement parler n'a jamais existé au point de caractériser toute une époque, les exemples me semblaient assez nombreux pour en énumérer quelques-uns. Car à des périodes de l'histoire très différentes, les critiques adressées aux jeunes sont relativement similaires : paresse, décadence ou égoïsme.

« Les jeunes, c'était mieux avant », un refrain millénaire

Le poète grec Hésiode écrivait déjà en 720 avant J.-C. : « Je n'ai plus aucun espoir pour l'avenir de notre pays si la jeunesse d'aujourd'hui prend le commandement demain parce que cette jeunesse est insupportable, sans retenue, simplement terrible. » Deux siècles plus tard, on attribue à Socrate[1] ce réquisitoire à l'encontre de la jeunesse :

Nos jeunes aiment le luxe, ont de mauvaises manières, se moquent de l'autorité et n'ont aucun respect pour l'âge. À notre époque, les enfants sont des tyrans[2].

Ce bon vieux refrain du « c'était mieux avant » est un marronnier du regard porté par les plus âgés sur les jeunes générations. Ainsi, si l'on me permet un spectaculaire saut dans le temps, on pourrait évoquer cette pièce de William Shakespeare, *Le Conte d'hiver*, jouée pour la première fois en 1611, dans laquelle un des personnages manifeste un certain mépris à l'égard de la jeunesse[3] :

Je voudrais qu'il n'y eût point d'âge entre 10 et 23 ans, ou que la jeunesse dormît tout le reste du temps dans l'intervalle : car on ne fait autre chose dans l'intervalle (…) qu'insulter des vieillards, piller et se battre.

Arrogants, immoraux, et oisifs : ces traits de caractère dominent souvent la perception qu'ont les « sages » – entendez ceux dont l'expérience est suffisamment grande pour pouvoir prétendre être écoutés, autrement dit les hommes d'âge mûr à l'échelle de l'histoire moderne – des plus jeunes.

En 1815, la revue *Le Mercure de France* décrit une jeunesse corrompue[4], qui « finit, livrée au désordre, par ne rougir que de ce qui est honnête ». En 1824, le journal *Le Mémorial catholique*[5] évoque une nouvelle génération « impie », « des jeunes gens mécontents de tout ce qui les entoure »[6]. En 1843, de l'autre côté de la Manche, au Royaume-Uni, le discours d'Anthony Ashley Cooper à la Chambre des communes à propos des jeunes est raide :

Ce sont des sauvages ignorants et peureux. Les garçons ont des chiens aux talons et se livrent à toutes sortes d'habitudes dissolues. Les filles, elles, conduisent des wagons à charbon, montent les chevaux à califourchon, boivent, se battent, fument, sifflent et ne se préoccupent de personne. La morale des jeunes est dix fois pire qu'autrefois.

Avec l'essor de la presse au XIXe siècle, les journaux d'obédience conservatrice – voire réactionnaire – se livrent parfois à une véritable croisade anti-jeunes. En 1860, *Le Journal amusant*[7] rapporte la « bêtise et le peu de cœur de la jeunesse contemporaine ». En 1925, le *Hull Daily Mail* s'insurge :

> *L'attitude émanant de la part des jeunes ne peut être décrite que comme irréfléchie, grossière et purement égoïste, comme jamais auparavant*[8].

En 1951, c'est au journal de référence écossais *Falkirk Herald* de s'échauffer :

> *De nos jours, les jeunes sont tellement gâtés qu'ils en oublient le simple fait que l'on puisse marcher pour se rendre quelque part*[9].

Et je pourrais multiplier encore les exemples.

Décadence, égoïsme, stupidité et paresse reviennent donc régulièrement dans le discours anti-jeunes. Les psychologues de l'université de Californie John Protzko et Jonathan W. Schooler ont intitulé ce phénomène historique « Kids these days » (littéralement : « les jeunes aujourd'hui ») et l'ont analysé dans une étude publiée dans la revue *Science Advances*[10]. L'étude montre que les plus âgés jugent les plus jeunes au regard de la jeunesse qu'ils ont eux-mêmes eue et qui, donc, n'est plus qu'un souvenir. Or un souvenir n'est jamais objectif, il implique des biais cognitifs. Ainsi, au magazine *Discover*, John Protzko explique : « Nous idéalisons en quelque sorte les enfants du passé[11] », tout comme nous idéalisons notre enfance. Et cette idéalisation amène une partie des générations les plus âgées à réprouver les plus jeunes, qui ne seront jamais à la hauteur de leurs souvenirs : voilà un début d'explication à cette hostilité millénaire.

Quand les jeunes Français se rebiffent : Mai 1968 et après

Mai 1968 occupe une place à part dans la lecture – dangereuse car essentialisante – de l'histoire du conflit des générations : en effet, d'un côté il est le symbole d'une révolte de la jeunesse par rapport au vieux monde – et donc aux vieux tout court ; de l'autre, les événements qui se sont déroulés à cette période illustrent aussi une coopération inédite des générations entre elles pour emporter le morceau : la première journée de grève générale – par essence multi-générationnelle –, le 13 mai, est organisée en soutien aux mouvements étudiants violemment réprimés.

Le choix du titre de ce livre, directement inspiré d'une affiche de Mai 1968, se veut à ce titre porteur d'espoir.

En 1968, les jeunes, à la suite du baby-boom, représentent un tiers de la population du pays. Dans une France encore très catholique et conservatrice[12], ils développent une culture affirmée, alimentée par l'essor d'une presse qui leur est destinée (*Salut les Copains*, *Mademoiselle Âge Tendre*, *Nous les garçons et les filles*, *Rallye Jeunesse*, *Jukebox*...), des émissions de radio (« Salut les copains », animé par Daniel Filipacchi et Frank Ténot et dont le magazine est le prolongement) qu'ils écoutent en masse pour entendre les Rolling Stones ou les Beatles, et revendiquent de plus en plus une libération sexuelle qui tarde à s'imposer dans le débat.

Il faut toutefois rappeler que seule une petite partie de la jeunesse se rebelle alors contre l'ordre établi, donnant naissance au mouvement social désormais célèbre dans le monde entier. Ironie de l'histoire, la posture anti-jeunes que je dénonce dans ces pages est parfois tenue aujourd'hui par ceux qui ont lutté hier contre le conservatisme de leurs aînés.

Si ce mouvement de révolte parti d'une poignée de jeunes – les « soixante-huitards » – a en partie permis d'exploser le plafond de mœurs trop étriquées et d'un impérialisme hors d'âge, il est permis d'espérer : par l'union des générations, nous pouvons beaucoup.

Pourtant, ces événements ne vont pas poser les bases d'une société où les jeunes se sentent écoutés et pris en compte. Une séquence télévisuelle illustre ainsi le sentiment d'abandon de certains d'entre eux, une décennie plus tard : en 1980, le chanteur Daniel Balavoine, alors âgé de 28 ans, habillé d'un jean et d'une veste en cuir, prend vigoureusement à partie François Mitterrand, alors candidat à l'élection présidentielle, en plein direct à la télévision :

> *Vous venez de parler pendant 10 minutes de l'affaire George Marchais dont tout le monde se fout strictement ! Je vous signale que la jeunesse française se fout*

strictement de ce que Monsieur Marchais faisait pendant la guerre !

Sous le regard décontenancé des journalistes et politiques présents en plateau, Balavoine poursuit, imperturbable :

Je suis fier d'être là, je peux vous le dire. On ne s'en aperçoit peut-être pas, mais vous ne pouvez pas imaginer ce que ça veut dire pour un jeune d'avoir la possibilité de parler une minute. C'est pour ça que j'avais peur de ne pas pouvoir parler, parce que ça n'arrive jamais ! Il faut bien se mettre ça dans la tête, ça n'arrive jamais !

Le doigt pointé sur le candidat Mitterrand, le regard grave et les cheveux en bataille, le chanteur ne lâche rien, ne se laisse pas interrompre par les journalistes malgré les nombreuses tentatives. Il parle vite et avec émotion :

J'ai peut-être du culot de faire ça, mais je suis obligé de le faire comme ça parce que je dois faire vite. Ce que je peux vous dire, c'est que la jeunesse se désespère, elle est profondément désespérée parce qu'elle n'a plus d'appuis (…) et (…) que le désespoir est mobilisateur, et que lorsqu'il devient mobilisateur, il est dangereux !

À l'époque, dans un paysage médiatique encore plus codifié qu'aujourd'hui, le ton choque.

Douze ans plus tard, en 1992, un jeune homme se présentant comme étudiant débarque à l'improviste sur le plateau de *Bouillon de culture*[13] pour prendre la parole à propos des problèmes rencontrés à l'université. Entouré par les services de sécurité de l'émission, il brandit un couteau qu'il se met sous la gorge, et menace de se suicider en direct s'il n'est pas entendu. Les invités sont décontenancés, un immense malaise s'empare du plateau, quand le journaliste Bernard Pivot lui propose de s'exprimer « deux minutes ». Le jeune homme s'enflamme : « L'éducation à la télévision, on s'en tape. Alors je viens parler de l'éducation. » Visiblement troublé, il dénonce en vrac les mauvaises conditions d'études à l'université, le présentateur tente alors de l'inciter à déposer l'arme blanche :

> *– Comment voulez-vous faire passer vos idées à la télévision en ayant avec vous un couteau ?*
>
> *– Je n'y peux rien ! Il n'y a aucun moyen de s'exprimer dans ce pays démocratique ! (...) Vous n'avez pas donné la parole aux étudiants, et il faut que les étudiants s'expriment !*

Il finira par jeter le couteau sur la table en quittant bruyamment les lieux, et la discussion entre les six hommes de plus de 50 ans en plateau pourra reprendre calmement après la conclusion de Bernard Pivot : « C'est ce qu'on appelle le mauvais œil. » Parce qu'une jeunesse révoltée, ça ne pouvait qu'être ça : un mauvais œil.

La revanche des « boomers »

Aujourd'hui, taper sur les jeunes à tout bout de champ est un sport national dans bon nombre de médias, ce qui entretient une petite musique peu sympathique à l'endroit de la jeunesse. En évoquant mon livre autour de moi – changer de regard sur la jeunesse, notamment en comparant les conditions d'entrée dans la vie active de 1970 avec celles d'aujourd'hui –, les plus âgés ont souvent réagi par l'offensive : comment ? Je veux parler d'une époque que je n'ai pas vécue ? Je veux défendre le droit à la parole et, surtout, le droit d'être écoutée d'une génération qui ne connaît rien à rien ? Et pire, j'entends donner mon avis alors que j'ai moins d'expérience qu'eux ? Bilan : plus j'ai discuté de ce projet de livre avec mes aînés, plus il m'a semblé nécessaire.

Il faut dire que les attaques faites aux jeunes ont pris en intensité ces dix dernières années. Dans les médias, dans les livres, et même dans certaines chansons, les jeunes ont mauvaise presse. En 2011, déjà, un sondage Ipsos commandé par *Le Monde*[14] révélait que les jeunes sont jugés « égoïstes » (pour 63 % des sondés), « paresseux » (53 %) et « intolérants » (53 %) par les Français. Quatre ans plus tard, Les Enfoirés sortaient leur chanson de l'année, « Toute la vie ». À l'époque, je me suis demandé quelle mouche avait bien pu piquer Jean-Jacques Goldman lorsqu'il a composé cet hymne conservateur, qui met en scène un genre de battle musical entre des jeunes d'un côté – « Vous aviez tout : liberté, plein-emploi. Nous, c'est chômage, violence et sida » – et les Enfoirés de l'autre (qui doivent donc incarner les « vieux » dans ce clip binaire) – « Tout ce qu'on a, il a fallu le gagner, à vous de jouer… mais faudrait vous bouger ! ». Les stars les plus populaires de la chanson française rassemblées dans un clip vu plus de 9 millions de fois sur YouTube en train d'inciter des jeunes « à se bouger ». Mépris de génération, culte de la réussite sociale, paternalisme dénué de bienveillance, tout y est.

Et la presse n'est pas en reste. *L'Express* l'affirme : « Les jeunes salariés [sont] individualistes et moins efficaces[15] » ; sur RMC, on interroge leur motivation : « Pénurie de main-d'œuvre, les jeunes sont-ils paresseux[16] ? »

D'autres articles déplorent leur passion pour les jeux vidéo, leur pratique des réseaux sociaux[17] ou encore la pauvreté de leurs rêves d'avenir (« Les enfants d'aujourd'hui rêvent plus d'être Youtubeur qu'astronaute[18] », se désespère le Huffington Post). Côté vie citoyenne, ce n'est guère mieux. En 2010, le magazine *Challenges* tenait carrément les jeunes pour responsables de l'effondrement démocratique : « L'abstention des jeunes mine notre démocratie[19] ». Dix ans plus tard, le journal *Marianne* n'y va pas avec le dos de la cuillère : « Narcissisme exacerbé, incapacité à gérer ses émotions, individualisme : les symptômes d'une génération "fragile"[20]. » La pandémie sera aussi un grand moment de stigmatisation de la jeunesse, puisqu'une bonne partie des médias voient avant tout en eux des « propagateurs de virus » : « Covid-19 : de plus en plus de relâchement chez les jeunes, qui font la fête », peut-on lire sur Franceinfo[21], tandis que des journalistes traquent leurs moindres soirées, qui font l'objet de dizaines d'articles dédiés : « Ils font la fête entassés à 35 dans un studio de 20 mètres carrés », détaille *20 Minutes*[22]. TF1 dénonce aussi[23] : « Ces jeunes qui veulent à tout prix faire la fête ». Mais l'obsession politico-médiatique pour ces jeunes inconscients atteint son paroxysme dans le traitement de la rave-party organisée en Bretagne à l'occasion du Nouvel An 2021. Cette fête clandestine (on apprendra plus tard qu'elle n'a pas donné lieu à un cluster) restera en tête de l'actualité pendant plus d'une semaine sur les chaînes d'information en continu, jusqu'à presque devenir une affaire d'État, sur laquelle le ministre de l'Intérieur s'exprimera treize jours après les faits pour annoncer que 2 000 d'entre eux ont été verbalisés : des « délinquants » qui ont « entre 15 et 20 ans »[24]. Il fallait bien calmer les ardeurs de l'opposition politique et la tourmente médiatique scandalisée par cette jeunesse décadente…

Si la presse généraliste peut se montrer dure avec les jeunes, que dire du traitement qui leur est réservé dans les médias conservateurs ? *Valeurs actuelles* fait figure de champion en la matière. Prenons leur couverture de la question de la jeunesse sur une année universitaire. En octobre 2021, on attaque fort avec une image influençable et décérébrée d'une jeunesse toujours partante pour se fourvoyer dans des idéologies débiles – en l'occurrence, le « wokisme », tendance visiblement insensée visant à institutionnaliser le non-racisme et le non-sexisme : « La jeunesse constitue un terrain fertile pour le mouvement "woke"[25] ». En janvier 2022, il faut s'en prendre aux aides sociales dont les jeunes profitent éhontément dans une tribune intitulée : « Non, notre pays n'a pas de "dette" envers sa jeunesse[26] ». Puis en février, il faut clouer au pilori la pauvreté de leur langage : « Langue des jeunes : un rétrécissement linguistique[27] ». Mais le cap de l'acharnement est indéniablement franchi quand la rédaction de *Valeurs actuelles* décide de consacrer un numéro entier à la jeunesse, juste avant l'été, histoire d'enterrer définitivement cette génération d'incapables. Sur la couverture, on peut alors lire cette formule hautement spirituelle : « Quels jeunes allons-nous laisser à notre planète ? ». À l'intérieur de ce numéro inique, une succession d'articles plus rétrogrades les uns que les autres sur cette génération décadente, tels : « Louis Boyard, Swann Périssé, Bilal Hassani… Le désespérant visage de la jeunesse[28] ». Les journalistes n'y vont pas de main morte, tout y passe : les jeunes sont « égoïstes », « individualistes », ceux qui militent pour l'écologie, l'égalité des genres ou l'antiracisme offrent un « spectacle pathétique ». Un festival.

On trouve, bien sûr, de nombreux articles plus empathiques à l'endroit de la jeunesse. Une partie de la presse a notamment souligné l'impact des mesures sanitaires sur la santé mentale des jeunes pendant la pandémie et a documenté les longues files d'attente pour obtenir les aides alimentaires. Mais la puissante chambre d'écho – voire la connivence réjouie – offerte aux adeptes des postures anti-jeunes dans certains médias traditionnels décuple la capacité de nuisance de leurs idées. Élisabeth Lévy, journaliste et directrice de la rédaction du magazine *Causeur*, fait partie de ces habitués des plateaux de télévision et des tribunes publiques. Dans un entretien au *Figaro Vox* consacré au mouvement étudiant de 2018 (mouvement qualifié de « printemps de l'ignorance » sur la couverture du magazine *Causeur*, parce que décidément on ne se refuse rien) et sobrement intitulé « Les jeunes, c'était mieux avant[29] », Alexandre Devecchio lui pose cette question venue d'ailleurs – manifestement légitime à ses yeux : « Les jeunes d'aujourd'hui sont-ils vraiment plus « cons » que ceux d'hier ? » Morceaux choisis de la réponse :

> *Qu'ils soient moins bien éduqués, pour ne pas dire plus incultes, est une triste évidence. Ce printemps aura vu la révolte des bac + 0. Ce sont les enfants rois d'une école qui a habillé d'un jargon ridicule et pompeux son renoncement à transmettre l'héritage au grand nombre.*

Le problème selon elle est que « l'idéologie victimaire a fait des ravages dans les esprits : aucun jeune de 18 ans ne se dira aujourd'hui spontanément reconnaissant envers son pays, ni même envers les grands artistes du passé et les merveilles qu'ils nous ont léguées ». Ingrats de jeunes.

L'éditorialiste Olivier Babeau, professeur d'économie et directeur de l'Institut Sapiens, est un autre grand adepte de la critique d'« une jeunesse biberonnée aux grandes indignations », comme il l'expliquait sur Twitter en juillet dernier : « Chez certains jeunes, avouons-le, les interrogations permanentes sur le sens du travail sont surtout l'alibi commode d'une furieuse envie de ne pas trop bosser[30]. »

Mais pourquoi se contenter d'un tweet quand on peut critiquer des jeunes durant un livre entier ? Caroline Fourest a signé en 2020 *Génération offensée*[31], dans lequel elle déplore qu'une grande partie de la jeunesse répande une « peste de la sensibilité » et « ne rêve que d'interdire ». Barbara Lefebvre, quant à elle, a publié en 2018 *Génération « J'ai le droit » : la faillite de notre éducation*[32], où l'on apprend que notre génération « exprime de manière péremptoire un droit de s'élever contre », la faute à l'effondrement de notre système éducatif qui « nivelle par le bas », « détruit la laïcité », et voue un « culte à l'individualisme ». On reviendra plus tard sur les diatribes de Michel Onfray ou d'Alain Finkielkraut qui ne manquent jamais une occasion de tirer sur les jeunes, mais je suis au regret de devoir annoncer à ces amateurs du pilonnage anti-jeunes qu'ils n'arriveront jamais, mais alors jamais, à la cheville du journaliste Brice Couturier, à qui l'on doit le remarquable *Ok Millennials !*, paru en septembre 2021, qui, je dois le dire, m'a laissée sans voix.

Le titre de l'ouvrage fait référence au « Ok boomer » initialement apparu sur TikTok en 2018 pour répondre aux critiques à l'égard des jeunes, et bientôt consacré par la députée néo-zélandaise Clöe Swarbrick en 2019 dans un débat parlementaire. L'expression a continué de s'intégrer à la culture populaire à travers le monde, jusqu'à être reprise en France notamment par la star de la chanson Angèle début 2020. Le succès même de cette expression peut en soi constituer un indice de l'oppression ressentie par ma génération de la part desdits boomers. Seulement voilà : les jeunes qui se moquent des vieux, ça ne fait vraiment, mais alors vraiment pas rire Brice Couturier.

Je conseille la lecture de ce sommet de l'exercice journalistique à qui souhaite goûter au nectar de détestation et d'incompréhension des jeunes : tout y est, c'est le tour du monde des idées rétrogrades. Le sous-titre du livre ? « Puritanisme, victimisation, identitarisme, censure… L'enquête d'un baby-boomer sur les mythes de la génération “woke” ». Un ouvrage présenté comme une « enquête », dans lequel ne figure pas une seule rencontre avec ladite jeunesse : pas un entretien, pas une interview, pas même un coup de téléphone à un petit-neveu, rien. La seule idée d'écrire un livre entier sur les jeunes en ne dialoguant pas une seule fois avec ceux-ci me fascine.

Ce brûlot réactionnaire entend dresser « un portrait psychosocial de la génération qui porte un projet radical de réforme intellectuelle et morale, les *millennials* ». S'il reconnaît les conditions économiques exceptionnelles dont a bénéficié sa génération, Brice Couturier voit surtout dans leur réussite le résultat d'une mentalité positive :

> *C'est que, voyez-vous, nous y avons mis un peu du nôtre. Car nous avons été et nous restons une génération confiante et optimiste, tournée vers l'avenir, tolérante et bienveillante.*

Avant d'enchaîner sur une citation de l'humoriste américain Louis C. K. :

> *« Nous vivons dans un monde absolument fantastique, et il est gâché par la plus merdique génération d'idiots trop gâtés. »*

Que ce livre vendu à plus de 10 000 exemplaires (une performance plus qu'honorable pour un essai) n'ait pas fait polémique alors qu'il constitue clairement une insulte à toute une génération est un symptôme de plus de la tolérance compassée pour ce discours anti-jeunes dans de nombreux médias : à la sortie du livre, l'auteur fut de fait reçu partout, d'Europe 1 à France Culture, en passant par France Inter, où il put dérouler son discours : notre génération est « stupide », « égoïste » et, cerise sur le gâteau, dénuée d'humour :

> *Les millennials sont, en effet, réputés pour leur invraisemblable manque d'humour. Le second degré, en particulier, est une dimension qui leur est apparemment inaccessible.*

Pas la peine d'étayer cette thèse avec une enquête ou la moindre statistique, car c'est là l'opinion de Brice Couturier, ce qui suffit manifestement à l'ériger au rang de vérité générale.

Et si ces quelques citations peuvent paraître choquantes, elles ne sont pas isolées. Le traitement médiatique négatif que subissent les jeunes était déjà largement documenté en 2012 dans une étude intitulée « Jeunes et médias, au-delà des clichés » menée par l'Observatoire de la jeunesse et des politiques de la jeunesse[33]. La conclusion des chercheurs ?

> *Progressivement, et les médias n'ont fait qu'accentuer cette tendance, la société française a divisé les jeunes en deux : les dangereux, au premier rang desquels figuraient désormais les jeunes hommes de banlieue qu'il fallait encadrer voire punir, et les fragiles, en danger, que constituaient ceux qui étaient malades, à la dérive, seuls, qu'il fallait protéger et accompagner.*

Dans cette étude, l'universitaire Marie-Christine Lipani Vaissade affirme que les jeunes sont stigmatisés par les médias traditionnels, notamment parce que les journalistes ne les connaissent finalement pas, et n'ont aucune formation pour aborder les thématiques les concernant :

> *Peu de sociologues, éducateurs, psychologues…, spécialistes des questions jeunesse sont sollicités par les instituts de formation des journalistes pour apporter des éclairages pertinents sur les modes de vie, les difficultés et les attentes des nouvelles générations, les structures accompagnant les jeunes, les réseaux.*

La jeunesse pâtit donc d'une image plutôt négative, conséquence de l'incapacité de nombreux journalistes de comprendre le fonctionnement et les enjeux clés de cette génération qui, par ailleurs, est largement sous-représentée dans l'espace médiatique. Parmi ces enjeux chers à la jeunesse, la question environnementale fait l'objet d'un sous-traitement médiatique et ses militants d'une caricature qui irrite grandement une partie de ma génération ; ce qui a pour effet de creuser la fracture intergénérationnelle.

L'écologie, ou les raisons de la colère

Dans un article publié en juillet 2019, le philosophe et essayiste Michel Onfray s'en prend aux marches pour le climat. Ce mouvement né en Suède, initié par des écoliers, afin de dénoncer l'inaction climatique des gouvernements, a de quoi horripiler le fondateur de la revue *Front populaire* qui décrit ainsi l'activiste Greta Thunberg, 16 ans à l'époque :

> *Elle fait songer à ces poupées en silicone qui annoncent la fin de l'humain et l'avènement du post-humain. Elle a le visage, l'âge, le sexe et le corps d'un cyborg du troisième millénaire : son enveloppe est neutre. Elle est hélas ce vers quoi l'Homme va.*

Si l'on survit à la misogynie stupéfiante de ces lignes (il reproche finalement à une adolescente de ne pas ressembler à une femme telle qu'il se la figure, ce qui lui permet d'ignorer les arguments scientifiques soulevés par la jeune fille), la suite de l'article ne manque pas d'avoir notre peau puisque l'on aboutit dans le plus grand des calmes à une condamnation globale de la jeunesse, qui apparaît à l'auteur comme hypnotisée par Greta Thunberg :

> *Trop contents de ce magnifique prétexte pour ne pas aller au collège, un troupeau de moutons de cette génération qui se croit libre (...) propose de suivre son exemple et offre en sacrifice expiatoire la culture qu'elle n'a pas, mais qu'elle pourrait avoir – si d'aventure elle allait à l'école.*

La cause climatique est tellement inaudible pour Michel Onfray qu'elle ne semble pouvoir être à ses yeux qu'un prétexte pour sécher les cours. L'incompréhension s'élève de toutes parts : l'idée d'un divorce générationnel se confirme. Et il faut urgemment le déminer, car il est férocement contre-productif – et dans le cas précis, éminemment dangereux.

Au-delà du cas de ce panel évidemment subjectif que je propose, il se trouve que les critiques sont si vigoureuses et récurrentes en France, que l'organisation de défense des droits humains Amnesty international en est arrivée à concevoir une campagne de défense… des jeunes français[34] (oui, Amnesty international, cette organisation qui se bat pour les citoyens injustement enfermés, les lanceurs d'alerte en danger de mort, les journalistes menacés dans les pays où le droit à l'information est bafoué). L'ONG y dénonce la stigmatisation des jeunes et répond à travers des affiches choc.

Jeunes et engagés, l'enfer. Quand le dénigrement ne revêt pas la forme d'attaques sur leur physique ou leur vie privée, les jeunes prennent régulièrement des procès en impertinence, ou pire, en irresponsabilité : ils deviennent des menaces pour la société tout entière.

Parce qu'ils ont l'outrecuidance d'essayer de faire entendre leur voix, d'essayer d'imposer leurs thèmes, de se battre pour un monde meilleur. Une ténacité pourtant valorisée par les soixante-huitards comme Brice Couturier, qui pose sur sa propre jeunesse un regard tendre et nostalgique :

> *La jeunesse était censée être la période de la vie où l'on accumule des expériences, quitte à prendre aussi des risques, où l'on explore ses limites, quitte à transgresser les normes en vigueur. Nous autres, baby-boomers, avons ainsi chevauché bien des tigres.*

Parfait, alors à mon tour de chevaucher un tigre pour démontrer en quoi ces accusations contre la jeunesse sont infondées et délétères.

Le mirage de l'autonomie : entre chômage, emploi précaire et pauvreté

Paix, Prospérité, Plein-emploi, Progrès : ce sont les « 4 P » qui caractérisent, selon l'historien Jean-François Sirinelli, la période dans laquelle ont grandi les baby-boomers[1]. Les conditions économiques dans lesquelles cette génération a évolué sont souvent reconnues par les économistes comme exceptionnelles[2]. Hélas, les Trente Glorieuses ont fait leur temps et la situation économique s'est progressivement dégradée à partir des années 1970. Jusqu'à atteindre la situation critique qui est la nôtre aujourd'hui, et pèse, particulièrement sur la jeunesse.

Dans ce chapitre, il ne s'agit pas de reprocher aux « boomers » d'avoir profité de cette époque bénie – j'aurais très certainement fait la même chose à leur place –, ni de faire une généralité sur ce qu'ils ont pu vivre en leur temps. Les Trente « Glorieuses » n'ont certainement pas été une époque idéale exempte de tout problème – les inégalités sociales y étaient fortes et certaines classes sociales ont notamment dû composer avec des conditions de travail difficiles voire dangereuses, sans même parler des droits des femmes ou des minorités. Mais le fait est que nos conditions socio-économiques se sont profondément et durablement dégradées depuis cette période, ce qui rend franchement difficile la comparaison entre les jeunes d'hier et ceux d'aujourd'hui, pourtant si récurrente dans la bouche des adeptes du « moi quand j'étais jeune ». Et cette dégradation n'est pas survenue comme par magie, elle est le résultat de choix politiques qui ont été réalisés en faveur des générations précédentes aux dépens de notre génération.

C'est à Dany Lang, économiste et maître de conférences à l'université Sorbonne Paris Nord, que j'ai posé la question en premier : être jeune, c'était mieux avant ? Pour lui, indéniablement oui :

> *Dans les années 1970, malgré les nuages noirs qui s'accumulent, les chocs pétroliers, le désordre monétaire avec la fin du système de Bretton Woods, un jeune peut espérer un emploi en CDI et à temps plein ! Les classes moyennes inférieures accèdent à la propriété, sans parler du fait que ce sont des années favorables aux salariés en termes de rapport de force.*

Quand on a ça en tête, les procès en paresse (vous savez, ces jeunes qui préfèrent traîner au lit plutôt que travailler) sont difficiles à digérer. Peut-être faut-il rappeler à ceux qui adorent nous vilipender les différences notables entre les conditions d'insertion et de vie professionnelle dans les années 1970 et celles d'aujourd'hui.

La jeunesse au chômage : problème structurel et variable d'ajustement en temps de crise

L'un des aspects les plus facilement mesurables de la condition socio-économique des jeunes est leur capacité à trouver (ou non) du travail rapidement lorsqu'ils tentent de s'insérer dans le marché de l'emploi. Or le contexte de croissance des Trente Glorieuses a permis à la génération des baby-boomers d'arriver sur un marché où le chômage était quasiment inexistant. En France, jusque dans les années 1970, le taux de chômage[3] était d'environ 1,6 %[4] pour l'ensemble de la population active, contre 7,2 %, aux dernières nouvelles[5], c'est-à-dire presque cinq fois plus. En 1980, date à laquelle l'emploi commence à devenir un véritable problème, le taux de chômage des 15-24 ans était de 11,6 % ; il est de 18,9 %[6] en 2021. Et il ne faut pas oublier ce que les mots « augmentation du taux de chômage » impliquent : plus de personnes en recherche d'emploi, plus de compétition, et donc des jeunes mis en concurrence avec des personnes beaucoup plus expérimentées lorsqu'ils postulent sur un poste. Et à force de se voir refuser l'accès au monde du travail pour « manque d'expérience », il devient difficile de s'en constituer une.

Plus les années passent, plus cette tendance s'aggrave. En particulier pendant les crises, où les jeunes servent malgré eux de variable d'ajustement : ils sont les premiers à être licenciés, à voir leur contrat ne pas être renouvelé ou tout simplement à ne pas être embauchés[7]. Entre 2008 et 2009, avec la crise des *subprimes*, leur taux de chômage[8] a bondi de 5,4 points contre 1,7 point pour l'ensemble de la population[9]. Et rebelote lors de la crise du Covid-19 en 2020 : le nombre des moins de 25 ans au chômage augmente de 15 % (contre 11 % pour l'ensemble de la population)[10]. Parmi les jeunes que j'ai pu interroger, ils sont plusieurs à avoir vécu ces statistiques dans leur chair, comme Antoine, 28 ans aujourd'hui. Lorsque la pandémie se déclare, cet économiste de la construction est au début de sa carrière professionnelle. Il est en CDI dans une PME en région grenobloise et se charge de chiffrer des projets d'architecture, entouré de collègues qu'il apprécie : « L'ambiance était bonne, ça se passait bien, j'avais même été augmenté à Noël ! » me confie-t-il. Mais lorsque la pandémie survient, il est mis au chômage partiel, avant de se faire convoquer par son directeur, une semaine après le déconfinement :

> Il m'a juste dit que ça n'allait pas être possible pour eux à cause de la crise, que je devais partir, que j'étais licencié. Comme ça, d'un coup. Ça m'a fait bizarre. Et plus tard, j'ai compris que je n'étais pas le seul, on a été une quinzaine dans la boîte, et principalement des jeunes ! Ça c'était clair, c'était les 25-30 ans en priorité.

Difficulté supplémentaire, les chiffres du chômage ne prennent pas en compte les contrats courts ni les emplois à mi-temps – alors qu'être payé la moitié d'un SMIC, quand on ne l'a pas choisi, ce n'est pas vraiment idéal – on parle alors de « sous-emploi », une situation dans laquelle se retrouvent principalement les jeunes[11].

Le rêve inaccessible de l'autonomie

Qui dit dégradation du marché de l'emploi dit précarisation du travail, et les premiers à en pâtir sont encore une fois les jeunes. À ce titre, la fracture générationnelle est particulièrement visible.

Cela paraît difficile à imaginer aujourd'hui mais en 1970, l'emploi précaire n'existait quasiment pas. L'intérim n'a été officialisé qu'en 1972 et le contrat à durée déterminée qu'en 1979 (même s'il existait auparavant sous les dénominations de « contrat d'usage » ou de « contrat saisonnier »). Le tout dans une société avec très peu de chômage. Précision oblige, le problème n'est pas tant l'emploi précaire en soi, que l'emploi précaire dans une société où le chômage fait rage et où le rapport de force est en défaveur de l'employé qui dès lors subit ses conditions d'emploi. Le CDI est devenu un Graal au fil des années, parce que l'incertitude grandissait, et qu'il constituait un rempart contre cette incertitude. Aujourd'hui, la quête d'un CDI est devenu un véritable parcours du combattant.

Il y a cinquante ans, l'accès au premier emploi ne s'effectuait que très rarement par le biais d'un contrat temporaire. Aujourd'hui, c'est l'inverse ! Pour plus des deux tiers des jeunes, suivant le secteur, le premier emploi est précaire[12] ! En d'autres termes, non seulement les jeunes peinent actuellement à entrer sur un marché du travail tendu, mais en plus lorsqu'ils y parviennent, ils sont économiquement fragilisés par des emplois instables et mal rémunérés.

Les chiffres à ce sujet sont édifiants. Le taux d'emploi précaire[13] des 15-24 ans est passé de 17,3 % à 52,6 % entre 1982 et 2020[14] ! En comparaison, ce taux est passé de 2,3 % à 5,6 % chez les plus de 50 ans sur la même période.

Alors certains avanceront peut-être que ce n'est pas si grave de « galérer un peu » avant d'obtenir un CDI ; mais il faut bien comprendre que la vie sans CDI impacte indéniablement notre capacité à nous projeter dans l'avenir – sauf à pouvoir compter sur un soutien financier conséquent de la part de nos familles. Car sans CDI, pas de logement : rares sont les propriétaires à accepter de signer un bail locatif à des personnes en CDD ou sans caution financière solide, et encore plus rares sont les banquiers à accepter de prêter de l'argent à des particuliers ne présentant pas la garantie d'un emploi stable pour un achat immobilier. Or ne pas pouvoir accéder à un logement indépendant, c'est tout de même faire une croix sur l'objectif numéro un de beaucoup de jeunes adultes[15].

Et qu'on ne vienne pas me dire que les jeunes se complaisent dans la possibilité de changer régulièrement d'emploi et de projet de vie : cette inconstance, ils la subissent et c'est loin d'être une partie de plaisir puisqu'elle est souvent l'antichambre de la précarité. Le sociologue spécialiste de la jeunesse Camille Peugny[16] me le confirme en interview :

> *Il y a eu une fragilisation des trajectoires professionnelles et une précarisation (des jeunes). Précarisation qui épargne beaucoup plus les autres classes d'âge.*

Le sociologue souligne qu'il ne s'agit pas d'un « *simple retard à l'allumage* » : il existe selon lui un effet « cicatrice », cette plaie de l'entrée sur un marché de l'emploi dégradé ne se résorbe souvent pas complètement avec le temps[17]. Conséquence directe, les jeunes sont de moins en moins bien payés, que l'on parle de salaire d'entrée[18] ou de progression salariale[19]. Ceux ayant terminé leurs études en 2010 connaissent dès lors une augmentation moyenne de leur salaire de 19 % en sept ans, alors que ceux qui étaient entrés sur le marché du travail en 1998 ont connu une augmentation de 28 % sur la même durée. Camille Peugny précise :

> *Pour les générations qui ont 40 ans aujourd'hui, on s'aperçoit que le taux de précarité est de dix points supérieur à celui que rencontraient les générations qui avaient 40 ans il y a vingt ou trente ans, ce qui est beaucoup. Le retard pris en début de carrière en termes d'accès à un emploi stable n'est donc pas rattrapé*[20].

En forçant le trait, je pourrais résumer la situation ainsi : moins payé un jour, moins payé toujours.

Plus diplômés, moins embauchés : la grande désillusion

Et on n'a pas fini de se réjouir puisque le niveau d'éducation – qui se mesure par la dernière année d'études effectuée –, s'il a considérablement augmenté ces dernières décennies, ne constitue plus une protection contre cette précarisation du marché du travail.

En 2018, 13 % des personnes âgées de 25 à 34 ans n'ont aucun diplôme, ou seulement le brevet des collèges, contre 32 % de celles âgées de 55 à 64 ans[21]. Tout comme 69 % des 25-34 ans ont obtenu le bac, contre 37 % des 55-64 ans. Les jeunes des nouvelles générations sont plus à même de faire des études, et ils en font plus longtemps, ce dont on devrait pouvoir se féliciter, si l'augmentation du niveau de diplôme leur garantissait effectivement un accès plus aisé à l'emploi et une meilleure qualité dudit travail.

Mais ce n'est plus vraiment le cas. Le sociologue spécialiste de la jeunesse Louis Chauvel[22] explique dans un entretien accordé au *Monde* en 2019[23] :

> *Le diplôme n'a aujourd'hui plus une valeur en soi, si ce n'est pour une minorité d'étudiants en grandes écoles de commerce ou d'ingénieurs. La raison étant que, ces dernières années, la croissance continue du nombre de diplômés n'a pas été proportionnelle à celle des emplois disponibles sur le marché.*

Résultat : « Même un master n'offre plus la certitude d'une entrée facile sur le marché de l'emploi. » C'est ce que la sociologue Marie Duru-Bellat appelle « l'inflation scolaire »[24] : à diplôme égal, on ne dispose pas des mêmes chances que ses parents d'obtenir un emploi correct. Cela entraîne un déclassement des diplômés qui n'est pas toujours compris par leurs aînés dont les attentes sont indexées sur une époque antérieure[25].

Le cas de Chloé, 25 ans, illustre bien cette triste dynamique. Originaire d'un petit village de Bretagne, elle mène un parcours scolaire brillant jusqu'à la fin du lycée puis s'engage en fac de droit, à Lille :

> Je me suis spécialisée en master 2 de droit de l'Union européenne parce que c'était ce qui m'intéressait le plus. Puis, j'ai fait un stage de fin d'études au ministère de la Justice, non rémunéré ; heureusement, mon père a pu m'aider.

Mais au fur et à mesure qu'elle avance dans les études, elle déchante :

> À la base, je voulais travailler pour les institutions européennes. Quand on entre dans ces études, on pense qu'au bout de cinq ans, c'est bon, on est juriste ; alors qu'en réalité, pas du tout, il faut passer des concours en plus, et souvent pour passer ces concours, il vaut mieux avoir de l'expérience professionnelle, or là ça fait des mois que je cherche et que je ne trouve que des postes payés 1 500 euros et qui demandent trois ans d'expérience !

Au sortir de ses études, elle avait pourtant trouvé un poste intéressant en coopération européenne transfrontalière dans le Nord-Pas-de-Calais :

> C'était pendant trois mois, ça m'a plu, c'était stylé, mais c'était un remplacement de congé maternité. Donc j'ai pas pu rester. Et après, impossible de trouver

> un truc qui corresponde à mes attentes. J'ai fini par avoir un poste d'assistante dans une préfecture payé 1 300 balles, j'ai fait ça quelques mois, mais ça m'a vraiment pas plu.

Elle finit par quitter ce poste, et elle est aujourd'hui à nouveau en recherche d'emploi, plus d'un an après la fin de ses études :

> Je me sens complètement désillusionnée. Déjà, avant d'avoir mon diplôme, les profs avaient commencé à nous parler de cette réalité-là, mais plus le temps avance, moins je donne de valeur à mon diplôme, c'est juste un bac + 5. Dans la vraie vie, il faut surtout savoir se vendre, mettre en avant ses qualités perso, et... avoir de l'expérience. Ce que je trouve frustrant, c'est que, quand on est jeune, on a de l'énergie à revendre, on n'a pas de contraintes, on pourrait vraiment être utiles, et pourtant on ne nous laisse pas notre chance.

Et les témoignages dans cette veine sont nombreux. Trop nombreux. Le cas de Clémence, 24 ans, est encore plus frappant. Elle a grandi dans un village près de Toulouse. Son père est employé dans une entreprise publique, et sa mère infirmière. Excellente élève, elle intègre une prépa littéraire après le bac et réussit le concours d'entrée dans la très sélective école du Louvre à Paris. Toujours aussi brillante, elle obtient sa licence avec mention très bien, et enchaîne sur un master 1 puis un master 2, décrochés tous deux avec mention très bien ; son mémoire de recherche est même publié et, comme elle termine ses études en plein Covid, elle décide, pour ne pas « perdre de temps », de faire une licence en communication :

> Je me suis dit qu'avec un diplôme en communication et tous ces diplômes en histoire de l'art, je pourrais

> trouver plus facilement du travail dans mon domaine en sortant.

Elle excelle aussi dans cette dernière licence, qu'elle obtient en un an, avec la mention très bien. Mais à la rentrée 2021, c'est la douche froide :

> Je savais que ce serait dur, mais à ce point, je ne l'aurais jamais imaginé. J'ai envoyé des dizaines et des dizaines de lettres de motivation, de CV. Je passais plusieurs heures sur chaque candidature, pour que ce soit le plus pertinent possible, et personne ne voulait me rencontrer, on ne me répondait même pas la plupart du temps. C'est vraiment violent.

En cinq mois, malgré une recherche acharnée, elle obtient deux malheureux entretiens qui se soldent par un échec :

> J'ai eu un entretien très dur notamment, où on m'a renvoyé ma jeunesse en plein visage, on m'a fait sentir que je paraissais très jeune, trop jeune, on a souligné mon manque d'expérience, ma potentielle incapacité à gérer la pression. C'est tellement injuste. Je peux pas avoir d'expérience si personne me donne l'occasion d'en avoir !

Comble de l'ironie, son travail de recherche circule dans le milieu, si bien qu'on finit par l'appeler ponctuellement pour qu'elle forme des gens à comprendre son domaine : « Je forme donc des gens plus âgés, qui ont le poste que moi je voudrais ! »

Pendant toute cette période, ses parents « font des concessions » pour l'aider financièrement :

> J'avais le droit ni au chômage, ni au RSA, j'étais vraiment au mauvais endroit au mauvais moment de la vie, heureusement qu'ils m'ont aidée.

Incapable de passer plus de temps à ne rien faire, elle signe en janvier 2022 pour un service civique de six mois dans une association, payé un peu plus de 500 euros par mois. Tout se passe, là encore, très bien :

> Mais ils ne peuvent pas créer de poste, et donc je me retrouve au même point, six mois plus tard. Je vais devoir redemander de l'aide à mes parents.

Elle continue pendant tout ce temps à envoyer des candidatures, mais toujours sans résultat en septembre 2022 :

> C'est retour à la case départ. J'ai pas de travail, pas d'argent, mais j'ai plein de diplômes avec mention, et ça me sert à rien. Honnêtement, je ne sais pas ce que je vais faire, et je sais pas ce que j'aurais pu faire de plus. J'ai tout fait pour atteindre la profession de mes rêves, j'ai cru qu'en travaillant bien, en étant excellente, en donnant tout, je pouvais faire un métier qui me plaisait, mais je me suis trompée. C'est à devenir fou. C'est rageant en fait.

Nombre de jeunes sont plus diplômés que leurs parents, et pourtant, ils n'accèdent pour la plupart pas, loin de là, à de meilleures conditions d'emploi, ce qui crée de la frustration. Comment, dans ces conditions, dire aux jeunes qu'il suffit « de se bouger » quand « se bouger » ne garantit souvent plus rien ?

Quand jeunesse rime avec pauvreté

Quand on fait l'addition : explosion du chômage, baisse des salaires d'entrée, dégradation de la qualité de l'emploi (avec une certaine importance des emplois non déclarés[26]), allongement de la durée des études…

On comprend assez facilement pourquoi les jeunes sont plus exposés que les autres classes d'âge aux difficultés financières. Et cela n'a rien de romantique, contrairement à la bohème d'Aznavour (en revanche, « les moins de vingt ans » savent bien de quoi il s'agit). En 2019, plus de la moitié des bénéficiaires des Restos du cœur avaient moins de 26 ans[27]. En 2022, dans une enquête publiée par l'Institut Montaigne, 59 % des 18-24 ans déclaraient avoir des difficultés matérielles[28]. Selon la dernière étude menée par l'Insee et la Drees, un jeune sur quatre vit sous le seuil de pauvreté[29].

Selon une étude de la Fédérations des associations générales étudiantes (Fage)[30], un étudiant sur cinq ne mange pas à sa faim en 2024. Parmi ces 20 %, les étudiants boursiers sont sur-représentés : près d'un étudiant boursier sur trois s'endort parfois le ventre vide. Et même lorsqu'ils parviennent à se nourrir, leur situation n'est pas toujours reluisante : selon cette même étude, la moitié des étudiants français n'a pas les moyens de s'acheter des fruits et légumes frais chaque semaine…

Je veux rappeler une réalité à ceux qui posent un regard tranchant sur la jeunesse : les jeunes sont en moyenne bien plus pauvres que les plus âgés et, contrairement à leurs aînés avant eux, ils ont peu d'espoir que leur situation s'améliore à court terme. En 2018, le taux de précarité des 15-29 ans était de 38 %, contre 7 % pour les plus de 50 ans[31]. Et ça n'a pas toujours été le cas, comme le précise sans ambiguïté France Stratégie – institution d'État rattachée au Premier ministre créée en 2013 – dans sa réflexion sur les successions[32] :

> *Les générations qui ont aujourd'hui plus de 60 ans ont bénéficié d'une situation favorable sur le marché du travail, ainsi que de plus-values financières et surtout immobilières importantes. La situation relative des jeunes générations s'est détériorée de ce point de vue par*

rapport à celle de leurs aînés, avec un endettement accru et une insertion plus difficile sur le marché du travail.

Parmi les précaires, les étudiants occupent une place non négligeable. Les études supérieures, autrefois réservées aux jeunes issus de milieux privilégiés, se sont progressivement ouvertes aux jeunes de milieux plus modestes. Camille Peugny explique dans son livre *Pour une politique de la jeunesse* :

> *Les étudiants français ne sont plus seulement les « héritiers » décrits par Bourdieu et Passeron dans les années 1960*[33]*. Progressivement, des jeunes issus des classes populaires ont franchi les portes de l'enseignement supérieur, tout en ne disposant pas des ressources économiques et culturelles de leurs homologues « mieux nés ».*

Ceci est une excellente nouvelle, mais se lancer dans des études quand on n'en a pas les moyens financiers rend nécessaire un soutien massif de la part de l'État ! Or, si elles sont évidemment essentielles pour circonscrire les inégalités, les bourses étudiantes ne sont certainement pas suffisantes pour vivre. Le montant mensuel moyen d'une bourse s'élève à 349 euros, quand l'aide maximale est proche de 555 euros[34]. Conséquence directe de ce soutien insuffisant : la plupart des étudiants boursiers doivent pouvoir compter sur une aide familiale substantielle (qu'ils n'ont souvent pas, de fait) ou, à défaut, sur un complément de revenu passant par un petit boulot, notamment dans les grandes villes où le coût de la vie est élevé, surtout en ce qui concerne le logement. En France, selon la dernière enquête d'ampleur qui a été menée sur le sujet en 2014, à 19 ans, âge auquel plus d'un jeune sur deux est en situation d'études, 39 % des revenus proviennent des parents, 43 % du travail, et seulement

18 % de l'État. On touche ici du doigt une caractéristique des relations intergénérationnelles : la solidarité existe encore, mais elle se pratique surtout au sein des familles. Et tant pis pour ceux qui viennent de familles qui n'ont pas les moyens.

Résultat, 40 % des étudiants sont obligés de cumuler un emploi avec leurs études[35]. C'est pour ces jeunes, soudainement privés de leur job étudiant, que le confinement a été le plus dramatique, leur retirant le complément de ressources nécessaire à leur survie. Ils ne pouvaient prétendre ni au RSA ni au chômage (lorsqu'ils avaient travaillé moins de quatre mois[36] ou qu'ils travaillaient au noir). Au-delà de la pandémie, ces emplois sont en règle générale précaires, parfois pénibles, et nuisent bien souvent à la disponibilité des étudiants pour leurs études.

Encore une fois, la dynamique de précarisation des emplois est à l'œuvre depuis la fin des années 1970, mais la crise de 2008 a accéléré leur flexibilisation, jusqu'à l'avènement du sacro-saint statut d'auto-entrepreneur, Graal de l'ubérisation – notamment utilisé par les plateformes de livraison à domicile, grandes pourvoyeuses de jobs étudiants[37].

Leila, Grenobloise de 22 ans, peut en témoigner. Étudiante en droit, elle a vu dans le boulot de livreuse l'opportunité d'adapter ses horaires en fonction de ses cours. Mais très vite, elle déchante :

> C'est crevant, tu dois aller super vite, parfois les clients te gueulent dessus si t'es en retard, tu stresses, c'est pas juste tu prends ton vélo et tu fais du sport, tu dois te repérer avec le GPS, parfois il pleut et tu vois rien.

Au bout de deux mois, elle finit par arrêter (épuisée tant physiquement que nerveusement) car elle peut compter sur l'aide de ses parents.

Tom, 25 ans, n'a pas cette chance. Issu d'un milieu modeste de Lille, il souhaite intégrer Staps à la sortie du bac, mais le logiciel de l'époque (Admission Post-Bac) sélectionne les étudiants par tirage au sort, du fait des demandes trop nombreuses au regard du nombre de places disponibles. Recalé, il décide de travailler pendant un an avant de retenter sa chance. Mais sans qualification, c'est compliqué : il doit cumuler les petits jobs mal payés pour survivre – distribution de journaux, livraison à vélo, accompagnateur de groupes de vacances de nuit… Il se souvient :

> Je dormais pas, c'était compliqué. Tout ça, c'était des jobs de merde, mais ça faisait un peu d'argent.

Il intègre finalement les études de sport tant convoitées, mais doit continuer à travailler à côté, même lorsqu'il trouve un stage dans une salle d'escalade au sortir de ses études, même lorsqu'il est embauché en contrat de 15 heures à la fin de son stage : il doit persister dans les petits boulots éreintants pour subvenir à ses besoins essentiels. Ce n'est que deux ans après la fin de son stage qu'il décroche un contrat de 30 heures par semaine, et peut enfin arrêter les livraisons à domicile. Au sortir de ces quatre années de travailleur précaire, il témoigne de la précarisation du secteur de la livraison à domicile – où il n'y a d'après lui « que des jeunes » :

> Avant, on était payés à l'heure, c'était fixe, et on avait des bonus. Aujourd'hui, c'est vraiment des miettes, mais y aura toujours des gens plus dans la merde que toi pour accepter. On avait essayé d'organiser des grèves et tout à un moment, mais ça n'a rien donné, ils repèrent trop vite les leaders.

De fait, ces jobs sont de plus en plus occupés par des jeunes déjà fragilisés par des situations administratives, économiques et sociales compliquées ; difficile donc de négocier avec son employeur. Avec le recul, Tom est content d'avoir pu en sortir :

> Ça me choque que les jeunes aient à se taper ce genre de taf. Le statut d'auto-entrepreneur, c'est l'arnaque du siècle. C'est aberrant. Parfois, j'étais de 10 heures du matin à minuit sur mon vélo, sous la pluie, dans le froid ; parfois, on se faisait maltraiter par les restaurateurs, et je devenais moi-même agressif avec eux parce que s'ils étaient en retard, ça allait affecter mon chiffre d'affaires. Des fois, t'es dans la rue, t'attends ta commande, tu stresses. C'était ça ma vie.

D'autres n'ont pas réussi, comme Tom, à mener leurs études jusqu'au bout. Mohamed-Anis, 24 ans, issu d'une famille d'immigrés, fait partie des jeunes frappés de plein fouet par le déterminisme social. Ses parents ont fui la « décennie noire » en Algérie juste avant sa naissance. Il a grandi dans un HLM à Choisy-le-Roi, en banlieue parisienne. Après un bac professionnel en génie climatique dans l'objectif de devenir technicien en installation de systèmes énergétiques, il décide finalement de suivre sa passion pour l'histoire et réussit à intégrer une licence à la Sorbonne à Paris. Non seulement il doit faire plus de deux heures de trajet par jour pour se rendre à l'université, mais il doit aussi travailler à côté de ses études. Il vit encore chez ses parents, mais son père peine à nourrir cette famille de quatre personnes avec un peu plus d'un Smic (sa mère, touchée par une maladie invalidante, est en incapacité de travailler). Alors, très jeune, il a appris à se retrousser les manches : « Après les cours, quand d'autres allaient étudier ou boire des coups, moi j'enfilais ma tenue de travail pour aider mes parents. » Il accumule les petits jobs, vendeur ou livreur, selon les mois : « Mais le rythme d'études avec le travail, c'était vraiment dur, presque intenable. » Il finit par arrêter en L2, éreinté : « On avait trop besoin d'argent. » Il se lance directement dans la vie active : il est agent de sécurité la journée, serveur le soir ou préparateur de commandes la nuit, tout en faisant du service le jour, jusqu'à arriver à son poste actuel : responsable logistique de livraison à Rungis. Aujourd'hui, il ambitionne de reprendre « des études en génie thermique, mais avec un apprentissage » :

> Je sais que ça va être dur, je vais sûrement être malheureux pendant quelques années, mais peut-être que ma situation s'améliorera après.

En discutant avec lui, je me rends bien compte que j'ai affaire à un passionné d'histoire. Il est intarissable sur la guerre froide, sur la recomposition géopolitique, l'URSS, l'irruption récente de la Chine sur la scène mondiale et sa relation « tumultueuse » avec Taïwan... L'histoire est à ses yeux une « discipline indispensable pour affronter les enjeux de notre époque, pour appréhender le futur ». Impressionnée par sa culture générale, je lui demande où il a appris tout ça : il « continue à lire et regarder des documentaires à ce sujet sur son temps libre », me répond-il.

Il me paraît soudainement absurde qu'un jeune homme visiblement habité par une puissante vocation ne fasse pas des études dans ce domaine. Pourquoi ne pas suivre ce rêve et réintégrer la faculté, pour devenir professeur par exemple ?

> Faut arrêter, pas dans ces conditions, pas avec mon budget : là, c'est plus raisonnable pour moi d'aller en génie thermique.

Lui qui a côtoyé des étudiants issus de milieux aisés à Paris ne se voit pas pour autant comme une victime du système, mais il est tristement lucide :

> J'ai grandi en quartiers, y'a des gens bien plus dans la merde que moi, et j'en ai conscience. On choisit pas où on naît de toute façon, c'est comme ça. Ce qui m'agace, c'est quand on me parle de méritocratie. J'ai eu de la chance, quand j'étais petit, de pouvoir aller à la bibliothèque gratuitement, d'avoir accès à des infrastructures, vraiment, je l'apprécie… Mais faut pas abuser non plus : les gens comme moi ne peuvent pas faire ce qu'ils veulent dans la vie.

On est bien loin de l'image paresseuse, fêtarde et désinvolte des étudiants reflétée par certains médias.

Le syndrome du « ni-ni » : ces jeunes qui n'ont droit à rien

Mais qui dit « jeunes » ne dit pas nécessairement « étudiants » – loin de là, même. Selon l'Insee, en 2018, un tiers des 18-20 ans et près de 70 % des 21-24 ans ne sont plus en études. Ces jeunes qui n'étudient pas ou plus sont soit en emploi (souvent précaire, on l'a vu), soit sortis des radars. Cette dernière catégorie est celle des sans catégorie justement : ceux que l'on voit peu et dont, par conséquent, on parle peu. Un acronyme né au Royaume-Uni a été forgé pour les désigner : ce sont les « Neet » (pour *Not in Education, Employment, or Training*).

En France, selon la définition d'Eurostat, les Neet sont les jeunes de 16 à 25 ans qui ne sont ni en études, ni en emploi, ni en formation – les grands perdants du système, en quelque sorte. Ils représentent environ un million de personnes, soit plus d'un jeune sur huit, et sont des candidats de choix à la précarité la plus rude.

Anaïs[38], 20 ans, est une Neet. Fille d'une mère immigrée soignante de profession et d'un père responsable d'une boutique de chaussures près de Perpignan, elle fait son collège en Rep[39], avant d'obtenir un bac avec mention. Elle se rend alors à Montpellier pour entamer une licence économique et sociale, mais ses conditions économiques précaires couplées au Covid l'amènent à décrocher :

> J'étais livrée à moi-même, je galérais pour trouver des informations, j'étais toute seule, sans personne, sans cadre, rien. Mes parents m'aidaient et j'avais des aides de l'État, mais ce n'était pas suffisant. Du coup, j'ai commencé à chercher un petit job, mais j'ai pas réussi à cumuler les deux.

Elle quitte la fac au bout de quelques mois pour travailler dans la grande distribution :

> Pendant huit mois, je faisais la caisse et la mise en rayon. Puis, j'ai arrêté pour commencer un BTS avec une alternance dans une petite boutique de CBD. Mais une alternance de 650 euros, ça ne fait pas vivre, même avec les APL. Rien que mon loyer était de 600 euros par mois, ce n'était pas possible.

Elle se met donc à la recherche d'un travail cumulable avec son alternance : elle devient serveuse dans une boîte de nuit. Rapidement, elle commence à manquer des cours :

> Ça m'a trop prise, je travaillais trop en fait, j'étais épuisée avec les horaires. Et on va pas se mentir, c'était aussi dangereux : y a de la drogue, des hommes bourrés, même des armes parfois, c'est pas hyper sain, faut toujours être sur ses gardes. Ça fatigue aussi. Du coup, j'ai fini par me faire virer du BTS pour absentéisme.

Retour à la case départ. Elle prend une pause pour se remettre de cette période « difficile » en vivant sur ses maigres économies. Elle fait partie des 62 % de Neet[40] qui sont sans emploi ni formation depuis moins d'un an.

Persuadée qu'il est trop compliqué de réussir « avec l'Éducation nationale », elle m'explique que sa priorité à l'avenir est « de se faire de l'argent », pour pouvoir éventuellement étudier, mais « tranquillement ». En septembre, elle compte « faire des saisons en Suisse, en restauration » car « ça paie bien ». Elle précise qu'elle ne fera pas ça toute sa vie :

> Une fois que j'aurai de l'argent, je créerai mon propre festival de musique électronique, parce que c'est ça au fond qui me plaît vraiment.

Si Anaïs a décidé de faire une pause en vivant sur ses maigres économies, pour beaucoup de jeunes, l'absence de statut est subie. À l'image de Lola[41], 27 ans, qui a grandi dans la banlieue de Carcassonne. Trop âgée pour entrer dans la catégorie des Neet, elle en présente toutefois les caractéristiques. Alors qu'elle est enfant, son père est victime d'un grave accident et devient handicapé moteur et mental. Sa mère jusqu'alors femme au foyer prend un petit boulot pour subvenir aux besoins de cette famille avec trois enfants. Bonne élève, Lola obtient son baccalauréat et enchaîne sur cinq années d'études pour devenir illustratrice. Mais une fois diplômée, ses espoirs sont douchés :

l'entreprise dans laquelle elle termine son alternance ne l'embauche pas, faute de moyens. S'ensuivent trois années de recherche effrénée d'emploi :

> Trois ans que j'envoie dix CV par jour. Je sais que je pourrais être caissière, trouver un emploi ailleurs. Mes conseillers Pôle emploi me font bien comprendre qu'ils pensent que je suis feignante. Mais je mets tout mon temps dans la recherche d'un travail dans mon domaine. J'ai étudié 5 ans, j'ai tout donné pour faire un métier que j'aime, on m'a dit à l'époque que c'était possible, et maintenant je veux pas lâcher. Même si je sens que là j'atteins la limite, il va sûrement falloir que je fasse un travail qui n'a rien à voir. Mais c'est dur de me dire qu'après toutes ces années, ben je vais juste revenir au McDonald, que j'ai fait tout ça pour rien.

Pourtant, un emploi dans son domaine, elle en rêve, et est prête à beaucoup sacrifier pour y arriver. Y compris son prénom. Car il faut savoir que Lola ne s'est pas toujours appelée Lola : il y a quelques mois, elle a décidé de changer son prénom aux consonances maghrébines, dans l'espoir de mieux s'insérer sur le marché de l'emploi :

> Je sais pas si c'est ça, mais avec mon prénom, parfois je candidate à une offre d'emploi et on me répond « non » dans les trois minutes, même pas : ça veut dire qu'ils ont même pas eu le temps de regarder mon portfolio. Donc maintenant je préfère m'appeler Lola sur ma carte d'identité et mon CV pour mettre toutes les chances de mon côté.

Cette obstination à vouloir trouver un emploi à hauteur de ses compétences lui coûte cher. Depuis plusieurs années, elle vit avec son compagnon, qui « gagne le SMIC ». Tous les deux survivent grâce à cet unique salaire en région parisienne dans un appartement où chaque euro compte. Quand je lui demande de me parler un peu de ses conditions de vie, elle énumère :

> On part pas en vacances, on va jamais au restaurant, on sort pas, on achète jamais de vêtements, on mange des trucs très basiques comme des pâtes avec du fromage, presque tous les jours, et on a vendu nos meubles pour payer les factures qui grossissent.

À la fin de sa phrase, elle éclate en sanglots.

> – Pardon, je suis désolée, c'est juste que… c'est dur. C'est dur d'en parler, c'est dur de dire ça comme ça à quelqu'un.
> – On peut arrêter l'entretien là si tu veux, on prend une pause y a pas de souci…
> – Non, c'est bon, on continue, ça va. J'ai… juste… que c'est un peu honteux.
> – Mais honteux de quoi ?
> – De pas y arriver.

Ceux qui font des procès en paresse à la jeunesse n'ont probablement jamais rencontré de Lola. Ils n'ont probablement jamais échangé avec ces nombreux jeunes coincés dans des filières qui ne leur correspondent pas, ou dans un travail pénible, mal payé et sans possibilité d'évolution. Ils ne se sont probablement jamais intéressés à cette jeunesse contrainte de composer avec un marché du travail tendu et des emplois de plus en plus précaires – à cette jeunesse qui ne peut plus se projeter sereinement dans l'avenir.

Pour ces jeunes-là, traverser la rue ne suffit pas à trouver un travail et encore moins un avenir ; parce qu'en France, en 2022, la vie vous sourit surtout si vous êtes nés du côté des chanceux.

Quand il vaut mieux hériter que mériter

Alors que les gouvernements successifs cultivent le mythe de l'égalité des chances, quelles sont les opportunités réelles pour les jeunes de réussir ? Du système éducatif en faillite aux difficultés accrues pour accéder à la propriété et plus globalement au patrimoine, les jeunes apparaissent comme les grands perdants de la société française, qui privilégie les bien nés aux dépens de tous les autres.

Massification scolaire… et massification des inégalités ?

C'était le grand thème de la rentrée 2022 : trop d'élèves, pas assez de professeurs. Le ministère de l'Éducation nationale a annoncé fébrilement en plein été que plus de 4 000 postes n'avaient pas été pourvus aux concours de l'enseignement, et qu'il fallait donc recruter à tour de bras des contractuels (dont la part a bondi de 14,5 % à 22 % entre 2015 et 2021[1]), quitte à organiser des « job datings » sur le format « 20 minutes pour convaincre »[2], à passer des petites annonces dans la presse locale ou à former des personnes en quatre jours avant de les lâcher devant des élèves. Cette énième crise au sein de l'Éducation nationale n'est que la partie émergée de l'iceberg : le système éducatif se dégrade d'année en année, au détriment… des jeunes, naturellement.

Selon une étude de l'Institut Montaigne[3], ils sont 41 % à rencontrer des difficultés dans le cadre de leurs études et 28 % sont insatisfaits de leur orientation scolaire. Sans surprise, plus le niveau d'étude est faible, plus les difficultés sont prégnantes. 55 % des jeunes de niveau d'études inférieur au bac et ayant été mal orientés trouvent les études inutiles, et s'en détournent. La rupture de confiance avec le système scolaire est consommée : une étude de 2016 montrait que 68 % des jeunes estiment que le système éducatif français « ne donne pas sa chance à tous » et 87 % jugent ce dernier inefficace pour entrer sur le marché du travail[4].

Depuis les années 1960, le nombre d'étudiants a été multiplié par huit[5] : les sociologues appellent cette explosion d'étudiants la « massification scolaire ». Non seulement les jeunes font plus d'études, mais, comme évoqué plus tôt, il n'est plus forcément nécessaire de venir d'un milieu privilégié pour y accéder. En 2014-2015, un peu plus d'un quart des personnes âgées de 25 à 44 ans dont les parents sont peu ou pas diplômés détenaient un diplôme de l'enseignement supérieur[6], ce qui était impensable auparavant.

Une massification réussie donc, mais une démocratisation limitée, car les inégalités, elles, perdurent, notamment dans le choix des filières et la durée des études. Les enfants d'origine « défavorisée » ont moitié moins de chances d'entrer en seconde générale et technologique (42 %) que ceux dont l'origine sociale est plus favorable (85 %[7]). Avoir des parents exerçant une profession libérale, intellectuelle ou scientifique prédispose à faire des études plus longues (70 % d'entre eux étudient jusqu'à leurs 21 ans), ce qui n'est pas le cas lorsque l'on est enfant d'agriculteur (23 %) ou d'ouvrier non qualifié (24 %), comme le relèvent les sociologues Yaëlle Amsellem-Mainguy et Laurent Lardeux dans le livre *Générations désenchantées*[8]. Cette tendance inégalitaire s'accentue dans l'accès aux filières sélectives : moins d'un jeune sur dix issu des 70 % des ménages les moins aisés entre en master. À l'opposé, ils sont plus d'un tiers à venir des 10 % des ménages les plus riches.[9].

En une décennie, les inégalités à l'école se sont considérablement aggravées en France, selon le classement de l'OCDE[10] – alors que notre pays était déjà le plus mauvais élève du fait de la forte corrélation entre origine sociale et résultats scolaires[11]. Une tendance confirmée par le rapport du Centre national d'étude des systèmes scolaires (Cnesco) sur les inégalités scolaires réalisé en 2016[12]. Les auteurs y expliquent que non seulement l'école hérite d'inégalités familiales mais qu'elle les amplifie, favorisant un effet boule de neige entre inégalités de résultats, d'orientation, de diplôme et d'accès à l'emploi après le diplôme. À l'arrivée, seuls 18 % des élèves issus des familles les plus défavorisées ont un diplôme de l'enseignement supérieur, contre 68 % pour les enfants de cadres[13] : un écart colossal !

Je l'ai moi-même constaté tout au long de mon parcours de boursière : entre ma première année dans le supérieur et la fin de mes études, je suis devenue un cas de plus en plus isolé – les difficultés matérielles écartant progressivement les étudiants boursiers. Résultat des courses, vers la fin de mes études, en master 2 de droit international à Paris, le nombre de boursiers se comptait sur les doigts d'une main.

Si j'ai donné la parole à des jeunes précaires, je me devais aussi de faire entendre la voix de ceux qui font partie des couches privilégiées de la société. Alors, j'ai tout de suite pensé à Pierre, que j'ai rencontré au média *Le vent se lève*. À l'époque, je venais d'arriver à Paris et vivais dans un appartement insalubre de treize mètres carrés ; chaque euro comptait. Je me souviens avoir eu une discussion lunaire avec lui un soir, au cours de laquelle, fortuitement, il m'avait confié que ses parents venaient de lui acheter un appartement au cœur de la capitale. Ça m'avait juste sidérée. Quand je lui ai proposé une interview, il m'a chambrée, pas dupe : « Tu m'appelles pour jouer le bourgeois dans ton bouquin ? Allez, c'est bien parce que c'est toi ! »

Le parcours de Pierre est sans encombre : c'est celui d'un enfant des classes supérieures, qui a pu mener une scolarité sereine, sa famille disposant d'un capital économique et culturel confortable. Fils d'ingénieurs originaires de Normandie, il grandit à Levallois-Perret. Après un bac S, ses parents lui paient une année de classe préparatoire privée pour qu'il soit en capacité de passer le concours de Sciences Po. Il obtient l'IEP de Grenoble où il effectue cinq ans d'études pendant lesquelles il n'a jamais eu besoin de prendre un job étudiant, et n'a globalement pas eu à se soucier de ses ressources financières. Lucide, il énumère les avantages que cette aisance économique lui a apportés :

> J'ai toujours été impressionné par les gens qui travaillaient à côté. J'en voyais autour de moi, je trouvais ça fou d'arriver à tout concilier de front correctement. J'ai jamais été un fêtard invétéré, mais j'ai pu mener beaucoup d'activités associatives et politiques en parallèle de mes études. De ne pas

> avoir à travailler, ça m'a laissé beaucoup de temps de cerveau disponible, j'ai pu me documenter aussi sur beaucoup de sujets. J'ai aussi commencé à me faire remarquer grâce à mes activités annexes, dès la première année je donnais moi-même des conférences à Sciences Po.

L'appui financier conséquent de ses parents dépasse le cadre de ses études et lui permet également de se lancer dans la voie qu'il a choisie : l'écologie. À la sortie de Sciences Po, il se consacre bénévolement pendant un an au média *Le vent se lève* (où nous nous sommes rencontrés si vous avez suivi), expérience qui lui apporte un réseau et des compétences, ainsi qu'à l'écriture d'un livre sur le géomimétisme. Aujourd'hui, il gagne sa vie en tant que consultant et vient même de lancer une entreprise dans laquelle il place beaucoup d'espoir. Bien évidemment, il a lui aussi connu des difficultés au cours de son parcours, mais il ne s'est jamais senti vraiment menacé ou contraint dans ses choix :

> Même quand j'ai eu des périodes de galère en me lançant dans des projets, je savais toujours que j'avais mes parents en cas de problème, je n'ai jamais eu fondamentalement peur.

Contrairement à bon nombre d'étudiants. L'École, temple affiché de la méritocratie républicaine, peine à lutter contre la reproduction des inégalités sociales : le niveau de vie en sortie d'études est fortement corrélé avec la profession des parents ; les enfants des ouvriers non qualifiés sont surreprésentés parmi ceux qui touchent moins de 1 000 € par mois (ils en représentent 27 % alors qu'ils ne constituent que 16 % de la population totale) ; à l'inverse, les enfants de cadres supérieurs sont largement majoritaires au sein de ceux qui sont le plus payés (ils représentent 47 % de ceux qui touchent plus de 5 500 €, alors qu'ils ne constituent que 13 % de l'ensemble)[14].

Dès lors, répéter aux jeunes qu'il suffit de se bouger, que « quand on veut on peut », c'est oublier que le système scolaire, censé favoriser l'égalité des chances, échoue en réalité à gommer les inégalités[15]. Et lorsqu'on regarde le boom que connaît l'enseignement privé, notamment dans le supérieur, on est en droit de penser qu'on n'est pas sortis de l'auberge.

Le prix de l'éducation

Il faut dire que l'Éducation nationale comme le supérieur n'ont pas franchement été des priorités politiques ces dernières décennies : les conditions d'enseignement se sont lentement dégradées dans les établissements publics, que ce soit dans le primaire, le secondaire ou le supérieur.

Selon une étude réalisée en 2021 par le chercheur Georges Fotinos et le psychiatre José Mario Horenstein[16], neuf chefs d'établissements sur dix estiment que les conditions de travail dans les collèges et lycées se dégradent fortement. Un rapport sénatorial[17] publié la même année fait lui aussi état d'une dégradation notable des conditions de travail des enseignants en évoquant notamment des « classes surchargées ». De toute façon, les 4 000 postes vacants de la rentrée de septembre 2022 parlent d'eux-mêmes : s'il faisait bon travailler dans les établissements publics, il y aurait davantage de candidats au concours de recrutement des professeurs de l'Éducation nationale…

Quand le public s'enlise, le privé se frotte les mains. Constatant la saturation du public, de plus en plus de parents se tournent vers le privé. Et si les frais de scolarité ne sont pas faramineux dans la plupart des établissements privés sous contrat avant le bac, ils explosent dans le supérieur, excluant d'office les familles qui n'ont pas de capital.

Or le nombre d'inscrits dans des établissements d'enseignement supérieur privé[18] ne cesse d'augmenter. Pour la première fois en septembre 2022, il dépasse la barrière symbolique des 3 millions d'étudiants[19]. Les établissements qui les accueillent représentent désormais 25 % des établissements d'enseignement supérieur. Sur la seule année 2020-2021, leurs effectifs ont connu une spectaculaire hausse de 10 % (contre 0,4 % de hausse dans les universités), et ce, en dépit d'une différence non négligeable de coût (doux euphémisme) : il faut débourser entre 7 000 et 12 000 euros en frais de scolarité par an dans le privé, contre 170 euros l'année de premier cycle à l'université[20] !

Je me suis moi-même posé la question de suivre le flot de ceux qui, après une classe préparatoire, se dirigeaient vers une école de commerce. J'ai cependant écarté bien vite cette option en apprenant que la seule inscription allait me coûter entre 10 000 et 30 000 euros selon les écoles. D'ailleurs, la quasi-totalité des écoles de commerce et de gestion sont aujourd'hui privées, excluant d'office de professions lucratives la part non négligeable des étudiants se trouvant dans l'incapacité de débourser de telles sommes. Le journaliste Maurice Midena, lui-même passé par une école de commerce, a enquêté sur les étudiants qui remplissent les bancs de ce type d'établissement privé[21] ; il m'explique :

> Les boursiers sur critères sociaux sont marginaux dans ces grandes écoles. Environ 12 % dans les écoles de commerce contre 37 % pour l'ensemble de l'enseignement supérieur[22]. Quant aux boursiers aux

> plus hauts échelons, c'est-à-dire les étudiants ayant le moins de ressources, ils représentent moins de 4 % du total des étudiants dans ces écoles, soit trois fois moins que dans l'ensemble de l'enseignement supérieur.

Avec un chiffre d'affaires de 4,4 milliards d'euros en 2020 – en constante augmentation depuis dix ans avant le coup d'arrêt du Covid[23] –, l'enseignement supérieur privé français excite les intérêts des fonds d'investissement – qui mettent les moyens aujourd'hui en attendant de pied ferme un retour sur investissement demain, retour qu'ils obtiendront en augmentant sans vergogne les effectifs dans ces établissements. Et si les tendances se confirment, plus d'un tiers des étudiants devraient rejoindre les rangs des écoles privés d'ici à dix ans (contre un étudiant sur cinq aujourd'hui)[24]. La France prend donc le pli européen, et avant lui américain, qui conduit droit vers une éducation à deux vitesses : avec des moyens pour ceux qui en ont, sans moyens pour ceux qui n'en ont pas. Une épineuse question qui a d'ailleurs explosé dans l'espace médiatique au début de l'année 2024, lorsque la toute nouvelle ministre de l'Éducation nationale Amélie Oudéa-Castéra a assumé scolariser ses enfants dans le privé. Si s'attarder sur la vie personnelle des ministres ne me semble généralement pas souhaitable journalistiquement parlant, il semble bien que cette situation mise à jour par Médiapart était d'intérêt public en ce qu'elle appuie là où cela fait mal : l'enseignement public est dans un tel état d'abandon que même ceux censés le promouvoir refusent de lui confier leurs enfants. Et on les comprend, car plus que les autres encore, ils sont parfaitement conscients du niveau de reproduction sociale à l'œuvre dans le système d'enseignement français.

Un autre facteur vient aggraver la reproduction des inégalités sociales : les cours particuliers. L'ensemble des études s'accorde à dire que la réduction de la taille des classes a un effet positif sur l'enseignement[25] : il est donc évident que disposer d'un professeur particulier est un avantage conséquent pour un jeune, que ce soit avant ou après le bac. Avant la crise du Covid-19, le marché des cours particuliers enregistrait en moyenne 5 % de hausse par an depuis 2013 selon l'Institut Xerfi. Bien que cette économie soit particulièrement difficile à appréhender puisque l'on évalue à 85 % la part d'économie souterraine – non déclarée – des transactions, on estime entre 1,5 et 2 milliards d'euros le chiffre d'affaires de ce secteur[26] ! Évidemment, se payer un professeur particulier a un coût, et c'est donc sans surprise que le Centre d'analyse stratégique (le prédécesseur de France Stratégie) confirme dans une note de 2013 que ce sont les élèves qui sont dans la plus grande difficulté qui y ont le moins recours : ils sont 13 % des enfants de professions libérales, cadres ou commerçants à disposer d'un soutien individuel, contre seulement 6 % des enfants d'agriculteurs par exemple[27].

Cette inégalité flagrante dans l'accès à l'éducation et aux formations nous handicape par rapport aux générations précédentes qui ont connu une école et des formations qui permettaient d'étudier plus sereinement, sans nécessairement payer le prix fort. Mais là où la fracture générationnelle est la plus criante, c'est dans le domaine du patrimoine immobilier.

Immobilier : l'empire des vieux

J'ai été et je suis toujours aux prises avec l'inégalité d'accès à la propriété dans ma ville : Paris. Il y a cinq ans, trouver une location quand je suis « montée » à la capitale, alors que je disposais d'un garant solide, a été un calvaire. Aujourd'hui tenter d'acheter quelque chose dans la ville : même 20 mètres carrés, même en m'endettant sur vingt-cinq ans, est pour l'instant impossible. Parce que je n'ai pas un apport suffisant, parce que le marché de l'immobilier est saturé. Je ne peux pas acheter un logement dans la (seule) ville où j'ai pu trouver du travail dans mon domaine.

Il faut dire que la situation est tendue en la matière. 3,5 % des ménages français possèdent au moins cinq appartements et détiennent à eux seuls la moitié du parc locatif[28]. Concrètement, cela veut dire que lorsque vous louez votre appartement, vous avez une chance sur deux de payer votre loyer à un grand propriétaire possédant plusieurs logements. L'Insee parle d'« accumulation patrimoniale »[29]. Or il se trouve que ces accumulateurs immobiliers sont très majoritairement seniors ou en passe de le devenir. En 2021, près de 45 % des multi-propriétaires immobiliers ont plus de 60 ans – et le ratio passe à 70 % lorsqu'on ajoute les cinquantenaires[30].

Et pour cause, la génération des baby-boomers a bénéficié jusqu'en 1995 d'un contexte économique facilitant (entre autres) l'investissement immobilier : baisse des prix du logement dès 1965, plein emploi, taux d'intérêt souvent bas[31]… Ils ont pu, à leur époque, dans une situation similaire à la mienne, investir dans un petit appartement. Mais pour ma génération, c'est terminé. Pire, l'inflation immobilière d'hier a favorisé les « boomers » au détriment des moins de 30 ans d'aujourd'hui. Concrètement, alors que les jeunes peinent de plus en plus à acquérir, les plus de 50 ans qui ont pu investir avec facilité entre 1970 et 1995 s'enrichissent depuis grâce au boom immobilier historique (selon Seloger, entre

1995 et 2020, le prix au mètre carré a triplé en France et été multiplié par cinq à Paris[32] !). Résultat : tenter d'acquérir un bien immobilier sans apport est aujourd'hui aussi difficile que d'arriver dans une partie de Monopoly au dixième tour.

Pour les jeunes, les conséquences de ces inégalités face au logement sont dramatiques. La Fondation Abbé Pierre rappelle dans son 27e rapport sur l'état du mal-logement en France que les jeunes sont en première ligne en ce qui concerne le logement. Dans une interview au *Huffington Post*[33] début 2022, Manuel Domergue, directeur des études de la Fondation, explique :

> *Les jeunes payent la crise du logement. Ce sont eux qui pâtissent de la hausse des prix car ils sont davantage dans les zones tendues et locataires du parc privé. D'autant plus qu'ils ont moins accès que les autres au parc social. L'attente est tellement importante que le temps d'y accéder, on n'est plus vraiment jeune. Il ne faut pas bouger trop régulièrement pour avoir un logement social et cela défavorise les jeunes. Et comme ils sont très discriminés sur le marché du travail, ils le sont aussi pour le logement.*

Pour ne rien arranger, les logements du Crous (Centre national des œuvres universitaires et scolaires), parfois dénoncés comme insalubres, sont surtout en sous-nombre par rapport aux besoins des étudiants. L'enquête de la Fage[34] est d'ailleurs très claire à ce sujet : plus d'un tiers des étudiants (37 %) ne vivant pas dans un logement du Crous aimeraient en avoir un. Un chiffre qui grimpe à 58 % en Île-de-France… Le prix prohibitifs des logements (pour 65 % d'entre eux) et l'éloignement par rapport à leur lieu d'études (pour 30 %) justifient ce regret. Lors de la rentrée universitaire 2023, la fédération de syndicats et d'associations étudiantes estimait le nombre de logements manquants pour les étudiants à 600 000, et plusieurs médias dont *Franceinfo* et *Le Monde*[35] documentaient une grave pénurie de logements, publiant les témoignages de nombreux étudiants privés d'endroit où dormir, à quelques jours du début des cours. Un phénomène également documenté par l'Unef dans une étude publiée en août 2023[36] : il y est expliqué que pour un logement Crous, la file d'attente compte 16 étudiants en moyenne, alors même que les loyers du parc privé ont augmenté de 10 % en moyenne pour les étudiants en 2023, le tout sur fond d'inflation des prix de l'énergie, et ce alors que les 18-24 ans sont touchés de plein fouet par la précarité énergétique.

Anouk[37], étudiante en droit de 23 ans à Rennes, temporairement en stage à Paris, me raconte avec beaucoup de détachement ses galères de logement :

> Je suis logée gratuitement par ma meilleure amie. Nous partageons une chambre de bonne de 11 mètres carrés à deux, pas de cuisine, et toilettes sur le palier. Paris quoi. Je continue à payer mon logement dans ma ville étudiante, donc être hébergée gratuitement c'est vraiment une chance que je mesure !

En plus des bourses, ses parents (un père ouvrier et une mère assistante d'administration) ont contracté un crédit pour l'aider à financer ses études et celles de son frère :

> Nos parents se sont littéralement saignés pour nous donner de bonnes conditions de vie, à coups de crédit, de demandes d'avances sur salaires, d'emprunts auprès de la famille, etc. Mais mon frère et moi avons récemment réalisé que ce que mes parents ont construit est aujourd'hui impossible pour un jeune couple avec leur situation financière de l'époque. Quel jeune couple d'ouvriers peut aujourd'hui se

> payer une maison dans mon village natal où le prix du mètre carré est monté à plus de 3 500 euros ?

Pour Nicolas, étudiant de 20 ans, la question immobilière est aussi source d'inégalités. Il m'en parle spontanément :

> Tout augmente, mais pas les salaires. Alors est-ce que ça donne envie de s'endetter sur 25 ans ? Absolument pas. C'est toujours les mêmes les gagnants : ceux qui ont acheté tôt quand tout valait peu cher.

Résultat des courses, sans surprise : près d'un jeune sur deux habitait encore chez ses parents en 2013 (46 %[38]), et ce chiffre ne fait qu'augmenter chaque année.

Une société d'héritiers

Cette augmentation de l'immobilier entraîne une augmentation du patrimoine de ceux qui possèdent des logements. Pour le Conseil d'analyse économique[39], la France est redevenue une société d'héritiers : « La part de la fortune héritée dans le patrimoine total représente 60 %, contre 35 % au début des années 1970. » Sur le plateau de France 5[40] en janvier 2022, l'économiste Clément Dherbécourt, co-auteur de cette note, explique :

> Depuis une quarantaine d'années, on observe que le patrimoine augmente beaucoup plus vite que les revenus en France.

Si, pendant les Trente Glorieuses, le patrimoine se constituait principalement grâce au travail, l'économiste affirme que l'on est « en train de sortir progressivement de cette société-là qui était un peu plus méritocratique pour revenir dans une société où l'héritage va avoir plus d'impact sur la vie des gens ». Le journaliste spécialiste de l'économie François de Closets estime que cette détention très inégalitaire du patrimoine est le fruit d'une gestion politique brutale par la génération au pouvoir entre 1975 et 2010 (oui, encore eux…), qu'il accuse dans son dernier ouvrage, *La Parenthèse boomers* : selon lui, à compter de 1980, « la politique économique vise d'abord à préserver les rentes et les situations acquises, elle se fait au service des plus âgés, tandis que les plus jeunes ne peuvent financer leurs projets ». C'est la fin du « métabolisme générationnel » cher à Louis Chauvel : la génération au pouvoir ne prépare plus l'arrivée de la prochaine, elle confisque à son profit les différentes ressources. Le résultat de cette politique est sans appel : en 1986, le patrimoine net médian des trentenaires était 45 % plus élevé que celui des plus de 70 ans, en 2015 il est trois fois plus faible[41]. Abyssal.

Avec le retour de l'héritage s'enfuit la possibilité de « se faire tout seul » fondée sur le modèle méritocrate. Bonne nouvelle lorsque l'on est bien né, mauvaise nouvelle pour tous les autres : il semblerait qu'il vaille mieux hériter que mériter. Dans ce cas de figure, l'État doit absolument jouer son rôle de redistributeur afin d'éviter que le fossé ne se creuse encore et encore… Hélas, on est loin, mais alors très loin du compte.

Les réformes en carton des politiques publiques de la jeunesse

En mai 1968, François Mitterrand a déclaré : « Si la jeunesse n'a pas toujours raison, la société qui la méconnaît et qui la frappe a toujours tort[1]. » Et le moins que l'on puisse dire, c'est que la politique, aujourd'hui, ne protège aucunement la jeunesse des coups de la société.

Pourtant, la jeunesse est un grand thème politique. Quel aspirant à n'importe quelle élection ne revendique pas d'être le « candidat de la jeunesse » ? Combien sont-ils à s'être embourbés dans de piètres tentatives de communication pour avoir l'air « cool », dans « l'air du temps » ? Au-delà des mots, ils sont nombreux à avoir voulu s'illustrer à travers de grands « chantiers » de la jeunesse, histoire de laisser une trace. Dans son livre *Pour une politique de la jeunesse*[2], Camille Peugny cite le Front populaire qui recula d'un an l'âge de la fin de la scolarité obligatoire et développa un réseau d'auberges de jeunesse, le pouvoir gaulliste qui nomma en 1958 un haut-commissaire à la jeunesse et aux sports, ou encore François Mitterrand qui, le jour de son élection le 10 mai 1981, glorifia la victoire des « forces de jeunesse ».

Si la jeunesse est cet « objet politique incontournable » souvent au cœur des grands discours, les réformes qui doivent la soutenir le sont nettement moins. Aucun président récent n'a mis en place une politique digne de ce nom en leur faveur. En fait, depuis une vingtaine d'années, la jeunesse a surtout servi de caution aux réformes les plus douloureuses. Chacun y va de ses mesures plus au moins ambitieuses, qui « viennent s'ajouter à un millefeuille de dispositifs devenu illisible au fil des années ». Selon le sociologue, ils le font « de manière erratique et relativement inefficace, sans ligne directrice claire, sinon celle d'une infantilisation d'une jeunesse entretenue dans la dépendance familiale[3] ».

Le syndrome de Peter Pan : les jeunes éternellement mineurs

C'est là un des grands paradoxes de la politique française de la jeunesse. D'un côté, les jeunes sont pénalement responsables de leurs actes dès 13 ans, ils peuvent participer à la vie citoyenne dès 16 ans (associations, travail…) et voter à 18 ans. De l'autre, les aides dont ils peuvent bénéficier passent presque toutes par le biais de leur famille (APL, bourses étudiantes…). Ils sont carrément privés de RSA avant 25 ans[4] : personne n'a jugé bon de mettre fin à cette aberration. Les arguments sont les mêmes que ceux avancés en 1988 à la mise en place du RMI : « les jeunes » ne pensant qu'à s'amuser dépenseraient ces sommes pour des broutilles ; « les jeunes » à moins d'avoir eux-mêmes un enfant restent financés par leurs parents ; « les jeunes » n'ont qu'à suivre un parcours d'insertion pour bénéficier des aides qui y sont attachées[5]…

À défaut d'être considérés comme des citoyens à part entière, les jeunes majeurs sont donc condamnés à la dépendance vis-à-vis de la famille nucléaire, ce qui est d'autant plus problématique lorsque les relations en son sein ne sont pas des plus cordiales.

Ce conditionnement familial des politiques publiques à destination des jeunes peut avoir des conséquences dramatiques sur les trajectoires scolaires et professionnelles, comme l'illustre le parcours de Maëva[6], 29 ans aujourd'hui. Originaire de Strasbourg, elle se lance dans une classe préparatoire à la sortie du lycée, avant d'enchaîner sur des études en relations internationales. Problème : elle vient d'une famille « compliquée ». Son père l'a abandonnée enfant – il vit aujourd'hui à l'étranger – et sa mère s'est remariée avec un homme gagnant bien sa vie, mais avec qui les relations ne sont pas au beau fixe. Or le conjoint de sa mère gère le porte-monnaie du foyer. Résultat, à plusieurs reprises et au gré de ses humeurs, il coupe complètement les vivres à Maëva, pendant des périodes plus ou moins longues. Échaudée, elle essaie plusieurs fois de monter un dossier au Crous (il existe aujourd'hui une procédure – plutôt méconnue – pour les étudiants en rupture avec leurs parents ne disposant pas des papiers administratifs nécessaires) mais se confronte systématiquement à des assistantes sociales « débordées » qui ne la considèrent pas comme une « priorité » :

> On m'a dit plusieurs fois : « Écoutez, j'ai des étudiants qui dorment dans leur voiture, vous votre beau-père peut vous donner de l'argent. » C'est comme si le système partait du principe qu'on avait tous une famille nucléaire et des parents responsables.

Livrée au bon vouloir de son beau-père, elle développe une forte anxiété :

> C'était très très dur psychologiquement de me dire que je dépendais de lui, ça m'a plongée dans un état d'angoisse permanent, je ne savais pas sur quoi je pouvais compter, j'étais tout le temps stressée.

Elle enchaîne les petits jobs étudiants à côté de ses études, prend une année de pause pour « mettre de l'argent de côté », et arrive à bout de souffle à la moitié de son master 2 : à quelques mois de la fin, elle tombe en dépression, et arrête tout. Aujourd'hui, elle fait un « job alimentaire » et a abandonné ses études. Si elle ne « blâme pas les aides, c'est déjà bien qu'il y en ait », elle estime qu'elle aurait pu aller jusqu'au bout si elle avait « trouvé de l'aide » auprès des services publics.

Cette vision de la politique publique renforce la dépendance des jeunes à leurs parents, et donc les inégalités du fait de l'origine sociale, déjà largement évoquées. Et la politique d'Emmanuel Macron n'a clairement pas arrangé le problème.

Les jeunes déçus par la Macronie

À 39 ans, Emmanuel Macron est devenu le plus jeune président de la République française. Un espoir pour les jeunes générations de voir, pour une fois, un dirigeant susceptible de comprendre leurs problématiques et de rompre avec l'immobilisme des politiques publiques à destination de la jeunesse qui règne depuis les années 1980. La douche fut d'autant plus glacée.

Si je m'attarde ici sur le premier quinquennat d'Emmanuel Macron, ce n'est pas pour désigner le président de la République comme le grand fossoyeur de politiques grandioses à destination des jeunes. Non, Emmanuel Macron n'a certainement pas été pire que ses prédécesseurs, mais il n'a pas été meilleur. Ce que je veux montrer, à travers cette étude de cas (que je connais bien pour l'avoir couverte en tant que journaliste), ce sont les dégâts que provoque le fossé existant entre promesses et politiques efficaces – fossé qui n'est sans doute pas étranger à la hausse de l'abstention chez les jeunes, mais j'y reviendrai plus loin. Car ils ont été, pour beaucoup d'entre eux, très déçus.

Déçus, les lycéens à qui l'on promettait la mise en place d'une plateforme au service de l'égalité des chances : Parcoursup. Le rapport sénatorial d'évaluation de ce dispositif relève que cet « accompagnement des élèves fait aujourd'hui défaut. 85 % des professeurs principaux et 65 % des proviseurs n'ont reçu aucune formation spécifique pour exercer leur mission d'orientation ». « Cette réforme a été faite pour rendre acceptable la pénurie de places liée au sous-investissement dans l'université et à l'arrivée des générations nombreuses du baby-boom de l'an 2000 », me dit l'économiste David Cayla, vice-doyen à la pédagogie de la faculté de droit de l'université d'Angers. « En classant les étudiants, Parcoursup permet d'exclure les bacheliers les plus faibles, notamment ceux des classes populaires, de l'accès aux études supérieures. » Au final, de l'aveu même des sénatrices et du sénateur chargés d'en évaluer les effets, cette réforme risque d'« accroître les inégalités territoriales entre les lycées ». Fabuleux.

Déçus, les étudiants à qui l'on promettait de réformer les bourses du Crous[7], ainsi que la rénovation de

100 % des logements étudiants[8] auxquels devaient s'ajouter 60 000 nouvelles constructions. Dommage pour eux, les objectifs gouvernementaux sont ailleurs : poursuivre la baisse des dépenses par étudiant à l'université (– 12 % depuis 2014, dont la moitié sous le quinquennat Macron[9]), et préparer la « transformation systémique de l'université » (entendre : rendre payantes les universités au pays de l'école laïque et obligatoire[10]). Quant à la réforme des APL, elle s'illustre par une réduction de ces aides au logement cruciales pour les jeunes de 7 % en moyenne. Autre chantier non annoncé mais réalisé, la transformation des DUT (bac + 2) en BUT (bac + 3), allongeant par là même la scolarité d'un diplôme prisé par les classes populaires et les milieux ruraux pour qui une année de scolarité supplémentaire représente un coût non négligeable.

Déçus, les apprentis, alternants et services civiques du plan « 1 jeune 1 solution ». Deux ans après, la Cour des comptes estime que ce plan n'a eu qu'un résultat « inégal »[11] notamment car il ne prend pas en compte les jeunes « invisibles », ceux qui sont sortis de l'écran radar des institutions. Le Smic n'est toujours pas obligatoire pour embaucher les apprentis, qui touchent désormais entre 27 % et 55 % du salaire minimum quand ils sont mineurs et entre 43 % et 78 % quand ils sont majeurs. Pas de Smic non plus pour les jeunes en contrats de professionnalisation : un jeune de moins de 21 ans aura donc un salaire minimum de base de 874,21 euros. Royal.

Même tarif pour les jeunes en services civiques qui pensaient trouver de l'emploi et dont les conditions de travail et d'indemnisation n'ont pas été améliorées (ils sont payés 580 euros par mois à temps plein !). Comme le relève pour Mediapart Florence Ihaddadene[12] :

> *C'est une occupation pour des jeunes, qui, en même temps, comblent des besoins dans le secteur public et associatif, pour pas cher*[13].

Bilan : oui, des emplois ont été créés, mais des emplois toujours plus précaires et instables. On ne peut pas dire que « rien n'a été fait », la Cour des comptes souligne ainsi certaines « retombées positives », notamment l'augmentation du nombre d'apprentis. Il faut reconnaître que ce plan a empêché un certain nombre de jeunes de plonger dans une précarité encore plus dramatique. Mais les grandes gagnantes de ces dispositifs « jeunes » sont sans doute les entreprises qui bénéficient d'une main-d'œuvre peu coûteuse, voire gratuite dans le cas du service civique. Pour les jeunes, au vu du coût du dispositif (estimé à 9,7 milliards d'euros) et de ses moindres retombées, c'est plutôt 1 plan 0 solution.

Enfin, les grands champions de la déception sont sans conteste les travailleurs précaires qui, au moment de toucher le chômage, se rendent compte qu'il leur faut désormais travailler six mois au lieu de quatre pour ouvrir leurs droits[14]. Pas facile de satisfaire aux conditions lorsque beaucoup de CDD durent moins de six mois justement. Pour David Cayla, cette réforme est une erreur, car elle « pénalise ceux qui enchaînent les contrats courts avec des périodes de chômage intercalées ». L'Unedic estimait en septembre 2021 qu'au moins 160 000 jeunes allaient être concernés par un retard de cinq mois en moyenne de l'ouverture de leurs droits[15]. Bref, pour la lutte contre la précarité, on repassera.

Si Emmanuel Macron a sans conteste voulu « laisser sa trace » sur le monument des politiques à destination de la jeunesse, ses réformes et mesures d'urgence ne sont pas parvenues à attaquer les raisons profondes de la précarisation des jeunes. Le pass Culture est par exemple une mesure d'envergure sur le plan budgétaire (on parle de plus de 200 millions d'euros par an[16]) destinée à financer l'accès des jeunes à la culture en offrant à chaque jeune entre 15 et 18 ans un chèque culture dont le montant varie suivant l'âge ; mais on peut reprocher au gouvernement de mettre une rustine sur la difficulté des jeunes à accéder à une vie plus confortable ; ainsi David Cayla estime que ce pass est « moins une aide pour l'accès à la culture des jeunes qu'une subvention aux entreprises culturelles ». De même, le Service national universel paraît bien trop court et restreint pour être un vrai tremplin vers l'emploi, sans même parler de son coût exorbitant : 2 milliards d'euros au total, 3 500 euros par jeune, alors que le gouvernement peine en parallèle à trouver des fonds pour leur garantir l'accès à un logement décent et la certitude de ne pas avoir faim au quotidien… À l'arrivée, la dépense publique à l'égard des jeunes est conséquente, mais mal ciblée, puisqu'elle ne répond pas aux problèmes structurels qui consument la jeunesse. À tel point qu'une enquête d'*opinionway* datée de décembre 2023[17] révèle que 54 % des 18-24 ans sont tout bonnement tentés de quitter la France en raison du climat économique et politique !

Les pouvoirs publics restant impuissants à conjurer les inégalités sociales et la dégradation de l'éducation et de la formation, une partie des jeunes tente d'éviter le système en le contournant : internet, pour de multiples raisons, incarne alors le mirage d'une réussite accessible à tous.

Internet, piège et refuge d'une génération

Face à des conditions économiques, sociales et politiques difficiles, les jeunes peuvent penser que la seule manière de tirer son épingle du jeu est de « hacker le système ». De ce point de vue, je ne trouve pas étonnant que les « stars » des jeunes soient des streamers, instagrammeurs, youtubeurs et autres tiktokeurs, ayant réussi à gagner beaucoup d'argent sans avoir affaire au système verrouillé du marché du travail. C'est là encore une illustration de la fracture générationnelle. En adhérant à cette forme de contre-culture, les jeunes revendiquent aussi un droit à rêver, et une identité propre : ils créent de nouveaux codes de réussite, que les plus âgés ne peuvent pas toujours comprendre.

Le web, nouvel eldorado de l'idéologie méritocratique

Par certains aspects, les réseaux sociaux permettent à une partie des jeunes d'aspirer à une vie meilleure, et ce *via* un modèle dépassé mais ô combien populaire (car porteur d'espoir !) : quand on veut, on peut ; il suffit de travailler, encore et encore. Cette bonne vieille rengaine fait toujours autant d'adeptes. Chaque réseau – Instagram, Twitter, Snapchat, Tik Tok, YouTube, ou Twitch – voit ainsi une poignée de jeunes anonymes se hisser au sommet de la hiérarchie de l'influence.

Léa Elui incarne parfaitement ce phénomène. Alors qu'elle était victime de harcèlement scolaire, cette jeune femme née en 2001 se fait connaître à 16 ans en postant des vidéos de danse orientale sur l'application Musically, désormais devenue TikTok. Dans ces vidéos de moins d'une minute, au format vertical, elle se filme dansant dans sa chambre. Petit à petit, elle décline son concept avec des formats plus humoristiques et des tutos beauté avant de débarquer sur Instagram. Là, la machine s'emballe. En quelques années, elle devient l'influenceuse la plus suivie du pays, avec 11 millions d'abonnés sur Instagram et 17 millions sur TikTok. Elle enchaîne désormais les contrats avec de grandes marques comme L'Oréal, devient l'égérie de Givenchy à seulement 21 ans et devrait participer à la douzième saison de l'émission *Danse avec les stars* sur TF1. Pour beaucoup de jeunes, c'est une idole, un modèle à suivre, et elles sont des milliers à poster sur ces réseaux en espérant connaître la même « success story ».

Dans un tout autre style, Miguel Mattioli, alias Michou, est devenu une superstar des réseaux sociaux à tout juste 14 ans, depuis sa chambre. Originaire de Picardie, il s'est lancé sur YouTube poussé par son grand frère, à travers des sketchs et des vidéos de « gaming » dans lesquels il joue en commentant ses parties de jeux vidéo. À seulement 21 ans, il cumule plus de 4 millions d'abonnés sur instagram, 7 millions sur TikTok, et 7 millions sur YouTube. Dans le petit monde de l'influence français, c'est colossal. Aujourd'hui, la mise en scène de son parcours est rodée : s'il a réussi, ce n'est pas par chance ou grâce à l'aide de ses proches, mais parce qu'il a travaillé, comme il l'explique dans une interview à *Ouest-France*[1] : « À force de faire des vidéos pendant trois à quatre ans, ma chaîne a fini par exploser. » Rapidement, il signe avec Webedia, un géant de la production audiovisuelle en ligne, et soigne un storytelling méritocratique, comme dans le clip *Fier*[2], vu plus de 55 millions de fois à ce jour : « C'était pas facile, j'ai dû bosser, j'en ai bavé (…) frérot, moi j'ai charbonné, ça date pas d'hier. »

Michou s'adresse quotidiennement et avec simplicité à sa large audience sur les réseaux sociaux : le processus d'identification est puissant, si bien que le succès semble accessible à tous ceux qui comme lui se donnent la peine de travailler avec acharnement.

Autre exemple, la chaîne de Léna Situations, aujourd'hui une des youtubeuses les plus populaires du pays, qui a connu une croissance fulgurante à partir de 2019. Spécialisée lifestyle et fashion, elle fait aujourd'hui les couvertures des plus grands magazines de mode et est devenue la première influenceuse française invitée au Met Gala à New York. Tout ce qu'elle touche se transforme en or, à l'image de son livre[3], vendu à près de 400 000 exemplaires à ce jour. Comme la plupart de ses collègues, elle s'applique à soigner le récit de ses succès : elle se met en scène en train de travailler sur ses propres vidéos, affirme régulièrement être fatiguée par ses journées de labeur, et construit progressivement le mythe parfait de la réussite méritocratique, comme en témoigne cette vidéo[4] où elle pose un regard fier sur son parcours :

> *C'est un peu comme si toutes les graines plantées éclosent les unes après les autres aujourd'hui. Tu peux t'amuser à faire des magazines de mode petite, et ensuite*

> *faire la couverture des plus grands. (...) Tu peux changer la photo de Rihanna qui était sur ton journal intime, avec une photo de toi et Rihanna, 10 ans plus tard.*

Elle termine sur cette phrase affichée en grand à l'écran : « Rien n'est impossible. »

Son succès en a rendu fou plus d'un, à l'instar de Frédéric Beigbeder, qui n'a pas manqué de lui tomber dessus dans un article assassin[5] où il s'exaspère du succès littéraire de la jeune femme : « Entre l'Être et le Néant, Léna Situations privilégie plutôt la seconde option. » L'invraisemblable agressivité de l'article (l'essayiste semble avoir oublié qu'il s'adresse à une jeune fille de 22 ans qui aspire juste à donner des conseils « lifestyle » dans son livre) est à mon sens le signe d'une mécompréhension totale du symbole que représente la youtubeuse. Léna est un « modèle » qui montre aux jeunes que tout est possible, à condition de le vouloir et de travailler pour que le succès advienne. De plus, elle revendique la gentillesse, la bienveillance, encourage à la générosité et au partage en toute simplicité – envoyant valser les cyniques et le désespoir ambiant. Dans le marasme économique auquel les jeunes sont confrontés, Léna Situations, à l'image d'autres youtubeurs streamers et autres stars du net, incarne l'illusion d'une « troisième voie » possible : ils sont les visages des « self-made (wo) men » modernes.

Pour autant, si ces créateurs de contenu ont indiscutablement travaillé, il faut tout de même préciser qu'ils viennent rarement des classes les plus populaires, qu'ils ont eu les moyens de se payer une caméra et un peu de matériel, et, surtout, qu'ils ont pu consacrer du temps à leur passion. Quand vous êtes livreur quinze heures par jour, produire suffisamment de contenu sur YouTube pour être un jour reconnu est quasiment impossible. « Suivre ses rêves » semble encore une fois nécessiter un certain capital de départ.

Sans compter qu'aujourd'hui, la plupart des « influenceurs » ne se lancent plus depuis leur chambre : à présent, des boîtes de production créent des influenceurs de toutes pièces. Si les spectateurs ont la sensation d'assister à l'ascension méritocratique d'un créateur de contenu, ils ne savent pas que cette ascension est artificielle. Ainsi, le Studio Bagel, né en 2012 puis racheté par Canal + en 2014, est une entreprise dont l'objectif est de lancer des chaînes construites de toutes pièces de manière à faire croire que le jeune créateur est seul dans sa chambre : la jeune Andy Rowski, présente sur YouTube avec la chaîne Andy Raconte depuis environ un an, crée sa chaîne secondaire en 2016, ce qui renforce son ascension, alors que ladite chaîne appartient en réalité à une boîte de production. Le célèbre duo McFly et Carlito a quant à lui bénéficié de l'appui du studio Golden Moustache créé par M6 en 2012, avant de lancer sa propre chaîne en 2016. Dans un autre genre, le youtuber Gaspard G qui entend faire de l'information sur YouTube a réalisé une levée de fonds auprès du milliardaire Xavier Niel pour lancer sa chaîne du même nom.

Les créateurs ont donc de plus en plus souvent des moyens et/ou un réseau en se lançant, ce qui réduit les chances de réussite des « vrais » novices. Les magnats de l'audiovisuel ont bien cerné la fascination exercée par ces modèles de réussite fulgurante, et ils ne sont pas les seuls. L'industrie des paris en ligne, par exemple, s'est engouffrée dans la brèche, en laissant croire aux parieurs que c'est par leur talent qu'ils pourraient réussir. Là encore, le mythe méritocratique joue à plein pour rafler les maigres économies d'individus désespérés par le manque de perspectives.

Le mythe de l'argent facile à portée de clic

Nombreuses sont les publicités promouvant les paris sportifs avant, pendant ou après les matchs de football : elles en représentent un quart. Pendant l'Euro 2021, elles monopolisaient même 40 % des affiches publicitaires dans le métro parisien[6]. Ce que j'ignorais, c'est que les jeunes constituent une cible de choix pour ce marketing de l'argent facile. Du moins, la plupart des garçons avec qui j'ai pu échanger avaient parié au moins une fois dans leur vie, notamment ceux issus des classes les plus populaires. De fait, 70 % des parieurs ont moins de 34 ans selon l'Observatoire des jeux[7].

La remise en cause du monopole de la Française des jeux par la Commission européenne a favorisé la multiplication des sites de paris en ligne à partir de 2010, et sa privatisation en 2019 a achevé de réduire la protection des parieurs contre les comportements addictifs. Les sites de paris en ligne sont désormais partout et cherchent ouvertement à séduire les jeunes hyperconnectés et précaires qui constituent un public vulnérable, donc lucratif. Pour la protection des jeunes par les pouvoirs publics, on repassera.

Certaines publicités sont d'ailleurs ouvertement adressées aux jeunes – et parmi eux notamment aux jeunes de banlieue[8], en témoigne le style « clip de rap » adopté par nombre d'entre elles[9]. Les slogans sont sibyllins : « Tout pour la daronne », revendique Winamax[10] en mars 2022, ou encore : « Grosse cote, gros gain, gros respect », peut-on entendre dans un clip du même annonceur daté de 2019 où un jeune gringalet de banlieue est porté aux nues par tout son quartier après avoir gagné un pari en ligne – alors même que la représentation de la réussite sociale est interdite par l'Agence nationale des jeux[11]. Et la multinationale leader du marché ne s'arrête pas là, axant toujours davantage son marketing vers les plus jeunes, notamment en s'assurant les services d'influenceurs puissants. Ainsi, le duo McFly et Carlito a fait la promotion de ces paris en juin 2021[12], proposant même un code promo pour les nouveaux inscrits, dans une vidéo cumulant plus de 4 millions de vues.

Dans leurs publicités, annonceurs et influenceurs vendent là encore le mythe du « bon » parieur : il faudrait du « talent », de la « vista » et surtout la connaissance du sport pour réussir dans ce domaine. Ce qu'ils promeuvent, c'est encore la réussite au mérite. Hélas, on sait bien que le principe des paris en ligne, comme le loto et tous les jeux d'argent, repose sur l'illusion de pouvoir gagner et aggrave bien plus souvent les problèmes d'argent des joueurs qu'ils ne contribuent à les régler : selon l'association SOS Joueurs, ils sont plus de 70 % à être endettés auprès des banques.

À défaut de « gros gain », tout ce qu'on risque de récolter avec ces « grosses cotes », c'est une grosse addiction. C'est d'ailleurs là que les opérateurs de jeux d'argent font une bonne partie de leur chiffre (40 % de leurs bénéfices proviennent des joueurs dits « excessifs »[13]).

Encore une fois, les jeunes sont en première ligne puisqu'ils sont six fois plus susceptibles de tomber dans cet engrenage[14] : le hasard fait décidément mal les choses quand il est ainsi monétisé.

Idem pour les cryptomonnaies sur lesquelles se ruent de nombreux jeunes, qui croient là aussi être en mesure de « hacker le système ». En préparant une émission économique sur Blast à ce sujet, expliquant les limites de ces monnaies numériques, j'ai été surprise de recevoir un grand nombre de commentaires indignés émanant de jeunes investisseurs du domaine : « moi ça m'a permis de rembourser mon prêt étudiant », m'expliquait l'un d'entre eux ; « critiquer bêtement la crypto, c'est vraiment un truc de vieux d'habitude », enchaînait un autre. L'occasion pour moi de constater que ces spéculations sont très répandues auprès des jeunes (et qu'on n'est jamais à l'abri de devenir le vieux de quelqu'un).

Sur YouTube, depuis quelques années, un genre nouveau de tutos fleurit. Des hommes (pour l'extrême majorité), souvent jeunes, voire très jeunes, expliquent comment devenir millionnaire en investissant dans ces monnaies. Le phénomène est impressionnant. Owen Simonin alias Hasheur, 25 ans, est un véritable agent de cette spéculation. Dans des dizaines de vidéos, il explique à ses 590 000 abonnés comment investir dans le bitcoin, et fait la promotion de ceux que cette pratique a rendus milliardaires[15].

Et les jeunes mordent à l'hameçon. Une étude du cabinet de conseil KPMG[16] note que les jeunes constituent le gros des investisseurs (la moitié a moins de 35 ans) et une enquête du *Monde*[17] a documenté avec précision les dérives de cette promotion des cryptomonnaies auprès de la jeunesse, notamment des plus précaires, car ces pratiques débouchent rarement sur des fins heureuses : si quelques-uns gagnent beaucoup grâce à leurs investissements, l'appât du gain les incite immanquablement à investir davantage, et ils peuvent tout perdre au prochain revirement des cours. À la lumière des *success story* qui inondent la toile, nombreux sont ceux qui s'y brûlent les ailes, sortant de l'expérience dans une situation encore plus précaire. Le phénomène, s'il ne concerne pas tous les jeunes, est loin d'être anecdotique : 12,5 % des moins de 35 ans ont déjà investi dans les cryptomonnaies[18].

Et les cryptomonnaies ne sont que la partie émergée de l'iceberg. Yomi Denzel, youtubeur de 26 ans aux 600 000 abonnés, explique par exemple dans des dizaines de vidéos comment spéculer dans divers domaines quand on est jeune pour sortir de la pauvreté. Son succès est éloquent, démontrant le besoin impérieux de milliers de jeunes de croire à cette possibilité du changement fulgurant et sans condition. Dans sa vidéo « D'ÉTUDIANT FAUCHÉ À MILLIONNAIRE EN 1 AN »[19] visionnée plus de 3 millions de fois à ce jour, il explique vouloir « motiver les jeunes » à « changer leur vie ». Lui-même a investi dans un « business en ligne » à seulement 21 ans : le dropshipping[20]. Pour lui, c'est très simple : « il suffit d'y croire ». Dans une autre vidéo intitulée « Crise financière 2022 : L'OPPORTUNITÉ DU SIÈCLE (5 étapes pour en profiter) », il livre sa vision de la société actuelle après avoir confié ses astuces spéculatives :

> *C'est comme ça que les riches deviennent encore plus riches. Vous avez le choix, soit vous haïssez le système et vous trouvez que c'est injuste. Soit vous comprenez que vous ne pourrez pas le changer, et que la meilleure chose à faire, c'est de comprendre ce système pour en profiter vous aussi.*

Dans les commentaires, des centaines de jeunes abondent dans son sens.

Il me tenait à cœur d'évoquer ces nombreuses recettes pour « faire de l'argent en ligne » créées par et pour des jeunes, car l'engouement qu'elles déclenchent témoigne selon moi de la faillite du système actuel, incapable de fournir des débouchés satisfaisants à une grande partie de la jeunesse. Beaucoup sont donc convaincus qu'il est plus rentable de tenter sa chance dans l'économie de la spéculation sur internet, quitte à y passer des centaines d'heures (car toutes ces activités requièrent une réelle expertise) plutôt que d'entamer des études aux débouchés incertains.

Le problème, c'est qu'internet est une jungle, et que les jeunes y sont des proies bien faciles à embobiner… Mais pas que : certains tirent parti de cette jungle pour joindre les deux bouts, quitte à franchir les limites de la loi.

Le vertige des arnaques sur internet

Internet est un terrain de jeu idéal pour les arnaqueurs de tous poils. De fait, la moitié des escroqueries se fait aujourd'hui en ligne, et vise de plus en plus les jeunes, jugés plus naïfs et enclins à prendre des risques[21]. Les arnaqueurs n'hésitent pas à appuyer là où les jeunes sont vulnérables pour les attirer : en leur promettant des économies sur des produits qu'ils ne peuvent pas se permettre d'acheter (faux produits de luxe au rabais), en leur proposant du contenu croustillant impliquant leurs influenceurs préférés (faux scoops vérolés), en leur offrant du boulot dans un marché ultra-tendu pour les jeunes (offres d'emploi frauduleuses), ou encore en se faisant passer pour un de leurs amis en difficulté (faux messages arrivant directement dans leur messagerie d'un expéditeur qu'ils pensent connaître)…

Par ailleurs, les réseaux sociaux et les influenceurs apparaissent comme les nouveaux propagateurs des arnaques les plus fréquentes. Nabilla a par exemple écopé d'une amende de 20 000 euros en 2021 pour avoir fait la promotion sur Snapchat de services boursiers en omettant de signaler qu'elle était rémunérée pour cela[22].

Globalement, donc, les arnaques se font plutôt aux dépens des jeunes : une étude du Better Business Bureau affirme même que 69 % des victimes d'arnaques sur internet ont moins de 45 ans. Toutefois, j'ai été étonnée de constater que certains jeunes, pour mettre du beurre dans les épinards, passaient volontiers du côté des arnaqueurs.

Comme leurs aînés, les jeunes peuvent ainsi être amenés à faire l'objet de poursuites, à des degrés plus ou moins graves, dans des affaires d'escroqueries, de trafics de stupéfiants ou de vol. Ils peuvent aussi être impliqués dans des affaires de prostitution, notamment avec l'essor des plateformes dites « de suggar daddy »[23]. Bref, tous les moyens sont bons pour sortir de la précarité pour certains. Mais si les pratiques comme le vol physique ou les agressions sont clairement illégales à leurs yeux et minoritaires, les arnaques en ligne le sont moins, et se révèlent être bien plus répandues.

Tout est parti du témoignage d'Ethan[24], 20 ans. Alors qu'il me parlait de ses conditions de vie, je me suis rendu compte que son train de vie ne correspondait pas à ses ressources. Face à mon insistance, cet étudiant en BTS finit par me lâcher : « On va dire que j'avais un peu d'argent à la base. » De l'argent à la base ? Alors qu'il vient d'un milieu modeste ? Un héritage donc ? Non. Il finit par lâcher le morceau en baissant la voix et en surveillant les alentours : « Mais tu me promets de le dire à personne hein, mon nom peut pas sortir, c'est illégal. » Après la promesse de l'anonymat, il finit par m'avouer qu'il a gagné plusieurs milliers d'euros lorsqu'il était mineur grâce à un système bien rodé qui, je dois le dire, m'a laissée sans voix.

> En fait, pendant le confinement notamment, j'ai exercé une activité à plein temps. J'ai créé de faux profils de filles sur les réseaux sociaux, Twitter, Discord, Snapchat, en mettant des photos de filles que j'ai achetées sur OnlyFans[25] et, à partir de là, je parlais à des mecs qui draguent des nanas comme ça, parfois des vieux, et je répondais à leur drague, je construisais une forme de relation en me faisant passer pour une jeune fille. Et ils marchaient. Et je leur extorquais de l'argent.

La tactique est toujours la même : au bout de quelques jours/semaines de discussion haletante, soit il leur propose de se rencontrer et de partir en voyage ensemble en expliquant qu'il a besoin d'argent pour prendre les billets, soit, en fonction de la teneur de la conversation, il propose d'envoyer des photos de « nudes »[26] (l'homme en question croyant parler à une jeune femme).

> – Et ça marche ?, je lui demande, complètement incrédule.
> – Évidemment ! Tu t'imagines pas le nombre de pervers qu'il y a !
> – Et ensuite ?
> – Ben je prends l'argent, je les bloque, et je passe à un autre mec.

Il me montre toutes les conversations et les traces bancaires. Tout ceci est bien réel et les montants sont conséquents, parfois des virements de plusieurs centaines d'euros. Je lui demande s'il connaît d'autres personnes qui font ça :

> Mais tout le monde fait ça ! Les adultes ne s'imaginent pas le nombre de jeunes qui font ça. L'arnaque, dans ma génération, c'est le seul moyen de vivre normalement. Tu crois que les jeunes vivraient comment sinon ?

Son système est bien rodé. Il achète des numéros de téléphone *via* des sites spécialisés comme Onoff, et se crée ensuite des comptes Paypal, où il reçoit l'argent qu'il peut ensuite dépenser à sa guise. Conscient de l'illégalité de son activité, il m'explique avoir arrêté à ses 18 ans, car la peine serait plus lourde en cas d'arrestation. Mais il doute que cela arrive :

> Quel mec va aller voir les flics en expliquant qu'il est marié, mais qu'il drague des meufs comme un pervers sur les réseaux en leur demandant des photos d'elles à poil en échange d'argent ? Ou même les mecs pas mariés et jeunes, t'imagines s'ils devaient montrer les conversations et montrer à quel point c'est des gros porcs ?

La pratique n'est évidemment pas sans conséquence :

> Pendant le confinement, je faisais ça de 10 heures du matin à 22 heures, parler à des vieux pervers. Je leur disais qu'ils m'excitaient, que je les aimais, que je voulais partir en vacances avec eux. Mais ça attaque mentalement tellement ils sont dégueus.

En menant l'enquête, j'ai rencontré plusieurs jeunes se livrant à des pratiques similaires, m'en parlant comme s'il s'agissait de quelque chose de complètement anodin, avant d'admettre en fin de conversation que ça laissait des traces.

Yasmine[27], caissière de 22 ans, a le regard fuyant quand je l'interroge sur son ressenti par rapport à cette expérience (elle a exercé le même type d'activité quelques mois, mais a arrêté depuis qu'elle a trouvé un travail lui permettant de subvenir à ses besoins) :

> – En vrai, parfois, c'était chaud. La plupart du temps c'était des jeunes mais parfois t'avais des vieux mecs de 50 ans là… Ou alors, ce qui arrivait souvent c'est qu'ils m'envoyaient des photos d'eux, mais dégueu tu vois.
> – C'est-à-dire ? Des photos de leur sexe ?
> – Ben oui, mais même pire !
> – Comment ça ?
> – Ben qui se touchent et tout, enfin je me souviens même plus bien, je crois que mon cerveau a voulu évacuer cette partie-là, mais dégueu, quoi, c'était chaud…
> – Et toi tu répondais quoi ?
> – Ben je leur disais que ça m'excitait, je les remerciais, ou je leur disais : « Oh j'aimerais trop aller dans un hôtel avec toi. » Je le faisais pas, évidemment, mais ça les excitait. À la fin, je recevais de l'argent.

Au cours de mes entretiens, j'ai réalisé l'importance du phénomène : si peu versent directement dans ce type d'arnaques, ils connaissent tous en général au moins quelqu'un qui le fait. Et je ne peux mesurer les dégâts psychologiques que peuvent causer ces voyages à la frontière du glauque et de la légalité.

Au final, quand on cumule ceux qui se lancent sur YouTube, TikTok, Instagram ou Twitch en espérant connaître le destin de leurs idoles, ceux qui font des paris en ligne, investissent dans des cryptomonnaies ou tout type de business spéculatif en ligne, auxquels viennent s'ajouter les petits arnaqueurs en quête de quelques milliers d'euros : on se rend compte qu'il y a tout de même un sacré nombre de jeunes qui tentent de contourner le système.

Il convient de redire ici que ces pratiques ne concernent pas toute la jeunesse mais je souhaitais leur faire une place pour leur donner un autre visage : celui du désespoir. Il me semble que ces jeunes qui consacrent un nombre d'heures effarant à ces pratiques en ligne sont tellement en manque de perspectives dans la « vraie vie » qu'ils trouvent en internet à la fois l'illusion d'un espace encore ouvert pour entreprendre sans capital de départ et susceptible d'améliorer leur situation, mais aussi un refuge par rapport à la violence systémique que la société leur inflige – j'y reviendrai encore et encore au fil de ces pages. Or, au lieu de tenter de comprendre les raisons de l'essor de ces pratiques, la plupart des observateurs se bornent à les condamner. Peut-on vraiment en vouloir à tous ces jeunes de tâtonner, de se chercher des exemples de réussite sociale accessible, de vouloir rêver à un avenir meilleur quand tout les pousse au pessimisme ?

DEUXIÈME PARTIE

« Sois jeune et ne t'en fais pas »

Les raisons du pessimisme des jeunes

Autrefois, les hommes avaient peur de l'avenir, aujourd'hui, c'est l'avenir qui a peur des hommes.

Anise Koltz, poétesse et écrivaine

Attentats et recul démocratique

Qu'est-ce qui vous fait rêver ?

C'est une des premières questions que j'ai posées aux jeunes de mon entourage lorsque j'ai commencé mon travail d'enquête. Seulement, très vite, face au pessimisme de leurs réponses, j'ai modifié l'intitulé de la question pour lui « préférer » (si j'ose dire) cette version fermée :

Est-ce que vous rêvez ?

Nous sommes ici au cœur du problème, dans le sentiment subtil et profond qui oppresse la jeunesse d'aujourd'hui : les jeunes peinent à rêver. Ceux avec qui j'ai pu échanger ont un mal fou à imaginer un futur désirable, voire à se projeter dans un futur tout court. Si les déterminants économiques et sociaux décrits dans la partie précédente jouent un rôle indiscutable dans cette absence de projection, le contexte politique, géopolitique, médiatique et climatique entre également furieusement en ligne de compte.

En 2016, avant même la pandémie, Anne Muxel, directrice de recherches au Cevipof (CNRS/Sciences Po), avait publié une étude sociologique éloquente à ce propos, réalisée auprès d'un échantillon représentatif de plus de 20 000 jeunes Français. Conclusion : les jeunes se définissent d'abord comme une génération « sacrifiée » ou « perdue ». 53 % estiment que leur avenir « sera plutôt pire comparé à la vie qu'auront menée leurs parents ». Les jeunes ont « profondément intégré l'insécurité et l'impermanence pour en faire un modèle de vie », analysait à l'époque la sociologue pour le journal *Le Monde*.

Une autre étude conduite un an plus tard auprès de 20 000 jeunes à travers la planète confirme cet état de fait chez les jeunes Français[1] : plus de la moitié d'entre eux estiment que le monde se dégrade et va continuer de se détériorer, 81 % redoutent la montée de l'extrémisme et du terrorisme. Encore plus récemment, une étude menée en 2023 – le « Youth Talks » : la plus grande consultation jeunesse jamais réalisée au monde, menée en collaboration avec l'initiative PRME (Principle for Responsible Management Education) de l'Onu – montre qu'un jeune sur cinq dit être avant tout préoccupé par la perspective d'une guerre ou d'un conflit mondial, notamment nucléaire. Cette perception d'un monde « qui va mal » a pris une place prégnante lors de mes entretiens.

Estelle, 28 ans, vit dans les Pyrénées-Orientales à Font-Romeu. Toujours joyeuse, cette sportive de bon niveau a jusqu'ici bénéficié d'une vie en pleine nature, préservée des attentats, de la précarité et des conséquences du réchauffement climatique. Pourtant, quand je l'interroge sur son avenir, sa voix se fait murmure :

> Je ressens souvent de la peur et du désespoir face à l'état du monde, de la planète. Les humains me font peur, j'ai l'impression que chaque jour qui passe est plus sombre, je n'arrive pas du tout à me projeter loin dans ce monde-là.

Fiona[2], 19 ans, vient quant à elle de finir un bac professionnel Gestion administration. Originaire d'un village près d'Alès, son témoignage fait écho à la vision pessimiste d'Estelle. Si elle précise « ne pas regarder la télé ni les infos », elle est intimement convaincue que rien ne va plus :

> Tout part en couille, y a rien qui va. La planète, les politiques, là maintenant on a les canicules, les flics qui tabassent des gens, plus le droit d'avorter aux États-Unis et maintenant des incendies. Comment tu veux qu'on flippe pas, sérieusement, comment tu veux que je te dise « oui c'est bon j'ai confiance en l'avenir ». Non, j'ai pas du tout confiance et personne autour de moi n'a confiance.

Cette perspective – si noire – que semblaient partager nombre de jeunes avec lesquels j'ai pu échanger a constitué le point de départ ma réflexion : il me fallait absolument comprendre les fondements de ce ressenti face à la violence du monde, et pourquoi la jeunesse française actuelle était peut-être plus inquiète encore que les générations qui l'ont précédée.

Dans son livre *La Fracture*[3], le directeur général de l'Ifop, Frédéric Dabi, compare les grandes enquêtes d'opinion de l'institut de sondage sur la jeunesse, ses idéaux et ses valeurs. Il explique notamment que le sentiment de « malchance » de vivre à l'époque actuelle chez les jeunes (18-30 ans) a doublé en soixante ans :

> *Aujourd'hui, près d'un jeune sur trois (30 %) considère que vivre à notre époque est plutôt une malchance, un score qui n'avait jamais dépassé les 18 % à chaque vague d'enquête depuis 1957. (...) L'idée d'une époque*

maudite, éprouvante, malchanceuse gagne clairement la jeunesse à un niveau historiquement haut.

Si le niveau de pessimisme est lié à la classe sociale – les jeunes les plus privilégiés étant moins pessimistes –, il reste très haut et illustre une certaine perte d'idéal.

Toute époque connaît son lot d'angoisses et celles-ci sont difficilement (et inutilement) comparables, mais il me semble – et j'y reviendrai – que la jeunesse actuelle subit un matraquage inédit entre faits anxiogènes et récits médiatiques maladifs de ces faits. Un combo auquel les mesures prises pour assurer la sûreté des citoyens ne font qu'ajouter, entraînant au passage un recul préoccupant de nos libertés au nom de la préservation de notre sécurité.

Il est minuit moins cent secondes sur l'horloge de l'Apocalypse[4] : comment ne pas s'en faire ?

Une actualité critique

Les images des tours du World Trade Center s'effondrant et les regards effarés de mes parents ce jour-là constituent mon premier souvenir médiatique. Des vidéos terrifiantes repassées en boucle sur tous les écrans existant à l'époque : voilà la culture dans laquelle ma génération a baigné. Celle de la « fin d'un monde » après 2001, celle de la menace perpétuelle venue d'un camp indistinct, tant du point de vue géographique que national : qui sont ces « terroristes » qui en veulent aux démocraties occidentales ? Quelques années plus tard, la guerre en Irak, les attentats de Madrid, puis la crise financière de 2008 envahissent les médias et les conversations familiales, répandant sournoisement mais durablement cette impression de chaos, de bouleversement du monde occidental. L'Histoire était censée être finie[5], pourtant son cours repart de plus belle pour aboutir aux crises que nous rencontrons aujourd'hui : sociale, géopolitique et climatique. Le monde est-il objectivement plus ou moins inquiétant qu'hier, là n'est sans doute pas la question. La guerre froide a engendré son lot d'angoisses en son temps, et, une fois encore, il ne s'agit nullement d'établir ici une gradation des souffrances à travers les âges. Mais cette angoisse, cumulée à de nombreux autres signes de déliquescence de notre système, a certainement participé à ce pessimisme historique de la jeunesse.

Même si je ne suis pas forcément représentative de ma génération sur ce point, visionner le documentaire *Inside Job*[6] à 16 ans m'a violemment fait prendre conscience de la fragilité de notre système économique. Je découvrais dans cette enquête comment une poignée de spéculateurs pouvait faire vaciller le système économique mondial et mettre des centaines de milliers de personnes à la rue. Cette histoire m'a tellement tourmentée que je suis allée voir mon prof d'histoire-géo de l'époque pour lui demander si tout cela pouvait recommencer : il m'avait répondu que oui, et à une échelle beaucoup plus grande encore… Une réponse honnête qui m'a valu un paquet de nuits blanches au lycée ! Mon intérêt pour l'économie vient indiscutablement de cette prise de conscience de l'incertitude inhérente à notre système économique, et elle a posé les bases de ma fâcheuse tendance à ne rien prendre pour acquis, puisque ce qu'on nous avait présenté comme un système durable ne l'était visiblement pas. Je découvrais alors – et je suis certaine que je ne suis pas une exception – que les adultes peuvent se tromper à très grande échelle, que les bases que l'on m'avait enseignées n'étaient pas si solides qu'on le prétendait, en bref : que rien n'était plus certain, que tout pouvait être remis en question par des événements que personne n'avait vus arriver et qui, par leur violence et leur soudaineté, étaient de nature à mettre à mal l'équilibre démocratique des pays dits développés. Une sacrée douche froide, tout de même.

Ajoutez à cela les guerres en Afghanistan, en Syrie et les attentats islamistes sur le sol européen. Car si les attentats de 1995 avaient déjà beaucoup marqué la société française, ceux des années 2000, de par leur fréquence, leur ampleur et le nombre de morts, ont profondément influencé notre manière de vivre : nous pouvions être frappés à n'importe quel moment. Sur notre sol. Nous n'étions plus à l'abri car nés en France – même si nous l'étions encore bien plus qu'un jeune Syrien ou Centre-Africain, j'en ai conscience.

Ces attentats ne se sont pas limités aux grandes villes comme Paris, Lyon, Strasbourg ou Nice. Ils ont aussi commencé à surgir en milieu rural, renforçant encore un peu le sentiment d'insécurité généralisée : personne n'était plus à l'abri, et vivre au fin fond de la pampa ne protégeait plus des velléités de fous furieux religieux. Les attaques de Carcassonne et Trèbes, dans un Super U, ont à ce titre marqué ma mémoire d'Ardéchoise. Ces attentats ont fait cinq morts dont le lieutenant-colonel de gendarmerie Arnaud Beltrame, et quinze blessés. Puis, d'autres sont survenus, à Villejuif ou encore à Éragny. Chaque fois, les médias nous ont fait vivre ces événements heure par heure, minute par minute, puis les ont ressassés des semaines durant. Pour les plus jeunes d'entre nous, ces événements ont inscrit leur marque dans notre enfance. Dans le cas de Marion, 20 ans, ils ont été beaucoup plus qu'un bruit de fond, puisque c'est l'une des premières choses qu'elle évoque quand on lui demande de raconter son enfance :

> À l'école, par exemple, en 2012[7], nos établissements balisaient la cour, il fallait plutôt jouer ici ou là pour faciliter les replis en cas d'attaque terroriste. J'habitais près de Montauban, et forcément, ça marque.

Ces attentats ont balayé toute certitude d'échapper à la violence de la guerre : une barbarie brute faisait irruption dans nos villes et dans nos vies.

L'engrenage sécuritaire

À la suite des attentats, de nombreux établissements scolaires se sont dotés de portiques de sécurité comme cela a été le cas dans ma région d'origine (Auvergne-Rhône-Alpes) sous l'impulsion de Laurent Wauquiez. Depuis, les élèves doivent présenter un badge pour franchir les infrastructures métalliques, souvent équipées de caméras de vidéosurveillance et d'alarme anti-intrusion.

Partout en France, depuis 2017, les élèves participent chaque année, en plus de l'alerte incendie, à un exercice « attentat-intrusion », leur rappelant que potentiellement, des terroristes peuvent surgir dans le périmètre de l'école, et ce dès la maternelle. L'exercice consiste, selon la configuration du lieu dans lequel ils se trouvent lorsque retentit l'alarme, à fuir ou au contraire à se confiner à l'intérieur, comme le précise le Bulletin officiel de l'Éducation nationale du 13 avril 2017 :

> *Se barricader au moyen du mobilier identifié auparavant, éteindre les lumières, s'éloigner des murs, portes*

> *et fenêtres, s'allonger au sol derrière plusieurs obstacles solides, faire respecter le silence absolu [portables en mode silence, sans vibreur], rester proche des personnes manifestant un stress et les rassurer, attendre l'intervention des forces de l'ordre.*

Cela peut paraître anodin, mais s'entraîner au cas où un incident (type incendie) survienne, ce n'est pas vraiment la même chose que de s'entraîner au cas où quelqu'un de malveillant pénètre dans son école avec un armement militaire : la République, implicitement, reconnaît son impuissance potentielle à garantir votre sécurité d'écolier.

Je me suis habituée, comme tout le monde, à montrer mon sac à des militaires ou à des responsables de sécurité pour me rendre à la fac, au musée ou à des concerts. Si je comprends bien sûr l'utilité de la mise en place de ces dispositifs de sécurité, voir patrouiller des militaires armés dans toutes les rues a achevé d'instaurer chez moi ce sentiment d'insécurité. La menace des attentats a certes toujours existé sur le sol français, cependant leur ampleur et la couverture médiatique qui en a été faite sont inédites et participent de cette psychose. Lors de l'ouverture du procès des attentats du 13 novembre en septembre 2021, le psychiatre Nicolas Franck évoquait sur France Bleu[8] un traumatisme collectif :

> *Ce sont des mini-traumatismes pour chacun d'entre nous et des traumatismes énormes pour ceux qui étaient directement sur les lieux concernés.*

Gérôme Truc, sociologue chercheur au CNRS, explique[9] que pour qu'un événement soit perçu comme traumatique pour une société, il faut que

« *des acteurs se mobilisent en vue d'imposer l'idée que cet événement a irrévocablement et profondément marqué l'identité et la mémoire collective du groupe* ». C'est le cas pour les attentats récents, notamment ceux de *Charlie Hebdo*, à l'origine d'un des plus grands rassemblements de l'histoire récente.

L'impact psychologique ne se limite pas aux personnes qui étaient à proximité géographique des attentats, c'est là d'ailleurs le but de ce mode opératoire[10]. Laura, Bordelaise de 23 ans, se souvient :

> J'avais que 16 ans lors de *Charlie Hebdo*, mais ça m'a vraiment choquée. Après j'ai vu passer tout ça sur Facebook, et on en parlait avec mes amis, alors que normalement on parle jamais de politique. Cette fusillade, je ne me l'ôtais pas de la tête, je suis même allée à la marche avec ma mère. Je me souviens du changement avant et après ces années-là. À partir de là, c'est presque devenu normal qu'on vive dans un monde avec des terroristes, qu'on parle de guerre tout le temps.

Sophie, 20 ans, a été très marquée par les tueries de Paris et de Nice. Sans que j'évoque le sujet, quand je lui demande ce qui la préoccupe, elle me parle spontanément du contexte géopolitique et des potentiels attentats :

> À l'époque, j'avais 13 ans et je vivais à Narbonne. Ça m'a beaucoup marquée et je l'ai vraiment mal vécu. Quand j'ai vu les images de Nice à la télévision, j'ai pleuré. Ça a totalement changé mon comportement dans l'espace public, même maintenant, je suis encore stressée, je regarde souvent autour de moi quand y a du monde, c'est ancré dans mon cerveau.

> Chaque fois que j'entends dans une gare qu'il y a un bagage abandonné, ça me stresse. Tout ça m'a un peu traumatisée.

Au-delà des crises et des lois : des conséquences psychologiques préoccupantes

Les effets de ces « agressions psychiques » collectives sont très étudiés à travers le monde, et ce particulièrement depuis les attentats du 11 septembre 2001. En ce qui concerne les rescapés et les témoins de ces attentats, les conséquences neuropsychologiques sont connues des scientifiques, car parfois similaires à celles observées chez les soldats rentrant du front. Des enquêtes ont aussi montré que de larges pans de la population d'un pays touché par les attentats pouvaient aussi éprouver les effets d'un stress post-traumatique sans avoir de lien avec les victimes, simplement par le biais de la couverture médiatique. Ainsi, pour *Sciences et Vie*[11], en 2021, la chercheuse en psychologie à l'université de Boston, Roxane Silver, expliquait :

> *Regarder les événements du 11 septembre en direct à la télé était suffisant pour développer des symptômes de stress post-traumatique. À l'occasion des attentats du marathon de Boston, en 2013, nous avons montré qu'à partir de six heures d'exposition médiatique, les sujets développaient un niveau aigu de stress, supérieur à celui qu'ils auraient eu sur les lieux de l'attentat ! Oui, la terreur se répand dans la population.*

Pam Ramsden, psychopathologue à l'université de Bradford, renchérit sur cette interprétation :

Nos dernières recherches montrent que 20 % des gens sont profondément affectés simplement par l'intermédiaire des images : leur trouble s'apparente au « traumatisme par procuration » rencontré habituellement chez les membres des services de secours.

En France, cette tendance s'est vérifiée dans le cadre d'un programme de recherche transdisciplinaire intitulé 13-Novembre[12] qui évalue les conséquences psychologiques des attentats sur la population. En 2018, il révèle ses premiers résultats. Sur l'ensemble de la population d'Île-de-France est observé un pic « net et sans précédent » des passages aux urgences le samedi 14 novembre, lendemain des attentats, suivi d'un second pic le 16 novembre. Les principaux concernés ? Ceux considérés comme de jeunes adultes par l'étude (ayant de 15 à 44 ans). Ils sont principalement diagnostiqués comme présentant « un état de stress post-traumatique » et une « réaction aiguë au stress ». Cette augmentation de la fréquentation des urgences est aussi observable hors Île-de-France, à partir du 14 novembre, jusqu'à atteindre un pic le 17 novembre. Ces événements marquants resteront dans la mémoire collective, puisque sept mois après les attentats, la quasi-totalité des personnes interrogées par le Centre de recherche pour l'étude et l'observation des conditions de vie disent se souvenir précisément des circonstances dans lesquelles elles ont appris la nouvelle : c'est ce qu'on appelle la « flash bulb memory ». Traumatisée par le souvenir des attentats, la jeunesse l'est tout autant par le traitement médiatique qui en a été fait, imprimant durablement l'horreur dans les mémoires.

En France comme ailleurs : un inquiétant recul des libertés

Les attentats et la couverture médiatique qui a suivi ont donc façonné le regard des plus jeunes sur le monde, et de manière concomitante, cette génération a été très tôt témoin du tournant politique à l'œuvre en France comme à l'étranger : le recul des démocraties libérales. Ainsi, les férus de géopolitique ont pu observer les virages autoritaires pris en Russie, en Turquie, au Brésil, en Pologne, au Venezuela ou au Nicaragua ces dernières années. Si les démocraties semblaient gagner du terrain dans les années 1980 dans de nombreux pays – la chute du mur de Berlin ayant par exemple insufflé un incroyable sentiment de victoire de la démocratie libérale –, les libertés reculent depuis les années 2000, et les populations, parfois occidentales, perdent des droits fondamentaux, comme le droit à l'avortement aux États-Unis en 2022.

Mallaury, 27 ans, a été jeune fille au pair puis assistante de langue dans plusieurs pays, en Irlande, en Angleterre et aux États-Unis ; si elle ne se dit pas spécialement informée sur la géopolitique, elle perçoit un recul général des libertés :

> Je me suis rendu compte de ça en bougeant. Dans chaque pays où j'étais, y avait toujours une loi qui passait qui reculait nos droits, ça fait super peur. J'étais aux États-Unis quand ils ont enlevé l'avortement. J'ai l'impression que c'est l'escalade, où qu'on aille.

De fait, les lois visant à restreindre les libertés se sont récemment multipliées en France : loi sur la surveillance (2015), loi dite du « secret des affaires »

(2018), loi Collomb (2018), loi « anti-casseurs » (2019), loi dite de « sécurité globale » (2021), loi sur le renseignement et la lutte contre le terrorisme (2021), loi sur la responsabilité pénale et la sécurité intérieure (2022). Toutes ces attaques sont résumées dans un livre publié récemment : *Comment l'État s'attaque à nos libertés*[13]. Sur le plateau de Blast, Anne-Sophie Simpere, chargée de plaidoyer à Amnesty international et co-autrice du livre, m'explique que le personnel spécialisé d'Amnesty peine lui-même à faire le décompte de ces mesures rétrogrades :

> Même pour des personnes qui sont censées suivre tous les textes, on a du mal, tant les reculs des libertés sont nombreux.

Liberté de la presse, liberté de circuler, de manifester, droit à la vie privée : depuis vingt ans, tous nos droits ont été rognés par les autorités, selon elle et Pierre Januel, journaliste spécialiste de ces questions. Les Français se sont laissé enfermer dans des politiques sécuritaires dangereuses et inefficaces, m'expliquent-ils, évoquant une « extension de la répression », assortie de l'usage systématique d'outils de surveillance de plus en plus intrusifs et puissants. Si les jeunes que j'ai pu interroger à ce sujet ne se rendent pas toujours compte de la puissance du processus, ni de la dangerosité et du nombre de lois récemment promulguées dans ce sens, ils sont nombreux à avoir entendu parler d'une loi en particulier sans nécessairement en saisir les contours. Ils lient d'ailleurs souvent cela, dans leur imaginaire, au fait de se sentir « surveillés » par les nouvelles technologies. En réalité, même si l'État a démultiplié ses capacités de surveillance, ce sont surtout des multinationales privées qui exercent cette surveillance.

Margot, 25 ans, clerc de notaire toulousaine, déroule :

> C'est dérangeant de savoir que dès qu'on parle de quelque chose, d'un accessoire de mode par exemple, on va l'avoir dans nos suggestions de pubs sur les réseaux sociaux, ou sur Google tout simplement.

Quand je l'interroge sur les lois liberticides, elle m'en énumère quelques-unes avant d'ajouter :

> L'État est censé protéger les libertés publiques, pas les bafouer, c'est des droits naturels et imprescriptibles.

Ce recul des droits et des libertés, s'il n'est pas la première préoccupation des jeunes Français, fait partie des nombreux éléments qui entretiennent un certain pessimisme et empêchent d'envisager l'avenir avec sérénité. Si à partir des années 1950, nos grands-parents et nos parents n'ont cessé de gagner en liberté, avec des lois toujours plus progressistes en matière de libertés publiques (abolition de la peine de mort, droit à l'avortement, renforcement du droit du travail), les jeunes ne peuvent que déplorer un recul fracassant et dans de nombreux domaines de leurs droits depuis les années 2000, à quelques exceptions près (le Mariage pour tous par exemple). Un recul souvent initié alors qu'ils étaient encore enfants.

La mutation anxiogène de l'information

Le philosophe Alain Finkielkraut écrivait[1] en 2015 :

> *Face à l'horreur absolue de la Shoah, les chefs suprêmes du nazisme jugés à Nuremberg sont encore capables de compassion ; tandis que la jeunesse d'aujourd'hui, elle, est trop abrutie par les jeux vidéo pour en être capable.*

Les jeunes seraient moins empathiques que des nazis, oui, vous avez bien lu. Ces déclarations extravagantes sont pourtant révélatrices d'une idée régulièrement relayée selon laquelle les jeunes du XXIe siècle seraient autocentrés et indifférents au vacarme du monde. Pourtant, ce qui ressort de mes nombreux mois d'enquête n'est certainement pas un désintérêt de la géopolitique ni du mouvement du monde ; en revanche, j'ai pu constater le stress aigu causé par le flux d'information permanent que les jeunes reçoivent ! Car une chose est certaine : quand bien même la jeunesse voudrait « s'en foutre », elle ne le pourrait plus, car la mutation de l'information entraîne une mobilisation constante de l'attention sur les faits anxiogènes de l'actualité. Et ceci change considérablement la donne dans le rapport de la jeunesse au monde et à l'avenir.

Des jeunes connectés au monde

Lors d'une rencontre dans un lycée professionnel en mars 2022, j'ai été forcée de revoir totalement le contenu de mon intervention devant l'insistance de la classe de terminale qui me faisait face à questionner le sujet de la guerre en Ukraine. Je ne suis pourtant ni reporter de guerre ni spécialiste des questions internationales, mais face à une journaliste, ces élèves ne voulaient parler de rien d'autre que de ce conflit, qui les fascinait autant qu'il les inquiétait. J'ai été sidérée par la quantité colossale d'informations et d'images que ces lycéens spécialisés dans le travail du bois, pour la plupart issus de milieux modestes, avaient ingurgitée : ils savaient qui était Volodymyr Zelensky, pouvaient identifier un char russe, mélangeaient parfois des théories complotistes avec des faits vérifiés, avaient des points de vue plus ou moins aboutis sur les tenants et les aboutissants géopolitiques du conflit… Bref, ce qui était censé être un cours d'éducation aux médias s'est rapidement transformé en session de questions-réponses sur leurs craintes par rapport au conflit. Tout y est passé : la possibilité d'une guerre nucléaire, la « folie » de Vladimir Poutine, les conséquences que la guerre pourrait avoir en France.

Ce n'est pas parce que ces jeunes-là ne lisent pas *Le Monde* tous les jours qu'ils ne sont pas touchés par l'actualité géopolitique. Ce n'est pas parce qu'ils ne comprennent pas précisément ce conflit qu'ils ne sont pas sincèrement inquiets de ses conséquences – pour les Ukrainiens comme pour eux-mêmes en France. Du reste, la totalité des jeunes que j'ai pu interroger au cours de mon enquête juge cette guerre « inquiétante ».

Dans les entretiens, à la question : « est-ce que vous vous informez sur l'actualité ? », la réponse était souvent catégorique : « non ». Plus mes interlocuteurs étaient âgés, plus ils venaient de milieux favorisés, plus ils me répondaient de manière nuancée. Mais toujours, j'ai pu constater une grande humilité dans le rapport à la question géopolitique des jeunes : ils ne se sentent pas capables ni autorisés à avoir un point de vue éclairé sur cette question, bien qu'ils soient extrêmement inquiets de la situation. Parce que dans leur tête, connaître cette actualité, cela revient à écouter la radio tous les jours, à lire des livres sur le sujet et à maîtriser la géographie. C'est sans doute la raison pour laquelle on peut douter de leur intérêt sur la question ; mais mon enquête m'a apporté une réponse ferme sur cette idée : les jeunes refusent de parler géopolitique, souvent, mais ce n'est certainement pas par désintérêt : bien plutôt à cause d'un sentiment d'illégitimité envahissant qu'une mise en confiance persévérante permet rapidement de faire taire. Et parce que le flux d'informations qui les inonde est davantage anxiogène que pédagogique, les laissant inquiets et désemparés…

Matteo, 18 ans, tout jeune bachelier STMG, est un exemple parmi d'autres. Issu d'un milieu modeste en Moselle, c'est un ami d'ami d'ami qui a accepté de me répondre pour faire plaisir à un proche. Il ne me connaît pas, ne connaît pas mon travail, et semble quelque peu intimidé au téléphone. Quand je lui pose la question, il me dit qu'il ne s'informe pas, qu'il ne « regarde pas la télé ». Quand je lui demande quelle est la dernière info qui l'a marqué, il me parle pourtant de réchauffement climatique, de canicule, du manque d'eau. Lorsque je lui demande s'il connaît les guerres, il me dit que non, mais une fois que j'évoque l'Ukraine, il corrige : « Ah oui, bon, ça j'ai pas pu le louper bien sûr ! » Je lui demande ce qu'il en a retenu, mais il tente : « C'est le président de l'Ukraine qui a pas voulu donner la terre que Poutine il voulait, c'est ça ? » J'acquiesce vivement, si bien qu'il enchaîne, plus confiant : « En plus, l'Ukraine voulait appartenir à l'OTAN, donc forcément. » De fil en aiguille, je m'aperçois qu'il connaît plutôt bien les bases du conflit, et que le sort des civils assassinés le préoccupe particulièrement – « des enfants innocents qui meurent sous les bombes ». Bref, la géopolitique l'intéresse beaucoup, comme son parallèle avec la situation au Moyen-Orient me le confirme bientôt : « L'Ukraine, une histoire de territoire, comme avec la Palestine en fait ! » Il connaît Gaza, me parle des frappes « malheureuses », et m'explique qu'il connaît ce conflit parce que « tout le monde en parle » et qu'il « y a aussi des joueurs de football comme Hakimi qui le dénoncent ».

Le cas de Matteo est emblématique de nombreux échanges que j'ai eus par la suite : j'ai affaire, dans la plupart des cas, à des jeunes peu confiants qui, à défaut d'être experts, sont néanmoins bien informés et se sentent le plus souvent concernés par des événements lointains. Les réseaux sociaux jouent un rôle majeur dans leur connaissance parfois très complète de certains conflits : quelques situations géopolitiques rencontrent en effet davantage de soutien sur le web, par l'intermédiaire de personnalités influentes le plus souvent, ou simplement parce que des images spectaculaires ont été partagées en masse. À ma grande surprise, Samir, 20 ans, étudiant en informatique, évoque de lui-même la situation au Sri Lanka. Il n'y a aucune attache personnelle, mais m'explique avoir vu sur les réseaux des vidéos du palais présidentiel envahi par la foule en juillet 2022 :

> Ça m'intéresse carrément ! Attends, c'était la chute d'un gouvernement ! Ça peut arriver à n'importe quel pays je pense, ça montre comment des chefs d'État peuvent tomber.

Beaucoup de jeunes évoquent les Ouïghours, également, et je suis surprise du degré de précision qu'ils sont capables de me donner à ce sujet. Ils me parlent de dictature chinoise, d'atteintes aux droits humains, de camps de concentration modernes. La plupart du temps, ils se sont intéressés à cette problématique *via* l'engagement de leurs personnalités préférées, comme le footballeur Antoine Griezmann qui a annoncé rompre son partenariat avec Huawei parce que cette entreprise fait travailler des Ouïghours, ou la star de téléréalité Alix qui dénonce leur situation sur Instagram. Non, définitivement, on ne peut pas reprocher aux jeunes d'être insensibles à la marche du monde.

Jean Massiet, la référence française en matière de vulgarisation politique sur la plateforme de streaming Twitch, m'explique qu'Internet a justement engendré un regain d'intérêt pour la géopolitique :

> *Internet est un espace mondial, qui produit un affaiblissement des cultures propres des régions du monde, on va vers une mondialisation des aspirations de la jeunesse. C'est comme ça qu'on a des jeunes du monde entier qui soutiennent les opposants à Hong Kong ou les Ukrainiens face aux Russes. Le jeu vidéo en ligne, par exemple, est un espace qui favorise la proximité, on joue aux jeux vidéo avec des Tunisiens, des Hongkongais. Quand il leur arrive quelque chose, forcément, on se sent concernés.*

L'info digitalisée : un écran vers la réalité

Contrairement à ce que l'on pourrait croire, le temps accordé aux médias hors ligne par les Français n'a pas diminué ces vingt-cinq dernières années : un Français consacre ainsi en moyenne, par jour, 48 minutes à la presse écrite et 2 heures et 6 minutes à la télévision selon l'Ipsos[2]. Toutefois, une comparaison des usages selon l'époque n'a pas grand sens si l'on ne prend pas le temps de s'intéresser à la mutation des médias. En effet, les « médias » ne recouvrent plus la même réalité aujourd'hui qu'en 1980. Le grand chamboulement vient de la multiplicité des canaux d'information, à savoir le nombre d'écrans auxquels nous sommes exposés. Bien sûr, les jeunes n'échappent pas au phénomène : 94 % des 15-24 ans sont équipés d'un smartphone[3], et le temps qu'ils passent sur les réseaux sociaux (TikTok, Instagram, Snapchat, Twitch, Twitter, etc.) est absolument considérable : plusieurs heures par jour. C'est une réalité sur laquelle s'accordent les études : le smartphone et l'ordinateur sont omniprésents dans la vie des jeunes, à des degrés plus ou moins importants en fonction de leur classe sociale : en englobant les consoles de jeux, les jeunes passeraient en moyenne 6 heures et 42 minutes par jour sur les écrans[4]. Ces écrans sont devenus des vecteurs pour se socialiser, se divertir, trouver du travail et s'informer.

Une étude de Médiamétrie, commandée par le ministère de la Culture en 2018[5], révèle que les jeunes utilisent principalement leur smartphone pour s'informer. Ils font en particulier un usage intense des réseaux : 71 % des 15-34 ans consultent quotidiennement l'actualité *via* les réseaux, ces derniers étant, pour eux, le premier mode d'accès à l'information.

Pour certains (34 %), il est même l'unique mode d'accès à l'information, à l'image de Sophie, Montpelliéraine de 20 ans :

> Je m'informe beaucoup avec des podcasts, HugoDécrypte, des reportages sur une chaîne suisse, et je

> lis des articles sur mon téléphone du même sujet, j'y passe pas mal de temps dans les transports.

Mais parce que cette information passe par des applications qui permettent aussi de se divertir, la frontière entre apprentissage et amusement se floute, participant à augmenter le sentiment d'illégitimité des jeunes précédemment évoqué.

Yann, étudiant de 23 ans, s'informe uniquement *via* les notifications Google ou sur les réseaux sociaux ; il explique avoir complètement délaissé les médias traditionnels, trop vieux jeu à son goût, ce qui ne l'empêche pas de vouloir rester informé :

> Le savoir c'est le pouvoir, donc je me dis qu'il faut rester un minimum au courant. Je m'informe beaucoup sur YouTube et Instagram, avec Hugo décrypte par exemple, ou avec des suggestions de l'algorithme, tout simplement. Il y a des thèmes plus importants que d'autres pour moi, l'environnement ça me préoccupe, c'est mon stress du moment, donc j'essaie de m'informer à ce sujet avec des comptes d'ONG comme Sea Shepherd par exemple. Il y a aussi la guerre en Ukraine, c'est important, c'est pas loin de chez nous et l'armement russe me fait peur, je me demande si une autre guerre mondiale est pas possible, j'ai l'impression qu'il se passe ce qui est écrit dans les livres d'anticipation que je lis, donc j'essaie de comprendre.

En se muant en chambres d'écho de l'actualité, les plateformes, initialement utilisées dans un but de divertissement, se sont « politisées » au fil des années. Mais qui dit écho, dit aussi bribes d'actualités, images décontextualisées et citations dont on ne connaît pas toujours la provenance au détriment parfois de démonstrations exhaustives et argumentées.

Les algorithmes sont construits de telle manière que plus les informations sont choquantes et/ou violentes, plus elles sont mises en avant et donc visibles.

Les jeunes s'informent. Cela ne fait aucun doute. Cependant, ils peuvent être dépassés par les flux d'information qui leur parviennent plus ou moins contre leur gré. Si certains choisissent scrupuleusement leurs sources, la plupart d'entre eux sont rattrapés par les algorithmes et les informations apparaissant sur leur « fil d'actualité ». C'est en partie sur ce dernier point que le bât blesse, puisque la grande particularité de l'information *via* les réseaux sociaux est qu'elle suit une logique de tendances (parfois discutable), entraînant l'évacuation de certains sujets fondamentaux ne répondant pas aux impératifs du « buzz ». La viralité de ces informations, souvent choc, entraîne un flot médiatique continu au caractère franchement angoissant qui nous submerge désormais dès notre plus jeune âge.

Voyant leur part du gâteau menacée, les « médias traditionnels » tels que la télévision ou les journaux ont eux aussi adapté leurs contenus à l'irruption de Facebook, Instagram, Twitter, TikTok, ou Snapchat, notamment en proposant des formats plus courts, émaillés d'informations choc et caractérisés par la place accrue donnée aux images… Le marché de l'attention a véritablement explosé, offrant un panel de contenus toujours plus attractifs émanant parfois aussi des médias traditionnels.

Dans le domaine de l'information, la course à l'attention a entraîné l'avènement d'une petite révolution, qu'avait préparée la naissance des chaînes d'info en continu.

Aux sources de l'angoisse : l'info consommable en continu

S'il est complexe d'établir une gradation des informations angoissantes, il est en revanche plus facile de documenter la transformation profonde de l'information, du fait de son mode de transmission à l'œuvre ces trente dernières années.

La naissance de LCI, première chaîne d'information en continu, en 1994, marque un tournant dans le paysage médiatique français. Après elle, suivront pêle-mêle CNews (1999, anciennement I-Télévision, puis I-Télé), BFMTV (2005), France 24 (2006) et enfin Franceinfo (2016). Ces chaînes sont rapidement devenues incontournables dans le paysage, notamment par leur présence dans les bars, dans les aéroports et, progressivement, dans les habitudes quotidiennes des Français. Elles ont profondément modifié le rapport à l'actualité des citoyens, et ont bercé l'enfance d'une partie des millennials et de la génération Z par leur omniprésence dans l'espace public comme privé.

Leur principe : se saisir de l'actualité sur-le-champ, en propulsant un envoyé spécial au plus près de l'action, ou tout simplement en discutant de cette actualité avec des éditorialistes en plateau afin de nourrir un flux d'informations continu disponible 24 heures sur 24. Plus l'information est spectaculaire, plus son succès est assuré. Il faut de l'instantané, du très court, du consommable rapidement. Bien sûr, dans un contexte anxiogène, ce *modus operandi* peut se révéler délétère pour les spectateurs comme pour les journalistes. Souvent précaires, ces derniers sont parfois simplement dotés de smartphones pour aller sur le terrain, nombre d'entre eux sont pigistes, c'est-à-dire rémunérés à la journée ou au reportage, sans garantie d'être employés de nouveau, et sont récompensés (symboliquement ou monétairement) s'ils font « le buzz » ou participent à améliorer les audiences de la chaîne.

Ce rythme effréné participe donc certainement à la dégradation de la qualité de l'information, et à son uniformisation. Dans leur ouvrage *L'Information à tout prix*[6], Julia Cagé, Nicolas Hervé et Marie-Luce Viaud observent qu'il faut trois heures en moyenne pour qu'une nouvelle produite sur un site d'information se diffuse au moins à un autre site, et dans le cas de 10 % d'entre elles, il ne faut que quatre secondes pour qu'elle se répande sur tous les sites d'information. Les auteurs montrent que 64 % de l'information publiée en ligne est issue du copié-collé. Or créer du contenu original demande du temps et des ressources : pas très rentable, surtout pour qu'il soit *in fine* copié par les autres. Résultat, il vaut mieux copier que créer pour pouvoir tenir le rythme, d'autant plus que la pratique du copié-collé permet de jouer davantage sur le choix des contenus en fonction de leur capacité à retenir l'attention des individus. Dans le milieu journalistique, on entend souvent dire qu'« à BFMTV, ils sont scotchés toute la journée à la courbe de leurs audiences », ce qui signifie qu'ils modifient les programmes en temps réel lorsqu'une baisse d'audience se fait ressentir.

En conséquence, le nombre de chaînes privées a explosé, alors que, dans le même temps, le budget des chaînes publiques (normalement moins soumises aux logiques d'audience) est toujours plus réduit (depuis 2018 notamment). Désormais, accaparer l'attention devient un impératif, à plus forte raison lorsque la concurrence s'endurcit avec l'arrivée de nouveaux acteurs dans la course : les médias *pure players* (exclusivement en ligne) comme Brut, Konbini ou Loopsider, qui produisent des vidéos d'information et de divertissement à la chaîne, diffusées sur les différentes plateformes, ou encore les comptes se présentant également comme des médias d'information, tels Brèves de presse et Médiavenir sur Twitter, HugoDécrypte et Gaspard G sur YouTube, ou Period sur Instagram.

Les jeunes sont les premières victimes de cette course à l'attention devenue frénétique : s'ils ne regardent pas nécessairement les chaînes d'information continue, ils ont parfois grandi avec puis ont été abreuvés de ces formats courts ultra addictifs et en consomment les replays ou courts extraits partagés sur internet. Omniprésente sur les réseaux sociaux, cette information flash et continue s'avère excessivement anxiogène.

Inquiéter pour mieux diffuser : un traitement médiatique ultra anxiogène

Les événements comme les attentats qui se sont succédé sur notre territoire (ou tout près de nous : en Belgique, au Royaume-Uni, en Allemagne) en 2015 et 2016 sont bien sûr anxiogènes en soi. Mais le traitement médiatique dont ils font l'objet devient véritablement toxique en ce qu'il ne laisse aucune chance à l'individu de pouvoir digérer l'information violente. Les modes opératoires barbares – camion-bélier fonçant dans la foule, agression à la machette… – marquent les esprits, évidemment. Mais les chaînes d'info en continu et les formats courts circulant sur le web viennent fixer dans nos cerveaux traumatisés ces images et ces histoires à vous glacer le sang, répétant les récits de ces massacres perpétrés tout près de chez nous, dans le menu détail, confrontant sans cesse, dans un présent infini, nos rétines à l'horreur ; puis le ressassement *ad nauseam* par les réseaux sociaux, sur lesquels ont massivement circulé, là encore, des images de la tuerie du Bataclan ou de la Promenade des Anglais de Nice.

Dans un article pour *The Conversation*[7], le chercheur en neuropsychologie et imagerie de la mémoire humaine Francis Eustache fait le lien entre le traitement médiatique des attentats et l'anxiété de la population :

> *Les images qui ont tourné en boucle sur les chaînes d'information en continu, souvent hors de tout contexte (bandeaux défilants mentionnant des informations sans lien avec les images, son coupé dans les lieux publics privant les spectateurs de commentaires, etc.), ont contribué au développement de troubles de stress post-traumatique chez certaines personnes.*

Ces images nous ont tous profondément marqués. Je me rappelle par exemple qu'au lendemain de la tuerie à Nice, je travaillais dans un restaurant lyonnais près de la gare et que mon patron mettait BFMTV sur toutes les télévisions de la salle pendant que je servais les cafés. J'avais 20 ans. Pendant quelques jours, mon quotidien de travail a été bercé par les témoignages insoutenables de témoins du massacre. Je me souviens des commentaires des clients ressassant encore et encore le récit de cette soirée meurtrière, effarés et fascinés à la fois : « Non mais ça va recommencer, c'est sûr », « C'est vraiment la guerre maintenant ».

L'irruption de ce nouveau traitement de l'information a parfois donné lieu à un grand flou journalistique en matière de déontologie quant à la manière de traiter les événements graves comme les attentats, sans se montrer indiscret auprès des victimes. Ainsi, le 13 novembre 2015, sur France 2 bientôt relayée par les réseaux sociaux, un plan trop rapproché a permis l'identification d'une personne allongée sur un brancard. Sur les chaînes d'info en continu, les détails les plus sordides ont été racontés pour satisfaire la fascination morbide collective. BFMTV sera d'ailleurs accusée d'avoir mis en péril des vies humaines après avoir fourni des informations clés sur l'endroit où certaines victimes s'étaient réfugiées lors de la prise en otages de l'Hyper Casher de la Porte de Vincennes en janvier 2015[8].

Depuis 2015, les réseaux sociaux ont aussi « testé » différentes fonctionnalités en cas d'attentat (Facebook permettait de signaler que l'on était à l'abri par exemple) et nous ont régulièrement assaillis de notifications à ce sujet. Les médias en tout genre ont développé des applications qui vous envoient elles aussi des notifications anxiogènes telles que : « URGENT : ATTAQUE AU COUTEAU À PARIS, AU MOINS 7 BLESSÉS ».

Les Gafam[9] ne savent d'ailleurs toujours pas (certains esprits de mauvaise foi seraient tentés de dire qu'elles ne *veulent* pas savoir) comment éviter la propagation d'images violentes. Les vidéos de mise à mort d'otages par l'État islamique sont ainsi légion sur le web et, encore aujourd'hui, un massacre raciste, qu'il surgisse en Nouvelle-Zélande ou aux États-Unis, peut être visionné en direct sur internet n'importe où dans le monde pendant de bien trop longues heures avant que d'être censuré par les modérateurs de plateforme. Une étude intitulée « Les adolescents face aux images violentes » menée en 2018 par Sophie Jehel et Patricia Attigui[10] montre que tous les jeunes interrogés ont été exposés à des images violentes, sexuelles et/ou haineuses, notamment sur les réseaux sociaux, et souvent sans l'avoir cherché. J'en ai fait l'expérience personnellement quand, à 19 ans, j'ai visionné sans le vouloir la vidéo de la décapitation du journaliste James Foley en cherchant des informations à ce sujet.

Si le monde n'est pas assurément plus sombre qu'hier, les jeunes sont en revanche confrontés plus tôt et de manière plus abrupte à sa violence, *via* les écrans notamment. La guerre ou les attentats ne sont plus seulement des sujets lointains dont parlent les parents au dîner ou qui s'affichent à la télévision au journal de 20 heures ; ils y ont accès sur leur smartphone, à travers des photos et des vidéos nombreuses qui, jusque dans leur lit, leur font éprouver l'horreur et la crainte de la violence du monde.

Le grand remplacement de l'information

À trop mettre la focale sur les événements les plus angoissants et la « montée de l'insécurité », à jouer sur les peurs en grand-remplaçant l'information par la tribune donnée à des personnages comme Éric Zemmour qui viennent nous parler de civilisation menacée, il n'est vraiment pas surprenant qu'une partie de la jeunesse – et de la population en général bien sûr – soit préoccupée par l'insécurité et le terrorisme. D'autant plus que les réseaux sociaux tendent encore à amplifier ce phénomène en « centrifugeant » ce flux d'informations. Si les idées d'extrême droite semblent encore minoritaires chez les jeunes, force est de constater qu'elles trouvent un écho chez une partie d'entre eux qu'il est compliqué de quantifier car il n'existe pas d'étude sur les seules « idées » chez les jeunes, et que les chiffres du vote excluent tous les abstentionnistes.

Ainsi, c'est une poignée de jeunes qui a créé le média réactionnaire et complotiste Livre noir ; ce sont des milliers de jeunes qui vont s'illustrer dans des actions particulièrement odieuses à travers le collectif nationaliste blanc et islamophobe « Génération identitaire » (dissous depuis) – en allant jusqu'à traquer des migrants à la frontière franco-italienne. À ce titre, une enquête du *Monde* en 2022 désignait le Rassemblement national comme le premier parti de la jeunesse[11], soulignant à quel point les jeunes étaient sensibles aux marottes de l'extrême droite, et expliquant cette tendance par le fait qu'ils n'ont pas connu la « diabolisation » de Jean-Marie Le Pen.

Certes, une partie des jeunes cède à ces idées racistes et xénophobes, mais au vu de l'intense médiatisation des thèses d'extrême droite, on pourrait plutôt considérer comme miraculeux qu'elles ne progressent pas plus vite dans cette frange de la population. Beaucoup de jeunes ne sont en effet pas réceptifs et résistent à la profusion de ces idées réactionnaires. Certains s'en inquiètent beaucoup, comme Marion, 20 ans, étudiante en anglais, qui se sent menacée par le traitement médiatique de l'actualité justement :

> Ces personnes ne cherchent pas à comprendre et tiennent des propos dangereux, qui font peur, hurlant au séparatisme ou à l'islamo-gauchisme pour rien. Ils créent la peur, et le pays qu'ils façonnent en ce moment, moi, il m'effraie.

Chloé, maquilleuse en région parisienne de 27 ans, est elle aussi préoccupée par le phénomène :

> Je suis terrorisée par la montée de l'extrême droite, qui prend de plus en plus de place médiatiquement et politiquement. Ce qui me fait flipper, c'est que

> cette extrême droite est très préparée à de possibles affrontements dans le cadre d'une potentielle guerre civile notamment. Ils sont armés, ils sont organisés, ils ont une culture de la violence. Moi j'en viens à avoir peur pour mon intégrité physique. Il y a une montée en tension qui n'augure rien de bon pour les prochaines années, et on va être clairs, je n'ai aucun espoir en l'avenir, je suis pétrifiée parce que je sais pas quoi faire face à cette montée de la violence, et je sens que ça va bientôt être trop tard pour la contrer.

Entre les signes de faillite démocratique et la dérive sécuritaire, le tout documenté par des médias anxiogènes toujours plus présents dans leur vie *via* les écrans, il paraît relativement normal que bon nombre de jeunes aient du mal à se projeter dans l'avenir. Et pourtant, l'éléphant dans la pièce du pessimisme de la jeunesse n'a pas encore été évoqué ici, j'ai nommé : le changement climatique.

La crise écologique : une bombe à retardement

Quand on parle de « pessimisme » de la jeunesse, il est impossible de passer à côté de la bombe climatique sur laquelle ma génération est assise. Selon moi, l'épée de Damoclès que constitue cette catastrophe écologique justifie à elle seule que l'on prenne au sérieux l'angoisse et les difficultés à se projeter qu'éprouvent les jeunes.

Luna, étudiante en communication de 21 ans, aborde immédiatement le sujet lorsque je lui demande ce qui l'inquiète aujourd'hui :

> Ma plus grosse préoccupation reste l'environnement. On va vite atteindre un gros mur, et quand je vois des personnes autour de moi parler de leur avenir avec famille et enfants, je me demande si ce sera possible. Je doute d'être encore là dans 30 ans, et j'en veux terriblement à la façon dont le système s'est mis en place pour au mieux avoir cette énorme angoisse, au pire avoir la moitié de ma vie à vivre.

Idem du côté de Salomée, 23 ans :

> Je me dis que je suis née un peu trop tard. La moitié des moineaux a déjà disparu. Les incendies embrasent

> les forêts du monde entier. La glace fond, acidifie les océans, modifie le positionnement des pôles Nord et Sud pouvant venir perturber le cycle de l'eau… Le changement climatique et la sixième extinction de masse : voilà ce qui me terrifie le plus aujourd'hui, sans hésiter.

Une inquiétude qui se retrouve dans la quasi-intégralité des témoignages que j'ai pu recueillir, et qui se traduit aussi dans les statistiques. Déjà en 2016, l'enquête « Generation What ? » réalisée par Anne Muxel[1] auprès de 20 000 Français révélait que l'environnement était la première préoccupation des 18-34 ans. On parle ici d'une angoisse de fin du monde. Pas de la fin du monde en soi, la planète nous survivra, mais de la fin du monde tel qu'on le connaît. Si les humains ne vont pas périr d'un coup d'un seul en 2050 lorsque les 2 degrés[2] seront dépassés, une rupture avec le confort et la relative sécurité dans laquelle nous avons vécu en Occident ces dernières décennies est en revanche engagée. Et surtout, il s'agit d'un engrenage duquel nous sommes prisonniers : nous ne pouvons plus le stopper, nous pouvons au mieux ralentir les dommages à venir.

L'incontournable GIEC : une panique lucide

Les jeunes, dans leur écrasante majorité, sont préoccupés par les questions environnementales (85 % des moins de 35 ans s'alarment pour la santé de la planète[3]), mais ils ne sont ni catastrophistes ni naïfs. Au contraire, ils sont très lucides, puisqu'ils s'appuient sur l'ensemble des données scientifiques dont l'humanité dispose aujourd'hui, notamment le dernier rapport du GIEC en date (ce que je fais moi-même pour aborder ces questions). Cette institution étant encore trop souvent critiquée à tort, une mise au point s'impose afin de tordre le cou à quelques inepties fréquemment entendues.

Le GIEC – pour Groupe d'experts intergouvernemental sur l'évolution du climat – a été fondé en 1988 à l'initiative de l'Onu pour fournir des évaluations sur l'état des connaissances scientifiques, techniques et socio-économiques sur le changement climatique, ses causes, ses conséquences, et les solutions pouvant être mises en œuvre pour limiter ces dernières. Les représentants des 195 États membres du GIEC valident le contenu des résumés pour décideurs. Ces rapports sont la synthèse de plusieurs dizaines de milliers de rapports rédigés par des scientifiques à travers le monde, revus par leurs pairs : c'est ce que l'on possède de plus « objectif » aujourd'hui en matière d'étude du climat.

Voici les grands points à retenir en ce qui concerne ce consensus scientifique, c'est-à-dire ce qui n'est plus discutable :

- L'activité humaine a réchauffé le climat à un rythme sans précédent. Les glaciers des montagnes et des pôles sont condamnés à fondre pour encore des décennies voire des millénaires.
- 100 % du réchauffement climatique est dû aux activités humaines sur la dernière décennie, et quasiment 100 % depuis 1850.
- La banquise arctique a perdu 40 % de sa superficie en quarante ans. Les calottes du Groenland et de l'Antarctique ont perdu plus de 400 milliards de tonnes de masse par an dans la décennie 2005-2015. En conséquence, de nombreux animaux et quelques milliers d'humains ont perdu leur habitat, les courants océaniques sont modifiés

et l'élévation du niveau des mers laisse planer un risque d'inondations dans de nombreuses régions du monde. Une hausse globale de 40 centimètres du niveau de la mer est attendue d'ici à 2100 dans un scénario « optimiste » (au sens de moins chaud) de réchauffement climatique.

- La fonte en surface du permafrost (ces sols gelés toute l'année qui recouvrent un quart des terres émergées de l'hémisphère Nord) menace de libérer des virus oubliés (vous reprendrez bien une pandémie de grippe espagnole[4] ?), tout comme des milliards de tonnes de gaz à effet de serre emprisonnés jusqu'ici par les glaces, accélérant ainsi encore le réchauffement climatique.
- De nombreux changements sont irréversibles à une échelle allant du siècle au millénaire. Les émissions passées de gaz à effet de serre condamnent par exemple les océans à un réchauffement, une acidification et une chute de l'oxygénation sur plusieurs décennies. La hausse de température réduisant la capacité des océans à stocker le carbone, le CO_2 relâché vient accélérer le phénomène de réchauffement.
- Désormais, seules dépendent de nous la vitesse et l'intensité de ces changements, selon la façon dont nous allons diminuer ou non nos émissions dans les années à venir.
- Entre 3,3 et 3,6 milliards d'humains (sur 8 milliards d'habitants sur terre) vivent dans des régions très vulnérables au changement climatique. Ces régions risquent de devenir inhabitables, certaines le sont déjà.
- L'alimentation mondiale va devenir un enjeu majeur : les pénuries pouvant engendrer de grandes famines à travers le monde vont se généraliser en raison de la raréfaction de l'eau, des

sécheresses, des fortes chaleurs et de la dégradation de l'état des sols entraînant des chutes vertigineuses de rendements et des pertes de récoltes.

Viennent s'ajouter à cela les « points de bascule », les seuils à partir desquels un changement, même infime, peut faire basculer tout un système. Ce sont des points de levier à partir desquels on ne peut plus revenir en arrière, car ils entraînent une sorte d'effet domino. Atteindre un certain niveau de réchauffement peut donc nous faire tomber dans ce type de cercle vicieux. Et c'est bien ce qui fait peur, lorsque tous les points de bascule seront dépassés, même si les plus grands efforts de transformation des sociétés étaient mis en place, nous ne pourrons plus revenir en arrière : rien ne servira de courir si nous ne partons pas à point. D'autant que les conséquences dévastatrices se prolongeront sur des siècles, voire des millénaires.

Sécheresses, inondations, incendies, catastrophes naturelles en tout genre, pénuries, stress hydrique, migrations de masse : je vous mets au défi de lire le résumé d'un de ces rapports sans faire une bonne petite crise d'angoisse. Et le GIEC de prévenir : « *Les niveaux actuels d'adaptation seront insuffisants pour répondre aux futurs risques climatiques.* »

Ambiance.

Les scientifiques, Cassandre[5] des temps modernes

Les indicateurs pour mesurer la destruction de la planète ne manquent pas, et tous sont dans le rouge. Un nombre croissant de scientifiques spécialistes sortent même de la « neutralité » attendue des experts pour se politiser, fatigués qu'ils sont de prêcher dans le vide et inquiets de devoir bientôt prêcher dans le désert avec la dégradation de nos conditions de vie sur terre. Ainsi, en 2020, mille scientifiques français ont appelé à la désobéissance[6] dans une tribune publiée dans *Le Monde* intitulée : « Face à la crise écologique, la rébellion est nécessaire ». En avril dernier, deux scientifiques se sont enchaînés à la banque JPMorgan Chase[7], considérée comme la plus polluante, pour tenter d'alerter sur la catastrophe en cours. L'un d'entre eux, Peter Kalmus, médaillé de la Nasa, est filmé la tête entre les mains, la voix tremblante :

> *Nous essayons de vous alerter depuis des décennies ! Nous nous dirigeons vers une putain de catastrophe ! Et nous sommes ignorés ! Les scientifiques du monde entier sont ignorés ! Ça doit s'arrêter, nous allons tout perdre ! C'est pas une blague ! (...) C'est si grave !*

Cette intervention lui vaudra d'être arrêté par la police. Dans la foulée, il publie une tribune éloquente dans le *Guardian*[8] intitulée « Les climatologues sont désespérés : nous pleurons, vous supplions et nous nous faisons arrêter » dans laquelle il exprime son désarroi :

> *Je suis un climatologue et un père désespéré. Comment puis-je parler plus fort ? Que faudra-t-il ? Que pouvons-nous faire, mes collègues et moi, pour empêcher cette catastrophe de continuer à se dérouler autour de nous ?*

Les scientifiques, de manière générale, perdent de plus en plus leur calme sur les plateaux de télévision, à l'image du personnage incarné par Leonardo DiCaprio dans le film *Don't Look Up*. En Europe, François Gemenne, coauteur du rapport du GIEC, a ainsi choqué lors de son intervention en direct le 2 mai 2022[9] sur le plateau de *C ce soir* sur France 5, interrogé sur la possibilité de s'organiser politiquement pour faire face à l'urgence :

> *C'est mort. Pour moi, c'est mort depuis la sortie du troisième rapport du GIEC, le 4 avril dernier.*

Une déclaration fataliste qui a fait grand bruit et a valu au chercheur belge de nombreux reproches l'accusant de pessimisme contre-productif. En effet, l'argument du « de toute façon c'est foutu » peut paralyser… mais ce n'est pas toujours le cas non plus, comme le montrent les réactions souvent constructives aux discours catastrophistes[10]. Je ne peux m'empêcher de ressentir une souffrance similaire à cet homme qui alerte depuis beaucoup plus longtemps que moi, même si j'y réagis différemment. Vingt ans à constater l'inertie collective doivent sérieusement vous attaquer le moral…

Je me suis trouvée aux côtés de François Gemenne sur Franceinfo quelques jours après cette sortie fracassante, et je n'ai pu que constater que sa déclaration n'obéissait pas à une volonté de faire le buzz. Ce scientifique est sincèrement convaincu et désolé. Lors de l'émission, il confirme[11] :

> *– Très clairement, nous n'allons pas arriver à atteindre les objectifs de l'accord de Paris, nous n'allons pas arriver à limiter nos émissions.*

Bondissant sur ma chaise pour contrer l'immobilisme que pourraient entraîner de telles déclarations à la télévision, je lui ai immédiatement opposé qu'il fallait garder espoir et sensibiliser la population à ces questions. Mais mon argumentaire ne l'a pas convaincu :

– *Bien sûr, Salomé, mais si les gens veulent se suicider collectivement, c'est leur responsabilité, c'est leur droit, suicidez-vous !*

Cet épisode m'a profondément marquée. Des auteurs du GIEC qui affirment que « c'est mort », sérieusement, on en est là ?

Quand le désespoir conduit à l'action

La chercheuse en sciences politiques Kari De Pryck a consacré un livre aux coulisses du GIEC[12]. Elle m'explique que les plus optimistes sont souvent « en caricaturant quelque peu, de vieux hommes blancs proches de la retraite, du nord du monde ». Mais cela est en train de changer, d'après elle :

> Il y a d'autres chercheurs, plus critiques, plus jeunes, qui haussent le ton et disent que les mesures actuelles sont dérisoires. Sur les plateaux de télévision, on voit un changement, les scientifiques se positionnent de plus en plus en tant que citoyens, ils expriment leur inquiétude. Au sein du GIEC, ils sont concentrés, déterminés à faire valider leurs travaux, mais parfois désemparés lors de moments plus informels. Certains m'ont confié qu'ils étaient à bout d'avoir autant travaillé et d'être confrontés à l'irrespect de certains gouvernements à propos de leur travail.

De son côté, le climatologue Christophe Cassou, coauteur du groupe I du GIEC, d'ordinaire pondéré et adepte des longs *threads* techniques, crie sa colère et son sentiment d'impuissance sur Twitter[13], en pleine canicule à l'été 2022 :

Est-ce que la révolte monte en moi ? Indéniablement ! Nous avons besoin de lucidité, d'honnêteté, de courage, d'éthique et de solidarité. En l'absence de ces valeurs, comment se positionner pour conjurer le sentiment d'impuissance personnelle et les dissonances ?

Interpellée, je lui passe un coup de fil pour en savoir plus : ce scientifique reconnu, calme, travailleur et habitué des médias reconnaît volontiers être parfois aspiré par le pessimisme :

J'ai l'impression qu'un monde que j'aimais est en train de disparaître. J'ai l'impression que c'est à travers certains événements extrêmes que mon moral est affecté. C'est très dur par exemple de voir la végétation souffrir.

Ce qui le met en colère ? Le fait que cette souffrance à la fois de la nature et de l'homme était prévisible mais que rien n'a été fait pour l'éviter :

On est sur les trajectoires qui étaient dans les rapports du GIEC il y a 15 ans. J'ai regardé les conclusions de celui de 2007, on suit exactement les trajectoires. Je ne suis pas surpris, je suis inquiet.

Son remède pour ne pas sombrer ? L'action. Il dit spontanément se reconnaître dans la dernière phrase du film *Don't Look Up* (oui, encore lui) prononcée par l'héroïne, une scientifique qui essaiera jusqu'au bout d'alerter la population sur le drame à venir : « *On aura essayé* » :

Moi je suis dans cette idée-là, je me regarde le matin dans le miroir et je me dis que j'aurai tout essayé.

Ça veut pas dire que je ne suis pas fatigué, ça ne veut pas dire que je ne me pose pas la question de l'espoir ou du désespoir, mais j'essaie, chaque jour.

Sur le plateau de Blast, Magali Reghezza, géographe et membre du Haut Conseil pour le climat, évoque également ce désespoir face à ma collègue Paloma Moritz, journaliste spécialiste de l'écologie. La voix grave, le ton contenu, elle fait part de son propre sentiment d'impuissance et s'interroge sur les raisons de cette inaudibilité :

Il y a un sentiment d'impuissance, et de pression. On se demande : qu'est-ce qu'on n'a pas fait ? Qu'est-ce qu'on n'a pas su faire ? Qu'est-ce qu'on n'a pas su dire ? Pourquoi est-ce qu'on ne nous entend pas ?

Autre épisode non moins effrayant s'il en fallait encore pour convaincre de la gravité de la situation : cet échange fou entre Julia Steinberger, principale rapporteuse du troisième volet du sixième rapport du GIEC, et un présentateur à la télévision suisse[14]. Après avoir évoqué la situation de danger extrême dans laquelle nous nous trouvons, elle déroule la liste de solutions que les gouvernements doivent urgemment mettre en place. Lorsqu'elle indique ne pas être certaine que la démarche aboutisse, le présentateur s'étonne : « Mais vous devez quand même vous montrer optimiste… ? » Sa réponse fait froid dans le dos :

Non pas du tout, moi je veux me montrer réaliste. Les possibilités existent, mais ça ne veut pas dire qu'elles vont être adoptées. Donc là, nous implorons tout le monde qui nous écoute de vraiment prendre ce message à cœur et de faire partie des personnes qui vont agir pour ce changement, autrement on n'y arrivera jamais !

On en est là : des scientifiques qui nous disent que c'est foutu et refusent de continuer à jouer le rôle des optimistes et d'autres qui en viennent à implorer la population en direct à la télévision. Sans même avoir lu le rapport du GIEC, une jeunesse qui ne serait pas inquiète en voyant cela serait inconsciente. D'ailleurs, c'est bien la jeunesse que Julia Steinberger remercie sur ce même plateau pour sa mobilisation[15] :

Nous avons Dieu merci les grévistes du climat et la jeunesse qui s'emparent de cette problématique.

Car si la plupart des jeunes ne s'impliquent pas forcément pour le climat, bon nombre de ceux qui se mobilisent sont des jeunes. En mars 2022, des milliers de jeunes manifestaient à travers la France avec l'organisation Youth For Climate[16]. Ils sont de plus en plus nombreux à s'illustrer à travers des actions choc. C'est le cas d'Alizée, 23 ans, membre du mouvement Dernière Rénovation, porté par des jeunes, qui s'est attachée au filet central du terrain de Roland-Garros en pleine demi-finale masculine, arborant sur son tee-shirt un slogan évocateur : « We have 1028 day left », ou encore de ces six militants qui ont littéralement provoqué un arrêt du Tour de France en s'asseyant en plein milieu de la route. Ce sont également des jeunes qui composent majoritairement les rangs du mouvement écologiste Extinction Rebellion, comme le rapporte *Le Monde*[17] dans un reportage sur le sujet.

Dans une interview au quotidien suisse *Le Temps*, Julia Steinberger[18] réitère son plein soutien aux jeunes mobilisés pour le climat. Non seulement elle ne trouve pas leurs méthodes problématiques, mais elle les encourage même à aller plus loin, à abandonner toute activité qui ne soit pas en lien avec la lutte contre le changement climatique :

> *Des jeunes se demandent ce qu'ils peuvent faire pendant ces courtes années décisives. À quoi bon se former et travailler, se lancer dans l'activisme ou la politique, alors que les réponses doivent être immédiates ? Nous en sommes là, et ils ont raison (…). Ces jeunes doivent s'engager entièrement dans la transformation de notre société, en ne se limitant pas à une fonction mais en touchant le plus de sphères possible.*

Et il faudrait que nous soyons « optimistes », que nous arrêtions de nous « prendre la tête pour rien » ? Mais enfin ?!

L'éco-anxiété, mal du siècle

L'ensemble de la population prend progressivement conscience de l'urgence climatique, et les plus âgés ne sont absolument pas imperméables à ce phénomène, se sentant eux aussi de plus en plus concernés. Les travaux de l'Ademe[19] montrent bien qu'une prise de conscience globale a lieu.

Mais en moyenne, les jeunes sont plus informés que les plus âgés sur le réchauffement climatique et ses conséquences. Dans son livre *Pour une politique de la jeunesse*, le sociologue Camille Peugny relève :

> *Lorsqu'on les interroge sur les phénomènes à l'origine de ce réchauffement climatique, les plus jeunes sont plus nombreux à mettre en cause les conséquences de l'activité humaine. Pour 63 % d'entre eux, elle est*

« l'unique ou la principale cause » contre 35 % des plus de 60 ans.

Conséquence logique, on découvre que les jeunes sont souvent atteints de ce qu'on appelle « éco-anxiété ». Dans la revue *Global Environmental Change*, un article publié par des chercheurs australiens et néo-zélandais et traduit par la Fondation Jean-Jaurès[20] donne une définition éclairante de cette anxiété si particulière liée à la crise environnementale :

> *L'« éco-anxiété » est un terme qui rend compte des expériences d'anxiété liées aux crises environnementales. Il englobe « l'anxiété liée au changement climatique » (anxiété spécifiquement liée au changement climatique anthropique), tout comme l'anxiété suscitée par une multiplicité de catastrophes environnementales, notamment l'élimination d'écosystèmes entiers et d'espèces végétales et animales, l'augmentation de l'incidence des catastrophes naturelles et des phénomènes météorologiques extrêmes, la pollution de masse mondiale, la déforestation, l'élévation du niveau de la mer et le réchauffement de la planète*[21].

En des termes moins scientifiques : les gens qui sont au courant de la catastrophe à l'œuvre flippent carrément. Et on les comprend.

L'éco-anxiété se distingue de la solastalgie, qui désigne le deuil de ce qui est déjà perdu. Vous habitez en Gironde et vous avez vu les forêts de votre enfance ravagées par les incendies ? Vous êtes empreints de la nostalgie du temps d'avant, de tristesse au souvenir des promenades dans les forêts de pins ? C'est de la solastalgie. Elle se rencontre chez ceux qui ont assisté, impuissants, à l'effondrement d'une partie de leur monde, comme les Inuits ou les insulaires qui ont dû quitter leur lieu de vie à cause des conséquences du réchauffement climatique, ou, dans une moindre mesure, chez ceux qui observent au quotidien le recul de la biodiversité et la destruction des paysages.

L'éco-anxiété, elle, est liée à ce qui peut arriver, une sorte de stress « pré-traumatique ».

En 2021, une étude de la revue *The Lancet Planetary Health*[22] a documenté la façon dont ces informations affectent la santé mentale des 16-25 ans à travers le monde. Les résultats de cette étude basée sur une enquête réalisée dans dix pays auprès de 10 000 jeunes de 16 à 25 ans sont sans appel : 84 % des répondants disent être inquiets face à ce phénomène, et cette détresse psychologique affecte le fonctionnement et la vie quotidienne de 45 % d'entre eux. Pour 74 % des jeunes Français interrogés, l'avenir est effrayant et, pour 77 % d'entre eux, on a échoué à prendre soin de la planète. Tu m'étonnes.

Si l'éco-anxiété n'est pas une pathologie (elle est plutôt une réaction saine et rationnelle face à un monde qui ne l'est pas), elle a des conséquences non négligeables sur la santé mentale des individus. Les psychiatres Antoine Pelissolo et Célie Massini énumèrent dans leur livre la liste des symptômes causés par l'éco-anxiété : « attaques de panique, angoisse, insomnies, pensées obsessionnelles, troubles alimentaires (anorexie, hyperphagie), émotions négatives (peur, tristesse, impuissance, désespoir, frustration, colère, paralysie)[23] ».

Autrement dit, lorsque l'on mentionne l'éco-anxiété, on ne parle pas d'une simple inquiétude. Quand j'évoque ces questions avec Valentine, 25 ans, visiblement très informée, sa voix se fait plus sourde. Dans son cas, l'éco-anxiété prend des proportions difficilement supportables :

> Ça me prend à un point terrible, ça va même jusqu'à avoir des idées très noires, vraiment des fois j'ai envie de me suicider quand je réalise à quel point tout ce qu'on fait pour l'écologie ne sert à rien. C'est vraiment dur moralement. Surtout quand on discute avec des climatosceptiques, c'est très dur.

Louise, 28 ans, est juriste à Arras dans le Pas-de-Calais. Elle estime souffrir d'éco-anxiété depuis cinq ans environ, et cela a, pour elle aussi, des conséquences physiques et psychiques envahissantes :

> Ça a démarré avec des reportages animaliers qui documentent les disparitions, ça me faisait pleurer. Et plus j'ai cherché d'information, plus j'ai pris conscience de la situation, plus ça m'a minée. Je me sens tellement seule… J'ai toutes ces angoisses en moi concernant le climat, la biodiversité et l'impression que personne ne me comprend. Je fais souvent des insomnies où je cogite en pensant à ça, j'ai l'estomac qui se noue, et ça finit parfois en crises de larmes. Je suis désemparée, je partage des informations dans le vide… C'est affreux comme j'ai peur.

En tant qu'éco-anxieuse (travailler sur ces questions n'est pas sans conséquences), je suis souvent choquée par la connotation souffreteuse que donnent à cet aveu de nombreuses personnes : pourtant, être anxieux dans ce contexte, c'est une preuve de lucidité ! Ne pas l'être, en revanche, relève du déni, de l'inconscience ou de l'ignorance engendrée par un manque d'information de qualité[24].

Dépasser le déni est nécessaire pour passer à l'action, et c'est d'ailleurs là le meilleur remède contre l'angoisse qui accompagne la prise de conscience. Aligner ses actes avec ses valeurs aide à réduire le sentiment de détresse et d'impuissance, et surtout procure de l'espoir en l'avenir. Léa, 23 ans, militante écologique en est certaine :

> L'éco-anxiété peut mener à une forme d'« éco-colère » qui nous aide à nous tourner vers l'action. À l'échelle individuelle, je n'ai pas d'impact, mais le fait d'appartenir à un groupe qui, lui, en a déjà plus, donne du sens à mon action individuelle. Quand tu commences à militer, cette colère peut être motrice.

Un sentiment partagé par Louise, qui a rejoint une association environnementale pour pallier son angoisse : « il n'y a que ça qui m'aide », affirme-t-elle.

Cette anxiété est à prendre au sérieux, puisqu'elle entraîne des conséquences très réelles sur la vie de nombreux individus. L'une de ces conséquences ne passe pas inaperçue tant elle bouscule l'histoire de l'humanité : celle d'avoir ou non un enfant.

Ne pas avoir d'enfants : un choix pour certains, une punition pour d'autres

Je me trouve moi-même dans ce cas : je ne veux pas d'enfant[25]. Non pas parce que je n'en ai pas envie. Mais parce qu'en tant que journaliste qui étudie et documente la crise écologique et ses conséquences (instabilité géopolitique, crises économiques, pénuries, migrations de masse, etc.), je ne veux pas prendre la responsabilité de mettre un enfant au monde sans être en mesure de pouvoir le protéger. C'est la peur qui parle. Et je ne suis pas la seule à adopter cette position. Les milieux sensibilisés à ces questions sont remplis de gens qui ne veulent pas d'enfant. Ce n'est pas une mode, ce n'est pas toujours un choix, c'est souvent une décision mue par le désespoir.

Une étude du chercheur Matthew Schneider-Mayerson et Leong Kit Ling réalisée aux États-Unis en 2020 montre que « pour ceux qui ne veulent pas d'enfants, l'écologie est toujours une raison parmi d'autres, et parmi ceux qui ont des raisons écologiques, c'est surtout la peur du monde futur, et le poids écologique de l'enfant (...) Ils se demandent s'ils veulent mettre une personne de plus au monde[26] ». L'enquête menée par *The Lancet Planetary Health* révèle que 39 % des 18-25 ans à travers le monde hésitent à avoir des enfants[27].

Si, pour certains, le choix de ne pas avoir d'enfant est un acte écologique militant en raison du poids carbone qu'un individu supplémentaire représenterait[28], la plupart des jeunes écologistes que j'ai rencontrés adoptent cette posture avant tout par peur de condamner leur enfant à vivre dans un monde surchauffé. Ils ont pourtant grandi comme tout le monde, biberonnés au « Ils vécurent heureux et eurent beaucoup d'enfants ». Le fait de fonder une famille nous est présenté depuis que nous sommes nés comme le summum du bonheur dans l'imaginaire collectif. Si la pensée féministe a permis de déconstruire cette idée pour un certain nombre, d'autres jeunes (femmes et hommes) s'en privent dans la douleur. Soyons clairs : beaucoup ne renoncent pas volontairement à des projections familiales dans un monde vivable pour le plaisir ! Une partie de notre génération est simplement terrorisée.

À 25 ans, Coraline en fait partie. Après une enfance passée à Bourgoin-Jallieu en Isère où ses parents lui inculquent le respect de la nature, elle passe un cap supplémentaire au lycée par le biais d'une amie en s'informant sur les maltraitances animales et devient alors végétarienne. Cette résolution constitue une porte d'entrée vers l'écologie : elle ne cessera plus de s'informer sur cette question, jusqu'à choisir de réaliser un master en « développement responsable » à Lyon. Progressivement, elle renonce à l'idée d'avoir des enfants :

> Me dire que je mets quelqu'un au monde dans cet enfer, c'est insupportable. Je crée un être humain et après je lui dis : « Allez, bon courage. » Non, ce n'est pas possible.

Quand on lui demande si elle ne va pas changer d'avis, elle est catégorique :

> Il suffit que j'allume une chaîne d'info pour me rappeler pourquoi je ne veux pas d'enfants. Ça ne va pas aller dans le bon sens. À la limite, si je ressens vraiment un désir fort un jour d'élever un enfant, j'adopterai pour aider quelqu'un qui est déjà là, pourquoi pas, mais en faire un, c'est hors de question, je m'en voudrais vraiment trop. L'inquiétude que ça générerait serait beaucoup trop puissante par rapport au bonheur que peut apporter l'enfantement. Notre génération, on sait que c'est foutu, qu'il n'y a plus d'espoir.

Hippolyte a 25 ans lui aussi. Réalisateur, très conscient des problématiques environnementales, il a décidé de se faire stériliser par vasectomie[29], à cause du changement climatique :

> Quand je vois l'été qu'on est en train de vivre, je sais que ce n'est que le début. Ma question, c'est plutôt : comment est-ce qu'on peut faire des enfants dans un monde voué à mourir ? Comment est-ce qu'on peut encore vouloir se reproduire dans de telles conditions ? Je coupe le truc maintenant pour ne pas céder à l'envie de faire des enfants plus tard. Là ça règle le sujet maintenant. Pour moi, faire des enfants, c'est égoïste pour eux, de leur donner naissance dans un monde qui va se dégrader à ce point.

Jérôme, ingénieur de 24 ans, estime lui aussi ne pas avoir le droit de mener la vie qu'ont menée les générations précédentes :

> Mener une vie normale, se marier, faire des enfants, acheter une maison, tout cela j'y ai renoncé, car je ne veux pas élever un enfant dans un monde qui s'effondre. Je n'arrive pas à me projeter dans le long terme dans la société actuelle.

Des témoignages comme ceux-là, j'aurais pu en dérouler sur des dizaines de pages. Il est compliqué de mesurer le phénomène car il n'existe pas d'études à ce jour le quantifiant[30], mais ce qui est certain, c'est que pour diverses raisons, depuis 2010, la natalité baisse en France[31]. En 2023, 678 000 bébés y sont nés, soit une baisse de 6,6 % par rapport au dernier bilan. Selon l'Insee, c'est le nombre de naissances le plus faible depuis la fin de la Seconde Guerre mondiale. De quoi susciter une panique générale dans les médias et du côté des responsables politiques. Lors de la parution de ces chiffres, Emmanuel Macron a d'ailleurs évoqué l'urgence d'engager un « réarmement démographique » en préparant un « grand plan contre l'infertilité ». De quoi relancer l'obsession pour la natalité, encourager les injonctions sociales à faire des enfants, mais surtout sans s'interroger sur les raisons réelles et profondes de cette baisse démographique manifeste.

En mai 2021, le haut-commissaire au plan avait publié un document portant sur cette décroissance démographique. Il y était déjà rappelé que le modèle social français faisait reposer la solidarité nationale sur l'ensemble de la population et qu'il était donc essentiel de continuer à faire des enfants. Si je peux me permettre une petite suggestion politique : continuer à détruire la planète sans prévoir aucune solution d'adaptation n'est pas la meilleure façon d'encourager les nouvelles générations à procréer.

La baisse de la natalité est aussi liée à la baisse du nombre de femmes en âge de procréer, et le non-désir d'enfant s'explique également par d'autres facteurs comme l'instabilité économique, la dégradation du marché de l'emploi, la réticence de certaines femmes à mettre un enfant au monde dans un pays où les inégalités de genre sont encore prégnantes, ou encore l'irruption d'une pandémie. Ceux qui refusent d'avoir des enfants ne le font donc pas toujours, ou pas uniquement, par conscience écologique. Mais ce choix pour raison écologique concerne suffisamment de monde pour qu'il fasse l'objet de très nombreux articles de presse. La première grande étude sur le sujet n'est parue qu'en 2023[32] et a été menée auprès de 10 000 personnes, principalement dans des pays occidentaux. Des chercheurs ont démontré la place grandissante que prenait le réchauffement climatique dans la décision des jeunes de ne pas faire d'enfants. Ceci incarne à mes yeux le stade ultime de l'éco-anxiété : un pessimisme tel face à la situation que l'on renonce à se reproduire. Quelque part, lorsqu'on renonce à faire des enfants à cause de la crise environnementale, on renonce à l'idée même que notre société dans son ensemble ait un futur possible.

Le poids du déni écologique

Si la crise écologique est le fondement de l'éco-anxiété, c'est surtout le constat de l'inertie des « adultes » qui plonge la jeunesse dans l'angoisse. Non seulement on ne nous aide pas, mais il y a aussi du monde quand il s'agit de nous mettre des bâtons dans les roues.

Dans son livre (pardon d'y revenir, mais c'est une mine !), Brice Couturier expose sa vision, très éloquente en soi, des militants écologistes, malheureusement encore bien trop répandue chez certains :

> *On fait honte à ceux qui prennent l'avion (…), manger de la viande est devenu immoral. Persister à se chauffer l'hiver autrement qu'aux heures intermittentes du solaire et des éoliennes sera bientôt considéré comme un « écocide »… Une panique morale d'apocalypse imminente et un désir de représailles se sont emparés de jeunes adultes qui paraissent avoir peur de leur ombre alors qu'ils bénéficient de conditions de vie optimales.*

Pour les conditions de vie optimales, on repassera, comme on l'a vu précédemment. Au final, sa méconnaissance de l'écologie le conduit à traiter les jeunes de poules mouillées, de peine-à-jouir maladifs :

> *Signe des temps : la collapsologie a fait son entrée dans les cours enseignés en fac, comme la sexologie avait été introduite dans les nôtres. Nous proclamions*

« jouir sans entraves ». Ils prônent la frugalité, les restrictions, l'austérité, la décroissance. Nous voulions découvrir le monde entier. Ils voudraient nous imposer « consommer local ». Pas de doute, la nouvelle génération ne nous ressemble pas. Elle nous tourne le dos. Pire, elle dilapide ce que nous aurions pu lui transmettre. C'est la génération des millennials.

Je comprends que la catastrophe climatique émaille la chaîne de transmission entre les générations. En effet, il est compliqué pour les plus âgés de nous transmettre certaines de leurs valeurs et passions dans ces conditions : mais notre prise de conscience écologique est subie ! Comme si cela nous faisait plaisir de devoir vivre sur cette planète dévastée ! Comme si nous, nous ne désirions pas la liberté sexuelle[33], n'avions pas de rêves, n'étions pas à la recherche de voyages et de consommation débridée sans nous poser la question des conséquences. Si nous renonçons à ces plaisirs, c'est qu'il n'y a pas d'autre choix. Si l'auteur dénonce un « despotisme écologiste », je l'accuse, moi, de despotisme réactionnaire qui a conduit à nous léguer une planète toute pourrie. Le niveau du désastre dans lequel nous nous trouvons n'est plus à prouver, les scientifiques sont unanimement d'accord sur la question. Et pourtant, le débat politique et médiatique, majoritairement organisé par les « plus âgés » donc[34], n'est pas au niveau.

Écologie : la faillite médiatique

L'ONG de journalistes « Reporters d'espoir » a mené une étude de fond sur le traitement médiatique de la crise climatique[35]. Si l'ONG estime que la proportion de sujets dédiés à la crise environnementale « augmente significativement » depuis quelques années, elle explique que c'est encore loin d'être suffisant :

La part des sujets qui évoquent le climat, sur le périmètre étudié, est de moins de 1 % en moyenne, avec des pointes à 2 % sur les chaînes d'info et à près de 5 % pour certains quotidiens nationaux.

De plus, elle déplore que ces sujets soient rarement explicites sur le lien avec la crise climatique.

Fin juillet 2022, je prends un verre avec Loup Espargilière, 31 ans, journaliste cofondateur de *Vert (le média qui annonce la couleur)* avec Juliette Quef, 28 ans – ce média entend traiter l'actualité en prenant en compte l'urgence écologique. Au moment où nous discutons, les feux de forêt font rage, non loin de là, en Gironde. Loup est révolté par le traitement médiatique de la crise écologique :

De manière générale, on ne parle pas assez d'écologie dans les médias. Et quand on en parle, on en parle mal, de manière catastrophiste.

À ses yeux, il est urgent de former tous les journalistes à cette question pour obtenir un traitement juste de la crise :

On doit arrêter de montrer des ours polaires comme allégorie du réchauffement climatique ou d'illustrer des sujets sur la canicule avec des gamins qui jouent dans l'eau.

Pour lui comme pour Juliette Quef, les journalistes ont une énorme responsabilité dans l'inaction :

Ça nous rend fous de voir certains traitements médiatiques d'événements climatiques, que des journalistes ne lient pas clairement au réchauffement. On sait que ce mauvais traitement, c'est quelque chose qui retarde l'action des citoyens.

Constater les effets du changement climatique, mais ne pas voir de réaction collective et ne pas savoir quoi faire individuellement. Selon lui, le rôle des médias est de faire preuve de vulgarisation et de pédagogie :

On a besoin d'une population qui sait ce qui se passe, et surtout, qui sait quelles sont les solutions à sa portée, pour ensuite se mettre en mouvement, quitte à mettre les dirigeants face à leurs responsabilités. Or aujourd'hui on a ceux qui sont dans le déni et ceux qui pensent que c'est foutu, c'est comme ça qu'on va dans le mur. Et c'est ça qui terrifie et prostre. C'est un cercle vicieux.

Si la couverture médiatique n'est pas au niveau, les responsables politiques le sont encore moins. À ce titre, le bilan du quinquennat d'Emmanuel Macron est édifiant.

L'inaction politique : une source d'angoisse supplémentaire

Le tonitruant « *Make our planet great again* » prononcé par Emmanuel Macron en 2017 à l'annonce de la sortie des États-Unis de l'accord de Paris aura fait long feu. Après avoir organisé une convention citoyenne pour le climat, avec 150 personnes tirées au sort, le parti au pouvoir, sous l'influence des lobbies, a détricoté l'ensemble des propositions des citoyens. Résultat, l'immense majorité des mesures n'est pas passée, et la loi « climat » promulguée en 2021 ne permet pas d'effectuer plus de 10 %[36] du chemin à parcourir d'ici à 2030 pour freiner le réchauffement planétaire. Les ONG du Réseau Action Climat ont dénoncé un « double échec écologique et démocratique ». La France est aussi le seul pays de l'Union européenne à n'avoir pas atteint ses objectifs en matière d'investissements dans les énergies renouvelables en 2020. Le Haut Conseil pour le climat, comité d'experts créé par Emmanuel Macron lui-même, n'a cessé d'alerter sur l'inaction climatique de la France, fondement sur lequel l'État a été condamné lors du mandat précédent par le tribunal administratif de Paris et par le Conseil d'État. Le gouvernement a également revu à la baisse ses ambitions pour la période 2019-2023, en abaissant l'objectif de réduction des émissions de CO_2 par an de 2,3 % à 1,5 %. On pourrait aussi évoquer les milliards d'euros d'argent public attribués à des industries polluantes sans contrepartie pendant son premier quinquennat, ou encore la défense d'un modèle productiviste et agro-industriel polluant. L'utilisation d'engrais azotés de synthèse a très peu diminué, et aucune mesure n'a été prise pour mettre fin à l'élevage intensif par exemple, sans même parler du rétropédalage sur la question du glyphosate. Qualifié de « cancérogène probable » pour l'homme par l'OMS, et considéré comme dangereux pour l'environnement par de nombreuses ONG[37], le produit était censé être interdit en France avant 2020 ; mais le gouvernement en a reporté l'interdiction, avant que cette proscription ne disparaisse définitivement du calendrier. Les ventes de pesticides chimiques ont d'ailleurs explosé cette année-là[38].

Quand j'évoque l'inaction politique face à l'urgence écologique, la voix du climatologue Christophe

Cassou se fait lasse, il m'explique que les premiers mois du nouveau quinquennat le « désespèrent » :

> *Ce qui m'insupporte, c'est la malhonnêteté, c'est ceux qui font croire qu'ils agissent, alors qu'ils font semblant. Il faut que tout le monde comprenne qu'on ne négocie pas avec le climat. On ne discute pas avec la géophysique. Les émissions de CO_2 ne sont pas un chiffre dans des fichiers Excel, on ne peut pas les changer, on ne peut pas jouer avec ! Ça se compte en canicules, en souffrance, en morts. La malhonnêteté de ces discours, c'est un déni de gravité, un déni de l'urgence.*

Cette inaction politique est parfois source de plus d'angoisse que la catastrophe climatique à l'œuvre. Ce qui est effrayant, c'est de constater que, malgré la gravité de la situation, rien de significatif n'est fait pour en limiter les causes et les effets.

Sarah, 26 ans, ouvrière agricole, envisage de reprendre la petite exploitation familiale en Ardèche. Consciente des enjeux écologiques, elle redoute les problèmes d'eau à venir dans cette région soumise à des sécheresses de plus en plus récurrentes. Face au défi que ce problème constitue, elle déplore l'inertie des politiques publiques pour soutenir la transformation et l'adaptation technique et culturale des exploitations agricoles. Elle affirme que cela la préoccupe plus que le réchauffement climatique en lui-même :

> C'est déroutant et déconcertant de voir que rien ne se passe au niveau des sphères politiques. Moi j'attends de l'exécutif qu'il se saisisse du problème, qu'il agisse, mais ce n'est pas le cas ; j'ai juste l'impression qu'il voit les problèmes arriver, ne fait rien, et que les catastrophes se succèdent sans que cela n'amène aucune réflexion structurelle.

Dans mon cas, j'hésite à reprendre l'exploitation, parce que le réchauffement climatique va, à terme, impliquer des réflexions sur les pratiques culturales et probablement des changements dans la pratique de mon métier.
Mais pour s'adapter, le secteur agricole a aussi besoin de politiques publiques fortes. Il est indispensable qu'il y ait des réflexions sur le type d'agriculture que l'on veut avoir dans notre pays, qu'il y ait des « plans agricoles » et que l'État ait une vision sur le long terme. Mais pour l'instant ce n'est pas le cas.
Cet été, par exemple, on aurait eu besoin qu'il y ait une meilleure organisation, à l'échelle nationale (tout en tenant compte des spécificités locales), de la gestion de l'eau. Faire passer des restrictions hydriques d'urgence en les faisant peser sur les paysans après les avoir pointés du doigt alors que l'on autorise les golfs à continuer à arroser leurs greens, c'est vraiment pas possible. Si ce n'est pas pensé, conçu, et organisé en amont, en anticipant les besoins et les pénuries, on court à la catastrophe. Et c'est frappant dans le domaine de l'agriculture. En tant que jeune consciente du problème, c'est pas tant le constat de la crise climatique qui m'atterre, c'est plutôt l'absence de gestion de crise qui me préoccupe.

L'inégalité générationnelle face au changement climatique

Ce déni climatique, au-delà de l'angoisse qu'il fait naître chez les populations les plus au fait de la question, est par ailleurs profondément inégalitaire dans ses répercussions, en défaveur des plus jeunes, une fois de plus. La paléoclimatologue et coprésidente du groupe n° 1 du GIEC, Valérie Masson-Delmotte, souligne l'inégalité générationnelle face à la crise en cours[39]. En pleine canicule en juin 2022, elle met en lumière une étude de la revue scientifique *Science*[40] :

> *En moyenne, dans le monde, une personne née en 1960 sera exposée à 4 (…) vagues de chaleur tout au long de sa vie. Par comparaison, l'exposition d'un enfant né en 2020 serait multipliée par 7 avec les politiques publiques climat actuelles, par 6 en cas de baisse forte d'émissions de gaz à effet de serre (+ 2 °C d'ici 2100) et par 4 en cas de très fortes baisses d'émissions de gaz à effet de serre (+1,5 °C).*

La scientifique est catégorique, les nouvelles générations seront bien plus exposées que leurs aînés :

> *L'article fournit des évaluations similaires pour l'exposition à d'autres événements extrêmes (feux de forêts, perte de récoltes, sécheresses, inondations fluviales, cyclones tropicaux). D'autres facteurs peuvent conduire à amplifier les effets d'un climat qui se réchauffe sur les enfants et leurs droits, en particulier les discontinuités d'accès à l'école (écoles non adaptées, classes fermées en cas de chaleur extrême, écoles en zones inondables).*

Ce sont les nouvelles générations qui subissent de plein fouet les conséquences de cette inaction. Nous allons devoir gérer cette situation, nous allons devoir vivre avec toutes ces catastrophes, et dans la mesure où nous sommes les premiers concernés, il me semble que nous sommes d'autant plus légitimes pour faire entendre notre voix. Il me semble que les décideurs d'aujourd'hui ne peuvent pas faire l'impasse sur cette réalité qu'ils se doivent de prendre en compte dans leur poursuite de l'intérêt général. En ce sens, la coprésidente du GIEC indique :

> *Ces perspectives intergénérationnelles soulignent notre responsabilité à agir maintenant en tenant compte des implications de nos choix, de l'équité et de la justice, pour les jeunes générations d'aujourd'hui.*

La psychologue Caroline Hickman, professeure à l'université de Bath (Royaume-Uni) et première autrice de l'étude sur l'éco-anxiété, enfonce encore le clou dans un article paru dans *Le Monde*[41] en septembre 2021, estimant que l'inaction politique face au changement climatique est une « blessure morale infligée aux jeunes » et finalement rien de moins qu'une « violation des droits humains » au regard de notre responsabilité collective envers les jeunes générations.

Cet éléphant au milieu de la pièce qu'est la bombe climatique constitue donc une raison objective à la démoralisation générale des jeunes. Or un événement récent a renforcé l'étau psychologique pesant sur la jeunesse, qui n'est pas sans lien avec la crise écologique malgré le traitement médiatique plus que critiquable qu'il a connu de ce point de vue : la pandémie mondiale de Covid-19. C'est à ce moment-là, d'ailleurs, que certains médias ont commencé à parler de « génération sacrifiée » en désignant les moins de 30 ans.

La pandémie, accélérateur de pessimisme

« C'est dur d'avoir 20 ans en 2020 », a admis Emmanuel Macron, le 14 octobre 2020 au cours d'un entretien accordé à France 2 et TF1, au cœur de la deuxième vague de Covid-19. Pourtant, force est de constater que la jeunesse n'a fait l'objet d'aucun traitement de faveur dans la gestion de cette crise. Et même pire : elle a bien souvent fourni un excellent bouc émissaire à tous les commentateurs de la crise.

La jeunesse au ban de la société covidée

Combien d'images de soirées étudiantes ou de bars bondés avons-nous vues à la télévision accompagnées des commentaires accablants des observateurs présents en plateau ! Le 27 juillet 2020, un journaliste sur CNews sermonnait ainsi le « relâchement » des jeunes dans le respect des gestes barrières[1]. Sur LCI, le 28 octobre 2020, le journaliste Jean-Michel Apathie s'insurgeait :

> *Pourquoi les jeunes posent-ils des problèmes ? Parce qu'on est d'une complaisance folle avec eux ! Le président a dit c'est dur d'avoir 20 ans, oui enfin le virus*

> *c'est dur aussi ! En 1914, c'était dur aussi d'avoir 20 ans ! Les jeunes peuvent être une source de désobéissance qui peut nuire à la société tout entière !*

Bref, les jeunes ont été clairement accusés d'être les « responsables » de la diffusion du virus par certains.

Pourtant, ces jeunes, pour l'immense majorité d'entre eux, se sont pliés à des règles drastiques destinées à protéger leurs aînés du virus. Rappelons qu'en janvier 2021[2], les victimes du Covid de 15-44 ans représentaient 0,5 %[3] du total des morts recensés depuis le début de l'épidémie, quand les plus de 65 ans en représentaient 93 %. En mars 2022, selon la Drees[4], les 15-44 ans représentaient 6 % des hospitalisations, contre 70 % pour les plus de 65 ans. Les jeunes ont donc été enfermés, privés d'études, de travail étudiant et de vie sociale, qui plus est à une période cruciale en termes de construction personnelle et professionnelle, principalement pour sauver les plus âgés. Si ces sacrifices étaient bien évidemment légitimes, cette solidarité notable a-t-elle été saluée ? Absolument pas ! On les a conspués, semaine après semaine, les rendant même parfois responsables des recrudescences du virus.

Je veux à ce titre prendre la peine de souligner ici l'empathie et la dignité dont ont fait preuve ces jeunes, car je ne suis vraiment pas certaine que l'on réalise collectivement le coût générationnel de cet épisode. Les sacrifices réalisés l'ont non seulement été dans une optique de santé publique dont les plus âgés ont directement bénéficié, mais ils l'ont aussi été par nécessité face à un hôpital public fragilisé du fait des réformes et des coupes budgétaires survenues durant les dernières années. À la lumière de cette réalité, que l'on n'ait pas médiatiquement et politiquement loué leur effort exceptionnel dépasse l'entendement.

Ce qui me donne l'occasion de démonter une bonne fois pour toutes ce procès en égoïsme[5] régulièrement intenté à la jeunesse. D'autant que les données empiriques des enquêtes Valeurs (European Values Study) conduites chaque décennie depuis 1981[6] montrent précisément le contraire : les jeunes n'ont pas perdu en altruisme. En 2018, date de la dernière vague de l'enquête, les différentes générations encore vivantes présentent des niveaux d'altruisme très similaires. Qu'on arrête donc avec cette idée selon laquelle les jeunes seraient plus égoïstes que leurs aînés !

Si les jeunes ont été les premiers contraints par les restrictions sanitaires et blâmés lorsqu'ils ne les respectaient pas, ils ont pourtant été les grands oubliés de cette crise.

Une rampe de précarisation pour les jeunes

Malgré ce contexte médiatique, beaucoup de jeunes devaient composer avec des conditions de vie de plus en plus précaires. L'économiste David Cayla m'explique :

> *Il existait un écosystème fondé sur le travail intérimaire et saisonnier qui permettait à certains jeunes de multiplier les missions et de bénéficier globalement d'une rémunération supérieure au SMIC grâce à la prime de précarité. Cette jeunesse-là a été frappée de plein fouet par la crise, car les contrats et les missions d'intérim s'arrêtèrent brutalement, et les jeunes ne pouvaient pas non plus bénéficier du chômage partiel mis en place pour les salariés embauchés sur des contrats longs.*

Et c'est tout le problème : dans la panoplie d'aides d'urgences proposées par le gouvernement à l'époque pour pallier l'inactivité économique, rien n'a été prévu pour les étudiants, et notamment ceux précarisés par l'arrêt subi du « petit boulot » alimentaire qui leur permettait de payer leur loyer. Rien non plus n'a été prévu pour la santé mentale de ces jeunes enfermés et seuls, souvent loin de leur famille. Rien pour ces lycéens de bac professionnel qui n'ont pas pu effectuer leur apprentissage. Rien pour tous les jeunes déjà insérés dans la vie professionnelle, en fin de stage ou d'apprentissage, et qui n'ont pu toucher ni chômage, ni RSA, ni trouver un emploi.

Selon une étude réalisée par Co'p1 Solidarités étudiantes, un étudiant sur deux ne mangeait pas à sa faim au dernier trimestre 2020. Et 79 % des jeunes bénéficiaires de l'aide alimentaire proposée par les associations n'y avaient jamais eu recours avant la pandémie[7]. La fondation Abbé-Pierre a eu beau alerter sur l'explosion de la précarité dans les rangs des jeunes, rien n'y a fait. Il a fallu que des images d'interminables files de jeunes en quête de nourriture gratuite commencent à envahir les écrans de télévision pour que le gouvernement daigne prendre en considération leur détresse.

Ce n'est qu'en novembre 2020, près de neuf mois après le premier confinement donc, que le gouvernement décide de prendre la situation en main et d'élargir un peu les aides dont ils bénéficient déjà. Des repas à 1 euro sont mis en place dans les restaurants étudiants (d'abord ouverts à tous, ils deviendront par la suite inaccessibles aux étudiants non boursiers). Il mettra également en place un chèque psy, qui ouvre le droit à trois séances gratuites, renouvelable une fois, c'est vous dire l'état de désespoir qui règne. Mais à cause du trop petit nombre de psychologues agréés et des longs délais d'attente, sur 2,8 millions d'étudiants en France, seulement 18 000 bénéficieront du dispositif en un an[8].

Parallèlement, une aide de 1 000 euros pour les jeunes actifs qui s'installent dans un nouveau logement est annoncée en grande pompe par le gouvernement, mais… un mois plus tard, elle n'est déjà plus disponible[9]. En effet le « nombre de dossiers enregistrés dans la plateforme dépasse la limite de l'enveloppe financière consacrée à cette subvention », peut-on lire sur le site dédié, Action Logement[10], bien que cette aide ait été présentée comme « stable » par la ministre. Alors que le gouvernement évaluait à 30 000 le nombre de jeunes dans le besoin, la demande explose : 50 000 dossiers sont déposés. Plutôt que d'augmenter le budget, le gouvernement choisit de supprimer l'aide en question. Circulez, y a rien à voir.

À noter qu'en juillet 2020, parmi les propositions politiques censées répondre aux besoins des jeunes en période de pandémie, le plan « 1 jeune 1 solution » est annoncé à grand renfort de communication – plan dont les défaillances ont déjà été détaillées plus tôt –, et dans l'ensemble un renforcement des aides publiques aux employeurs a permis une augmentation du nombre de contrats d'apprentissage. À ce titre, il serait injuste de dire que rien n'a été fait pour les jeunes, mais la plupart des mesures furent tardives, insuffisantes, voire inexistantes pour tout un pan de la jeunesse, et plus particulièrement les étudiants en fin d'études universitaires.

Génération Covid : des jeunes mal diplômés

La détresse ressentie par une partie de la jeunesse pendant la pandémie ne s'arrête pas aux seuls aspects purement économiques ou immédiats. Un autre grand sujet de préoccupation a été leur scolarité. Si les écoles n'ont été fermées « que » 9,7 semaines entre 2020 et 2021 – à la grande fierté de Jean-Michel Blanquer – afin de permettre aux parents de travailler, les universités sont quant à elles restées fermées de fin octobre 2020 jusqu'à février 2021 (et lorsqu'elles ont rouvert, leur jauge en présentiel est restée très limitée). Autrement dit, l'intérêt des jeunes générations n'a pas été la priorité dans la gestion de cette crise : la santé des plus vieux d'abord pour préserver un système hospitalier en déliquescence, l'économie ensuite (d'où la réouverture des écoles) ; mais pour la jeunesse et son avenir, rien.

Les concours et les divers examens de fin d'études ont régulièrement été décalés, modifiés, notamment pour les étudiants à l'isolement les jours en question, ce qui a généré beaucoup de stress, venant s'ajouter à celui déjà généré par leurs conditions de formation. Ainsi, les étudiants ont été beaucoup moins suivis que les autres générations, et ont été amenés à étudier dans des conditions très inégales. Pour certains, les partiels étaient bâclés. Ce qui est sûr, c'est que les étudiants diplômés pendant ces années-là n'ont pas obtenu leur diplôme dans des conditions normales. Même si c'est difficile à mesurer, on peut aisément imaginer que cela a pu affecter la valeur de leur diplôme, sans parler de leurs difficultés à trouver des stages. Si le nombre de stages avait augmenté de 4,4 % en 2018 et en 2019, il a brutalement chuté de 22 % en 2020[11]. Un recul qui touche particulièrement les moins de vingt ans, qui ont vu une diminution des stages de 39 % entre 2019 et 2020.

À l'époque, j'interviewe l'économiste Gilles Raveaud[12], qui alerte déjà sur les conséquences de la pandémie en termes d'insertion professionnelle :

> *Les centaines de milliers de jeunes diplômés cette année vont avoir une vie moins bonne que les autres, c'est certain. (…) Lorsque les entreprises vont se remettre à embaucher après la crise, elles vont prendre ceux qui vont être diplômés en mai 2021, ceux de 2020 c'est mort pour eux ! (…) Ce qui a été perdu là ne sera jamais rattrapé !*

L'économiste est catégorique lorsqu'il me confirme que les jeunes ont absolument toutes les raisons de désespérer ; ce qui se retrouve en partie dans les chiffres. Dans un rapport publié en avril 2022[13], l'Apec[14] montre que le taux d'emploi des jeunes diplômées bac +5 ne retrouve pas son niveau d'avant-crise. 69 % seulement des jeunes diplômés 2019 étaient en emploi 12 mois après l'obtention de leur diplôme, contre 85 % de la promotion 2018. Du jamais-vu depuis plus de dix ans. Le salaire médian des jeunes diplômés en emploi baisse même pour la deuxième année consécutive. Un jeune diplômé sur quatre occupe un emploi ne correspondant pas à ses attentes ou qualifications, soit un niveau supérieur à l'avant-crise. De nombreux diplômés sont forcés de renoncer à des carrières dans le domaine des lettres, langues et arts, puisque le taux de recrutement dans ce secteur reste de 20 points inférieur à celui de 2019. Si l'on en croit ce rapport, oui, les jeunes diplômés 2020 ont bien été, pour une part non négligeable d'entre eux, « sacrifiés ». Selon David Cayla, la jeunesse en fin d'études est même celle qui a le plus perdu pendant la crise, car « on sait que l'entrée sur le marché du travail est ce qui est le plus difficile une fois le diplôme en poche. Or commencer sa vie professionnelle par un an de chômage ou des livraisons à vélo lorsqu'on est titulaire d'un master est extrêmement pénalisant pour le reste de sa carrière ».

Noémie, 21 ans, s'est confinée chez ses parents dans le Morbihan, alors que son père (employé agricole) et sa mère (responsable de la mise en rayon dans un supermarché) exerçaient des métiers considérés comme « essentiels » et travaillaient donc tous les deux. Si elle s'estime chanceuse, car elle n'a pas eu à s'enfermer dans une chambre de bonne pendant cette période, son année d'Erasmus, tant attendue, a été annulée, et elle a dû rester chez ses parents après le premier confinement, faute de pouvoir se projeter au vu des circonstances. Elle se souvient avec amertume des déclarations présidentielles les mois qui ont suivi alors que les vagues se succédaient :

> Le pire c'est qu'on parlait pas de nous, on se faisait chier dessus à la télé parfois, alors qu'on a sacrifié une partie de notre vie. T'as un mec qui passe à la télé, censé être le président des Français, il parle de la situation des Français et il parle pas de toi, pas un mot pour les étudiants, pas de mesures pour les jeunes [...] ! Le nombre de fois où on a eu l'administration de la fac qui nous disait : « Ben on sait pas trop ce qu'il se passe, on va revenir vers vous », sur le présentiel par exemple, ça nous maintenait dans l'incertitude.

Elle doit composer sans l'accompagnement habituel des professeurs pendant cette période « post-confinement ». Non par négligence de leur part, tient-elle à préciser, mais parce qu'ils étaient eux aussi désemparés face aux manques de moyens, d'organisation, et de consignes claires. Dans ces conditions, la rédaction de son mémoire a été particulièrement stressante et laborieuse, si bien qu'à la fin de sa licence de sociologie, elle décide d'arrêter temporairement les études :

> J'étais fatiguée, épuisée, je n'arrivais plus à étudier, j'avais plus la force de me dire que j'allais me lancer dans un master.

Ces trajectoires scolaires bouleversées par le virus, je les ai retrouvées dans une grande partie des témoignages, et ce sentiment se vérifie à l'échelle nationale : parmi les 16-25 ans, 87 % estiment que leur cursus a été pénalisé par la pandémie[15].

La pandémie de la déprime

Si la situation économique, professionnelle et étudiante des jeunes a souvent été affectée, ce qui revient le plus lorsque je discute avec eux des conséquences que la pandémie a eues sur leurs vies, c'est la détresse psychologique dans laquelle ils ont été plongés.

Marius[16] a 23 ans au moment de l'annonce du premier confinement. Il vient d'apprendre qu'il a été en contact avec une personne positive au covid et n'ose donc pas rentrer chez ses parents en Normandie. Il reste dans son appartement étudiant, avec son copain de l'époque, sans penser une seconde que la période d'isolement sera aussi longue. Mais rapidement, la situation anxiogène, l'impossibilité de sortir et la promiscuité attaquent son moral, et bientôt son couple. Des tensions se font sentir, et sa santé mentale se dégrade petit à petit. Étudiant en école d'ingénieur, il décroche progressivement :

> J'avais un mal fou à me concentrer, on était toujours enfermés, je pouvais pas souffler, je suis petit à petit rentré dans une forme de dépression. Une partie des professeurs comprenait les problèmes auxquels nous étions confrontés en tant qu'étudiants, mais une autre partie nous a traités comme si nous étions en grandes vacances, que nous avions plus de temps et donc moins d'« excuses » pour ne pas travailler. J'ai expliqué à mon directeur que ça n'allait pas, il n'a pas été compréhensif du tout. Il faut dire que j'ai rendu des devoirs en retard, d'une qualité peu satisfaisante, et l'école m'a confronté au lieu de m'aider, on m'a dit qu'un ingénieur devait être ponctuel… Mais moi j'étais tellement miné par la période… J'aurais dû être plus résilient, mais je n'ai pas réussi.

En plus de la pression scolaire, une altercation avec la police finit d'attaquer son moral :

> Je suis sorti pour acheter à manger, mais je n'avais plus d'encre dans mon imprimante, donc j'ai mis du Blanco sur mon attestation pour mettre la bonne date. Au retour, j'avais les mains pleines de courses, la police m'a arrêté, le policier n'a rien voulu savoir, j'ai eu beau dire que j'habitais à quelques mètres, il m'a quand même verbalisé. Ça m'a déprimé.

Samir, 20 ans, vivait sa première année de DUT lors du premier confinement. Originaire d'un petit village du Sud-Ouest, fils d'un père ouvrier et d'une mère au foyer, il estime être « chanceux », car il perçoit diverses bourses pour étudier. Il a passé tous les confinements dans son appartement de neuf mètres carrés en région parisienne. Quand je l'interroge sur cette période, il me lâche tout d'abord que « c'était pas facile, mais ça allait ». Je lui demande des détails sur son état mental et il m'explique :

> Quand tu manges là où tu dors, tu finis par avoir l'impression de vivre dans une cage. J'étais démoralisé.

Et très vite, il précise qu'il n'est pas le plus à plaindre :

> Je me disais que j'étais pas seul, si d'autres peuvent le faire, alors moi je le peux. Quand je pense à ceux qui étaient à plusieurs dans des tout petits studios… Moi au moins, j'avais mon espace.

Côté finances, ça ne va pas fort non plus. À la rentrée 2020, certaines aides tardent à arriver, malgré l'aide de ses grands frères et grandes sœurs, il finit par se retrouver dans le besoin, et fait partie des étudiants qui feront la queue pour obtenir de l'aide alimentaire. À la fin de son année de DUT, il se réoriente, mais il estime que ça « n'est pas forcément lié à la pandémie, c'est juste moi ».

Quasiment tous les jeunes que j'ai interviewés m'ont confié avoir rencontré des difficultés psychologiques pendant ou suite à la pandémie. Pour une poignée d'entre eux, ces difficultés ont pu aller très loin.

Le témoignage de Jérémy, 27 ans, est une illustration de ce qui a pu survenir dans les cas les plus sérieux de dégradation psychologique. Quand le Covid surgit, il en est à sa cinquième année d'étude pour devenir instituteur, la dernière ligne droite. Il doit rédiger un mémoire, et travaille en même temps en formation, il gère une classe de primaire avec un binôme dans un village près de Valenciennes. Il m'explique :

> C'était dur, mais l'enseignement me passionnait, et mes collègues étaient super.

Seulement quand la pandémie débute, c'est une véritable descente aux enfers qui commence. Il est enfermé chez ses parents, et doit faire du télétravail, tout en écrivant son mémoire :

> Côté travail, ce qui m'a dérangé c'est l'absence de clarté, de cohérence. On avançait à l'aveuglette, je savais pas comment faire avec les enfants dans ces conditions. Heureusement, on s'est entraidés entre collègues, mais c'était un peu comme un film apocalyptique où t'as une bande de survivants ici et là qui se débrouillent dans leur coin.

Il ne peut pas non plus écrire son mémoire, puisque celui-ci est censé reposer sur « des données expérimentales » qu'il ne pouvait donc pas obtenir sur le terrain. Pas de mémoire, pas de master 2, et des conditions de travail catastrophiques : à toutes ces mauvaises nouvelles viennent s'ajouter des problèmes familiaux. Dans leur petite maison, l'ambiance familiale se détériore considérablement au point qu'il finit par « s'enfuir » de chez lui à la fin du premier confinement. Au moment où je réalise l'entretien, fin août 2022, Jérémy a coupé les ponts avec ses parents depuis deux ans.

En septembre 2020, il décide de vivre avec sa copine dans un petit appartement, et reprend son master 2 à zéro. Il est assigné dans un nouvel établissement pour une formation, loin de chez lui, et entreprend de rédiger à nouveau son mémoire. À la suite de ce qu'il considère comme un échec universitaire lié à la première vague, la deuxième vague lui fait l'effet d'un raz de marée :

> J'étais dans un climat de peur et de tension permanent. Je voulais bien faire, alors parfois j'enchaînais les nuits

> blanches, et après il fallait prendre la voiture et faire 80 kilomètres.

Un jour, alors qu'il est à l'école avec les élèves, une conseillère pédagogique débarque par surprise, le prend à part dans le bureau du directeur et là, c'est « un déluge de rabaissement » :

> Elle m'a dit que j'étais un « danger intellectuel pour mes élèves », ça m'a terriblement atteint.

Il a beau lui expliquer que ses conditions de vie sont difficiles à ce moment-là, rien n'y fait. C'est la goutte d'eau qui fait déborder le vase. En rentrant en classe, les larmes lui montent aux yeux, il se met à avoir du mal à respirer, la tête qui tourne, une montée de chaleur : « J'ai serré les dents et essayé de cacher ça aux élèves, heureusement il ne restait pas longtemps avant la fin de la classe. » À 16 h 30, il se précipite dans sa voiture, mais les symptômes ne passent pas, il n'arrive plus à respirer. C'est une véritable crise de panique qui s'empare de lui et il se voit contraint de s'arrêter sur le bas-côté de la route pour se calmer. Deux jours plus tard, il se rend chez le médecin qui diagnostique immédiatement un « burn-out ». Au début, il ne veut pas s'arrêter, mais le docteur prévient : « Si vous ne vous arrêtez pas, vous risquez de vous suicider, monsieur. » Alors il s'arrête, et se rend compte, en relâchant la pression, que ça ne va pas du tout. Tout ressort. Il réalise qu'il a peur d'un cahier de cours, qu'il n'ose plus s'approcher de son sac :

> Même voir un ordinateur, ça pouvait me faire faire une crise d'angoisse…

Il lui faudra un an d'arrêt maladie pour se remettre – une année pendant laquelle il est suivi de près par le corps médical, qui lui diagnostique un « stress post-traumatique » qu'il doit toujours gérer aujourd'hui. Il n'aura pas le courage de reprendre ses études et a aujourd'hui abandonné son rêve de devenir instituteur :

> Aujourd'hui, j'ai un bac + 4 qui ne me sert à rien. J'ai essayé, mais je ne trouve pas de travail avec ça. Alors je suis au chômage depuis un an.

Une détresse dont ont témoigné les professionnels de santé à plusieurs reprises dans les médias. Le psychiatre Christophe André expliquait par exemple sur le plateau de *Quotidien* en janvier 2021 :

> *Le nombre de jeunes patients âgés de 20 à 30 ans, qui ont des symptômes anxieux et dépressifs, a doublé depuis le début du confinement. C'est facile à comprendre : les jeunes sont privés de tout ce qui leur permet de se développer*[17].

Il faut dire que tout s'est arrêté d'un coup, à un âge où tout est censé commencer. Première année d'études, premier stage, premier travail, première année à l'étranger, premières relations amoureuses sérieuses, et bien sûr tous les à-côtés de la vie étudiante : soirées, sport, théâtre, conférences, cinéma, festivals, concerts, voyages. Sans interactions sociales directes, tout est soudainement devenu virtuel. Tout ce qui apporte du plaisir, tout ce qui participe à la construction personnelle, sociale, professionnelle : terminé. Et pas question de broncher, sous peine de se voir intenter un procès en individualisme !

Rapidement, les témoignages individuels se sont vérifiés à l'échelle nationale : la Défenseure des droits,

Claire Hédon, souligne dans le rapport annuel sur les droits de l'enfant, publié le 16 novembre 2021[18], la gravité de l'état psychologique des jeunes. Elle met en avant l'augmentation des troubles dépressifs et déplore une insuffisante prise en charge psychiatrique. Autre statistique troublante : les chiffres des tentatives de suicide des adolescentes (les jeunes femmes sont sur-représentées) en très grande hausse post-confinement : ils augmentent de 22 % par rapport à la moyenne des trois années précédentes[19].

Dans un reportage publié fin mars 2021, *L'Express*[20] évoque un « tsunami » sur la psychiatrie. Dans un centre hospitalier de Seine-Maritime :

> *Les mineurs atteints de troubles psychosociaux ou psychiatriques ont « littéralement envahi notre unité de pédiatrie », rapporte ainsi le Pr Priscille Gerardin, cheffe du pôle Psychiatrie Enfants et Adolescents de la structure. (…) Du « jamais-vu », selon la soignante, qui décrit un service de pédiatrie « complètement débordé », où les médecins « se plient en quatre » pour tenter de placer les jeunes « où ils le peuvent ».*

Car si la pandémie a été difficile à vivre pour les étudiants ou les jeunes actifs, elle a aussi frappé les plus jeunes, ceux qui étaient au lycée à l'époque. C'est le cas de Charlotte, 18 ans, qui entre aujourd'hui en études de physique/chimie en Poitou-Charentes :

> En fait, j'ai fait tout mon lycée avec la pandémie. Ça a commencé quand j'étais en seconde et ça ne s'est jamais terminé. Ça m'a énormément stressée, je me suis sentie très seule, je l'ai assez mal vécu.

Elle me confie son sentiment de culpabilité, car entourée de ses parents, tous les deux musiciens, elle est soutenue et pense ne « pas être la plus à plaindre ». Pourtant, ses angoisses sont présentes, et elle confie que ça la fait se sentir « très nulle » :

> J'ai eu l'impression que mon anxiété était abusive, j'ai jamais autant pleuré que pendant la pandémie. Des fois je me rendais malade à cause du stress, et tout ça alors que j'étais bien entourée.

Dans mes entretiens, de nombreux jeunes précisent qu'ils estiment avoir été privilégiés pendant les confinements : ils ont bénéficié d'une maison avec piscine ou d'un environnement familial agréable. Mais même chez ceux-là, l'isolement et le manque de perspectives ont entraîné une dégradation préoccupante de leur santé psychologique. Beaucoup ont la sensation que de précieuses années de vie leur ont été volées.

Quand je leur demande ce qui les a le plus frustrés, c'est l'anniversaire qui revient le plus : la grande fête des 18 ans, des 20 ans, ou des 25 ans, qu'ils ont parfois passée seuls, enfermés dans une chambre, devient alors le symbole de ces années confisquées. Autre grand regret : les années à l'étranger annulées. Ils sont en temps normal plus de 160 000 à s'expatrier chaque année. 160 000 qui, en 2020 et pour beaucoup en 2021 également, ont été assignés à résidence. Pour avoir moi-même effectué un Erasmus à Madrid, je mesure à quel point cette expérience est fondatrice et constructive sur tous les plans, tant personnel que professionnel. Cette année-là m'a ouvert les portes du journalisme et permis la rencontre de certains de mes amis les plus précieux, sans compter la maîtrise d'une langue étrangère qui me sert encore aujourd'hui – en plus de m'avoir offert les meilleurs souvenirs de mon cursus universitaire.

Ainsi, c'est avec amertume que beaucoup évoquent ces départs en Erasmus avortés, ces projets balayés, ces couples brisés par la distance, ces concours loupés à cause d'un Covid déclaré le jour de l'examen : ils ont l'impression, en somme, d'avoir raté le meilleur. Un meilleur qui ne se rattrape pas.

Noémie, 21 ans, qui a passé le confinement en Bretagne, m'avoue avoir développé des troubles alimentaires – elle compensait son anxiété par la nourriture – et un trouble du comportement pendant le confinement :

> Ça va paraître bête, mais à force d'être dans ma chambre et de voir personne, j'étais tout le temps confrontée à mon miroir, et j'ai commencé à faire une fixette sur mon acné. À checker tout le temps ma peau, beaucoup de fois par jour, et c'est resté.

Si elle est allée voir une thérapeute pendant la pandémie, elle n'a pas retrouvé son insouciance d'avant cette période :

> J'ai de l'anxiété, depuis le Covid, j'ai l'impression que tout va mal. J'ai l'impression que tout va mal depuis 2 ans, qu'on peut plus respirer.

Et les troubles de la santé mentale chez les jeunes, s'ils ont explosé avec l'irruption de la pandémie, ne se sont pas résorbés par la suite. Une étude de Santé Publique France parue en 2023 montre qu'un jeune sur cinq souffre désormais de troubles dépressifs, soit deux fois plus qu'en 2017[21] ! Une détresse qui se ressent également dans les chiffres de l'application Doctolib : le volume de consultations avec un psychiatre prises sur la plateforme par les 18-24 ans a augmenté de plus de 50 % entre 2019 et 2022, tandis que les rendez-vous chez le psychologue ont bondi de plus de 60 %[22] ! Autrement dit, même lorsque les contraintes liées à la pandémie se sont atténuées, les troubles ont persisté, à croire que le monde d'après n'est décidément pas meilleur que le monde d'avant.

L'espoir déçu du monde d'après

Avant de clore ce chapitre sur la pandémie, il est inévitable d'aborder la question de l'anxiété des jeunes due à la non-réaction de nos gouvernants face à la crise écologique - question déjà traitée il y a quelques pages mais particulièrement prégnante dans l'épisode pandémique. Ce dernier a illustré les impacts majeurs que peut avoir la déforestation, qui favorise l'émergence de nouveaux organismes pathogènes dans les sociétés humaines. Non contents de vivre une pandémie qui a brisé la vie de certains d'entre nous, nous devons par-dessus le marché vivre avec cette information : « ce n'est qu'un début ». Et rien n'est amorcé à ce jour pour éviter que cela ne se reproduise.

Le groupe d'experts des Nations unies sur la biodiversité a conclu dans un rapport[23] publié en 2020 que le Covid-19 ne serait probablement que le commencement d'une longue série d'épidémies. Si l'humanité ne réduit pas son empreinte sur l'environnement, les crises sanitaires risquent d'être de plus en plus fréquentes et virulentes. « Si on continue de détruire les écosystèmes, nous allons entrer dans "une ère d'épidémie de pandémies"[24] », explique la journaliste Marie-Monique Robin qui a enquêté sur le sujet. Quelle perspective réjouissante, alors qu'aucun gouvernement ne semble décidé à s'engager fermement dans la préservation de l'environnement. Encore une fois, la pandémie a été éreintante, mais c'est la prise de conscience qu'elle a engendrée qui a le plus de conséquences, car elle nous a fait entrevoir la fragilité de nos sociétés : nous savons désormais que celles-ci sont mortelles[25], et que tout peut s'arrêter du jour au lendemain.

C'est ce dont témoigne Coraline, étudiante de 25 ans, pour qui la pandémie a profondément entamé sa confiance en l'avenir : « *Le fait que les choses aient pu s'arrêter aussi longtemps m'a montré que le système dans lequel nous vivons avait ses limites, une pandémie a arrêté un système qui paraissait hyper puissant, indétrônable.* »

De mon côté, j'ai vécu le confinement seule, à 25 ans, dans mon appartement parisien de 21 mètres carrés. Je n'irai pas jusqu'à dire que je l'ai bien vécu, mais en tant que journaliste déjà intéressée par les questions économiques et écologiques, je n'ai pas vraiment eu l'impression d'être prise de court. J'étais même surprise qu'un événement de cette ampleur ne soit pas arrivé plus tôt. Ce qui m'a fait tenir pendant cette période ? Ce texte plein d'espoir :

> *Il nous faudra demain tirer les leçons du moment que nous traversons, interroger le modèle de développement dans lequel s'est engagé notre monde depuis des décennies et qui dévoile ses failles au grand jour, interroger les faiblesses de nos démocraties. Ce que révèle d'ores et déjà cette pandémie, c'est que la santé gratuite sans condition de revenu, de parcours ou de profession, notre État-providence ne sont pas des coûts ou des charges mais des biens précieux, des atouts indispensables quand le destin frappe. Ce que révèle cette pandémie, c'est qu'il est des biens et des services qui doivent être placés en dehors des lois du marché. Déléguer notre alimentation, notre protection, notre capacité à soigner*

notre cadre de vie à d'autres est une folie. (...) Les prochaines semaines et les prochains mois nécessiteront des décisions de rupture en ce sens.

Ces mots sont ceux d'Emmanuel Macron le 12 mars 2020, lors d'une de ses allocutions les plus regardées du quinquennat. Il donnait l'impression d'une soudaine prise de conscience des limites de notre système, parlait de choses essentielles, d'alimentation, de santé pour tous, de système social, et évoquait des valeurs comme la solidarité qui m'étaient chères. Je ne sais pas pourquoi, mais à ce moment-là, je me suis accrochée à ses mots. J'avais pourtant passé les trois dernières années à documenter sa politique. Mais sur le coup, j'y ai cru. J'ai sincèrement pensé que nous avions atteint ce point de sursaut collectif face à la folie de notre système, que nous allions collectivement nous diriger vers « le monde d'après », ou au moins essayer. Juste essayer, déjà, ça aurait été formidable.

Quelle naïveté.

Quelques mois plus tard, un budget de 4 milliards[26] d'euros était alloué au sauvetage d'Air France, sans aucune contrepartie sociale ou environnementale. Dans la foulée, 8 milliards[27] étaient distribués à l'industrie automobile – quand seulement 19 milliards sont alloués, sur dix ans, au système de santé public au bord de l'effondrement... Puis, en cascade : détricotage de la loi climat, réforme du chômage, répression des actions écologiques[28], loi sur la sécurité globale...

Pas vraiment le monde d'après que j'avais imaginé.

Constater qu'une catastrophe aussi grave n'avait pas réussi à enrayer la machine, que le monde d'après était à l'image du monde d'avant, en pire, a failli me faire sombrer. Pas en tant que journaliste, mais en tant que jeune citoyenne. Or, si tous les jeunes ne sont pas forcément des fins connaisseurs des politiques publiques, il ne leur aura pas échappé que nous n'avons pas assisté à une remise en question de notre modèle, en dépit de la pandémie, des incendies, des canicules de l'été 2022 et des urgences qui craquent. Avec la promesse de futurs épisodes similaires et la certitude de notre incapacité collective à agir pour que ces derniers soient évités, il n'y a franchement pas urgence à se réjouir d'être au monde, il me semble.

La culture des jeunes, miroir de l'impasse sociétale

Cette odyssée socio-économico-politique pour comprendre les raisons du pessimisme des jeunes ne serait pas complète sans évoquer la production culturelle à destination des jeunes. La culture joue un rôle non négligeable dans la construction de nos imaginaires collectifs, et notamment celui de la jeunesse. Or une partie de cette culture prend depuis quelque temps une teinte bien sombre, qui pourrait renforcer le pessimisme observé chez cette génération. Dans les films, les séries et… les livres. Avant d'expliquer pourquoi cela peut avoir un impact sur ma génération, je me dois donc de rappeler à certaines mauvaises langues que oui, les jeunes lisent, et de manière générale, ils se cultivent même beaucoup.

Les jeunes, grands consommateurs de culture

C'est l'un des grands poncifs, les jeunes seraient moins éduqués qu'avant, notamment parce qu'ils ne liraient plus. Triste constat que font régulièrement certains articles de journaux *Le Figaro* en juin 2022[1] : « Le véritable drame, c'est que les jeunes ne lisent plus ».

Pourtant, dans une enquête publiée dans *Le Monde*[2] en mai 2022, on apprend que, si les adolescents et les jeunes adultes passent de plus en plus de temps sur les écrans, ils ne délaissent pas pour autant la lecture ; les réseaux sociaux sont même prescripteurs de livres ! On trouve des espaces dédiés au partage d'expériences de lecture et aux recommandations sur bon nombre de plateformes, comme « BookTok » sur TikTok par exemple. Le Centre national du livre a publié une étude en mars 2022 montrant par exemple que les 20-25 ans passent trois heures et deux minutes par semaine à lire des livres et que 84 % d'entre eux disent aimer ou adorer lire. Un chiffre en hausse par rapport à 2016. Dans son livre *Politiquement jeune*[3], la sociologue Anne Muxel cite l'enquête Generation What ?[4] selon laquelle 81 % des jeunes affirment ne pas pouvoir être heureux sans livres. Alors, non, les jeunes ne délaissent pas la lecture. Certes, ils lisent sans doute moins de classiques, mais consacrent encore beaucoup de temps à la lecture de romans, d'essais, de science-fiction, de BD ou de mangas par exemple.

En outre, si on limite la « lecture » au livre papier, on prend le risque de passer à côté d'un bon nombre de nouveaux supports. Les statistiques ne prennent pas en compte l'écoute de livres audio pourtant en forte hausse (une augmentation du nombre de ventes d'environ 27 % par an !)[5], ni le fait que la pratique des réseaux sociaux implique aussi beaucoup de lecture et d'écriture (notamment dans les échanges privés qui, contre toute attente, se révèlent aussi des espaces de débats parfois construits et argumentés). Les *digital natives*, selon l'expression de Marc Prensky, sont nés avec les nouvelles technologies et savent parfaitement tirer du web une offre culturelle sur mesure qui réponde à leurs centres d'intérêt et leur curiosité. Bref, ceux qui se lamentent bruyamment face à ces « jeunes qui ne lisent plus » semblent plutôt avoir du mal à digérer que les jeunes ne lisent pas la même chose qu'eux, et qu'ils aient l'audace d'utiliser la multitude de supports dont ils disposent.

Une étude de l'Institut national de la jeunesse et de l'éducation populaire menée en 2019[6] conclut même que les jeunes se comportent en véritables « omnivores » culturels. Le rapport l'affirme : les 18-30 ans constituent de loin la classe d'âge la plus active et créative, et elle est loin d'être uniquement tournée vers le numérique. Les jeunes ont une appétence pour le cinéma, le théâtre, la danse, la musique, l'écriture, la peinture, les jeux vidéo et la lecture : et le principal obstacle à leurs pratiques culturelles reste le budget (compliqué d'aller au théâtre ou au cinéma régulièrement alors que les tarifs sont rédhibitoires, même lorsque l'on est salarié).

La jeunesse n'est donc pas cette consommatrice passive de contenus numériques qui nous est resservie à longueur d'articles criant à l'effondrement culturel. Au contraire, elle se nourrit et produit elle-même énormément de culture, qu'elle soit numérique ou non ! On l'oublie bien vite, mais les jeunes figurent parmi les populations les plus adeptes des pratiques artistiques amateurs : la généralisation des tutos et la facilité de partage des contenus ont fait exploser ces pratiques individuelles amateurs – musique en tête. Le baromètre DJEPVA 2019 sur la jeunesse fournit des chiffres astronomiques sur les pratiques culturelles actives : « 91 % des jeunes ont ainsi des activités créatrices amateurs impliquant une posture active et souvent des interactions sociales. La réalisation de travaux manuels ou de décoration (65 % des jeunes), la photographie photo et la vidéo (60 %) passionnent. La danse (48 %) et le chant (48 %) concernent un jeune sur deux. 18 % des jeunes cumulent même au moins sept pratiques amateurs artistiques différentes[7]. »

Voilà qui devrait calmer les angoisses de ceux qui déplorent une asphyxie culturelle de la jeunesse et prédisent une extinction de la culture à plus ou moins court terme…

Maintenant que les choses sont posées de ce côté-là, j'ai voulu creuser la question du contenu des productions culturelles à destination des jeunes, car il me semble qu'il reflète – voire explique ou nourrit – le désespoir des jeunes générations en panne de projection dans un avenir désirable.

La floraison des dystopies inquiétantes

La dystopie est à l'opposé de l'utopie : là où l'utopie propose une vision idyllique de l'avenir en imaginant une société parfaite où les humains sont égaux et heureux, la dystopie est marquée par un pessimisme forcené entendant prévenir les dérives politiques ou écologiques du système actuel. Pendant plus de cinquante ans, la référence reine en matière de dystopie a été le roman *1984* de George Orwell, paru en 1949, qui décrit une société totalitaire après une guerre nucléaire dans un futur relativement proche. Mais depuis les années 2000, les nouveaux récits dystopiques fleurissent, rencontrant un succès exceptionnel auprès des adolescents, quel que soit leur format – roman, manga, film, série, jeu vidéo.

La trilogie de science-fiction adolescente *Divergente* (2014, 2015 et 2016) adaptée d'une saga à succès dont le premier tome est paru en 2011 se déroule par exemple dans un monde post-apocalyptique où les humains sont assignés à des catégories ; ceux qui n'entrent pas dans ces groupes, les « divergents », sont éliminés.

Le Labyrinthe (2014) fonctionne sur les mêmes ressorts : dans un monde dévasté par un virus mortel, un groupe de jeunes est enfermé dans un labyrinthe géant regorgeant de monstres et ne cessant d'évoluer pour empêcher les adolescents d'en sortir. Le film fait plus de 3 millions d'entrées en salles à sa sortie en France.

Mais le nec plus ultra des dystopies adolescentes reste la trilogie *Hunger Games*[8] (2012) – aujourd'hui encore l'un des plus gros succès au box-office de l'histoire d'Hollywood et le film le plus rentable de l'histoire de la production Lionsgate. Les films mettent en scène des adolescents devant s'entre-tuer pour survivre dans le cadre d'un « jeu télévisé » créé par le gouvernement à la suite d'une insurrection pour contrôler le peuple par la peur tout en le divertissant : une allégorie de la société du spectacle guidée par le capitalisme dans laquelle nous vivons. Plus récemment, on peut signaler *Squid Game* (2021), qui, s'il n'est pas spécifiquement destiné à la jeunesse, parle bien de jeux d'enfants pervertis en jeux meurtriers : 209 millions d'abonnés Netflix ont ainsi regardé la série devenue le plus gros succès de l'histoire de la plateforme[9]. On y retrouve les mêmes ingrédients que dans *Hunger Games*, mais en plus cruel et plus violent. Les épisodes mettent en scène un système ultralibéral où des très riches jouent avec les vies des très pauvres pour se divertir, ce que ces derniers acceptent dans l'espoir de sortir de la misère. Le réalisateur, Hwang Dong-hyeok, revendique cette métaphore capitalistique, puisqu'il explique s'être inspiré des conséquences réelles de la crise de 2008 sur les Coréens pour écrire ce scénario : « *Squid Game,* c'est le monde dans lequel nous vivons », a-t-il déclaré dans une interview pour le *Guardian*[10].

Louis Morelle, doctorant, enseignant en philosophie et traducteur du philosophe Mark Fisher, estime qu'il

« y a une sorte de jouissance dans ces récits de l'apocalypse. Ils sont passés par la destruction générale du paysage urbanisé dans les films catastrophe des années 1990, puis du monde social dans les films de zombies des années 2000, avant de prendre un tour plus politique à la suite de la crise de 2008. On se repasse ces récits pour les intégrer puis les oublier, c'est une sorte de thérapie collective au niveau de la culture ».

Dans la même veine, les épisodes de *Black Mirror* (série débutée en 2011) sont là aussi éloquents – le visionnage de certains épisodes m'a donné des sueurs froides, je dois l'avouer. Cette série traite de sujets sensibles pour les jeunes (réseaux sociaux, jeux vidéo ou pornographie), avec l'objectif de mettre en évidence les effets pervers du numérique et de la société du divertissement. Et il faut bien reconnaître que la réalité rejoint un peu trop la fiction de certains épisodes. À peine terminé celui où les humains se voient tous dotés d'une « note sociale » grâce à laquelle ils sont hiérarchisés[11], j'apprends la mise en place par le gouvernement chinois du système de crédit social visant à évaluer la réputation des citoyens dans certaines régions du pays. Un cauchemar éveillé. De même, l'épisode « Metalhead » nous invitait à suivre un redoutable chien robot programmé pour tuer les humains. Quelques années plus tard était commercialisé le chien robot Spot par Boston Dynamic, très ressemblant à celui de la série (ce robot a depuis été utilisé pour faire respecter la distanciation sociale à Singapour). Sans même parler de cet épisode où, dans le cadre de l'effondrement de la biodiversité, des entreprises fabriquent des abeilles robots pour se porter en renfort des vraies abeilles, sauf que celles-ci sont rapidement détournées de leur mission pour être programmées à tuer des milliers d'humains. Charmant. Quelques années plus tard, dans la vraie vie, les « robots pollinisateurs » sont inventés par la société Walmart aux États-Unis. Cette série est devenue une référence absolue pour une bonne partie de la jeunesse, au point d'être entrée dans le langage courant : « C'est *black mirror* » is the new « *Big brother is watching you* ».

Le contexte de grande incertitude économique et politique explique en partie le succès florissant de ces récits dystopiques inquiétants, car ils se rapprochent d'un futur « plausible » aux yeux des spectateurs.

La force de frappe pessimiste de l'industrie culturelle

Si le genre dystopique n'est pas nouveau, ce qui est nouveau en revanche, c'est qu'il soit conçu pour les adolescents, et bénéficie d'une force de diffusion au point que les imaginaires en sont complètement imprégnés. *Hunger Games* a déjà dix ans, et l'héroïne combattante a été l'idole de nombreuses jeunes femmes de ma génération.

Les jeunes de 18 à 29 ans avec qui j'ai échangé sont pour beaucoup d'entre eux fans de ces livres, séries ou films dystopiques. Rachel, 20 ans, ouvrière dans le bâtiment, n'est pas vraiment une férue de livres, mais « avec *Hunger Games*, ça a été différent » :

> J'ai tout lu à 15 ans, ça m'a tellement happée, et après j'ai vu les films, j'ai adoré. Quand je lis ça, je me dis que ce serait bien que ça se passe dans la vraie vie, qu'on renverse tout. Là on est plus proches du début du livre, où on doit se battre pour survivre. J'aime aussi beaucoup *Black Mirror*, j'ai tout regardé, mais c'est plus dur, là c'est vraiment noir, ça fait trop flipper. Je le regarde pour me dire que si ça arrive je

> serai préparée, et en même temps, ça me « rassure » de voir qu'un monde plus sombre que le nôtre existe, et que je vis pas encore dedans, ça fait relativiser.

Cette idée d'un monde très « noir » auquel il faudrait se préparer revient régulièrement dans les témoignages. Même s'ils ne sont pas forcément engagés ou particulièrement conscients des enjeux politiques et écologiques, ils sont nombreux à me dire qu'au moins, ils « sauront » à quoi s'attendre avec ces contenus.

Dans ces dystopies à destination des adolescents qui ont connu leur essor dans les années 2010, on retrouve systématiquement un univers sinistre et des héros ne rentrant pas dans le moule, qui proposent de tout renverser. Louis Morelle estime que les modes littéraires et filmiques portés par la jeunesse ont changé en très peu de temps :

> *Ma génération a rêvé de vivre dans une école parfaite et magique* [en référence à *Harry Potter* – N.d.a], *la suivante rêve d'en sortir pour secouer un peu les choses.*

Et l'ensemble de l'industrie culturelle n'est pas épargné par ce virage pessimiste, semble-t-il : films d'animation, mangas, jeux vidéo… Les produits culturels à destination de la jeunesse jettent un regard tout aussi sombre sur le monde et l'avenir.

Le Japon, de par son histoire, a été précurseur dans le domaine : l'imaginaire collectif japonais est marqué au fer rouge par le souvenir des bombes atomiques, ayant engendré un certain nombre de récits très noirs, y compris à destination des plus jeunes. Très critiques à l'encontre du capitalisme et ouvertement écolos (*Nausicaa*, *Princesse Mononoké*), les films de Miyazaki constituent une alternative bien plus profonde aux bons vieux Walt Disney qui ont bercé d'illusions les enfants occidentaux dans la seconde moitié du XXe siècle. De même, la plupart des mangas ont envahi les étagères des ados français dans les vingt dernières années, avec une nette accélération depuis dix ans, proposant des univers rudes comme celui d'Akira ou d'*Evangelion*. Ces œuvres nées dans les années 1980 et 1990 n'ont ainsi rencontré le public occidental que récemment.

Les jeux vidéo ne sont pas en reste non plus : bon nombre d'entre eux s'ancrent dans un univers dramatique, souvent post-apocalyptique. La série *Fallout*, sortie en 1997 et dont le dernier jeu date de 2018, constitue l'exemple le plus emblématique de cette tendance : dans un futur relativement proche (XXIIe et XXIIIe siècles), une guerre nucléaire a anéanti la quasi-totalité de l'humanité ; seul un petit groupe survit au sein d'un abri antiatomique, dans une atmosphère dominée par la violence, la haine et la barbarie. Dans le même genre, *The Last of Us*, sorti en 2013 puis devenu un succès interplanétaire, met en scène deux survivants d'une pandémie ayant ravagé l'humanité quelques années auparavant. Tout un programme !

Plus ouvertement politiques encore, certains jeux vidéo ont basculé vers une critique à peine masquée du système capitaliste : *Final Fantasy VII* présente ainsi un groupe d'éco-terroristes luttant contre la destruction de l'environnement organisée par une entreprise privée sans foi ni loi. Sorti initialement en 1997, son succès est tel qu'il fait l'objet d'un remake en 2020. Un jeu qui s'inscrit tout à fait dans l'ère du temps.

Au terme de ce panorama qui ne prétend aucunement à l'exhaustivité, tout se passe comme si la peur générée par les excès du capitalisme couplée à l'inaction globale des politiques conduisait progressivement la culture à prendre en charge une certaine forme de prévention des dérives du système.

La catharsis infernale : un imaginaire colonisé par les travers du néolibéralisme

En France, un trio d'auteurs-réalisateurs, Les Parasites, a réalisé la série *L'Effondrement* pour Canal + en 2019. Chaque épisode vise à présenter une conséquence de l'effondrement du système capitaliste dans une situation donnée : pénurie dans les supermarchés, exil des plus riches, déni climatique… Un an après sa sortie, *Le Point* titre : « "*L'Effondrement*", la série qui avait tout prédit[12] ? »

Extrêmement anxiogène, la série a connu un grand succès, été traduite en plusieurs langues et nommée aux International Emmy Awards. Les scénaristes et réalisateurs ont tous 29 ans au moment de la production de la série. Ils se sentent profondément concernés par les enjeux écologiques et veulent alerter sur les limites de notre système. L'un d'entre eux, Jérémy, m'explique :

> *Cette série, c'est un peu une répétition générale de ce qu'il pourrait se passer. Notre objectif, c'était de mettre une claque virtuelle aux gens, pour qu'ils réalisent que tout ça peut se réaliser dans la vraie vie. On voulait toucher un public large, et aussi jeune. Notre public de base, c'est les 18-35 ans sur YouTube, et on a négocié avec Canal pour que la série soit disponible gratuitement sur cette plateforme.*

Sans surprise, la série rencontre des réticences chez les plus âgés, selon le réalisateur :

> *C'était très souvent des gens de plus de 50 ans qui nous critiquaient, qui nous disaient qu'on plombait l'ambiance, qu'on donnait pas de solutions. Mais notre envie c'est déjà de sortir du déni généralisé, parce que les solutions, elles existent déjà et on les connaît toutes et tous.*

À l'inverse, c'est un carton chez les plus jeunes :

> *Beaucoup ont commencé à voir la série comme une référence, certains nous ont dit que ça leur avait fait prendre conscience de la gravité de la situation, que ça avait même changé leur vie. Mais pour d'autres, c'était le contraire – souvent ceux déjà conscientisés : ils ne pouvaient même pas la regarder en entier parce qu'ils estimaient qu'elle s'approchait trop de la réalité. Par contre, ils s'en servent pour conscientiser leurs parents par exemple. Certains jeunes nous disent qu'on a mis des images sur ce qui leur faisait peur, et que ça les terrifie de voir que les vieux ne font rien pour empêcher ça.*

Autre immense succès qui a transformé le visage de la culture, la série *Game of Thrones*, qui peut selon Louis Morelle être interprétée comme une allégorie du changement climatique : « une catastrophe monumentale (l'invasion des Marcheurs blancs, avec l'hiver destructeur), que les nobles ne voient pas, car leurs ambitions sont trop étroites, et que le peuple ne peut pas empêcher, car il est trop occupé à survivre ». Cela fait écho à l'analyse du philosophe Mark Fisher, qui a théorisé l'idée selon laquelle il n'existe plus d'imaginaire futuriste dans la culture depuis les années 1980, car nous ne sommes plus capables d'envisager une sortie du capitalisme, alors que nous avons conscience que celui-ci nous détruit. Ainsi, nous préférons envisager la fin du monde (d'où les dystopies) plutôt que la fin du capitalisme et avec lui un avenir désirable.

Ou alors, à l'inverse, nous préférons nous divertir pour oublier.

La tentation récente de l'escapisme

Depuis peu, cet univers dystopique inquiétant connaît un désamour relatif. C'est désormais le divertissement pur, « escapiste », c'est-à-dire créé pour « oublier le réel », qui prend le pas. En témoigne le succès de la série *La Chronique de Bridgerton* sur Netflix, qui a même dépassé *Squid Game* en 2022, où des nobles n'ont d'autres préoccupations que leurs amourettes, sans violence ni problématiques un tant soit peu concrètes dans une Angleterre fantasmée du XIXe siècle à l'esthétique impeccable.

Leslie, 27 ans, professeure de SVT en collège, est friande de ce type de contenus « pour oublier ». Elle est informée, en particulier sur les questions environnementales, et elle ne tient pas à rester dans cette négativité :

> J'aime pas regarder les trucs alarmistes, j'aime que ce soit sympathique, drôle, et je supporte pas quand ça se termine mal. Parfois j'attends qu'une série soit terminée, je regarde sur internet si ça se termine mal, et si c'est le cas je la commence même pas.

Elle regarde notamment des séries coréennes comme *Business Proposal* :

> C'est très léger. Ça me sort du quotidien, c'est loin de ce qu'il y a ici, de ma culture, c'est exactement ce que je recherche. Je déteste les dystopies, je les fuis, j'ai même pas vu *Don't Look Up* et je ne veux pas le voir.

Louis Morelle note tout de même que ces séries « positives » se déroulent le plus souvent dans le passé. *La chronique de Bridgerton* s'ancre dans l'Angleterre du XIXe siècle et la série comique *The Marvelous Mrs Maisel* (l'une des séries phares d'Amazon) permet de suivre les aventures d'une jeune comique dans le New York des années 1950.

Dans un style un peu différent, la série *Stranger Things* met en scène une Amérique des années 1980 en grande partie idéalisée, et mélange genre horrifique et nostalgie :

> *C'est une réactualisation des années 1980, qui entretient une relation complexe à la nostalgie : c'est humain, mais c'est aussi un piège pour l'imagination. Les créateurs, qui ont entre 30 et 40 ans, refont une image lisse et nette de leur enfance et la revendent à la génération suivante.*

Et ça marche ! En témoigne le succès prodigieux de la série sur Netflix. L'engouement est tel, que la chanson *Running up that Hill* de Kate Bush, BO de la dernière saison, est revenue d'entre les morts à l'été 2022, aussi bien sur TikTok qu'au sommet des charts et sur toutes les plateformes d'écoute. À défaut de pouvoir changer l'avenir, on se réfugie dans un passé fantasmé. Louis Morelle oppose ce phénomène au mouvement culturel lié au psychédélisme dans les années 1960 et 1970 :

> *On pensait qu'on pouvait changer toutes les règles de la société en changeant d'état d'esprit. Il y avait une forme de protestation contre le travail et ses règles collectives dans la culture populaire.*

À l'époque, les mobilisations pouvaient mener à des victoires concrètes, comme l'ont démontré la mobilisation contre la guerre au Vietnam et plus généralement les combats syndicaux, les grèves collectives. Aujourd'hui, les mouvements sociaux et militants se soldent bien souvent par des échecs – la dernière grande lutte sociale remportée en France date de 2006[13] : la mobilisation contre le contrat première embauche, plus connu sous l'acronyme CPE –, comme me le confirme Louis Morelle :

> *C'est compliqué d'avoir de l'espoir aujourd'hui au vu des événements actuels. Mais quelque part, j'y trouve quelque chose de sain, dans la lucidité au moins : on est passés d'une génération dans le déni à une génération qui a internalisé la gravité de la situation, au prix d'un certain réalisme dépressif.*

En tant que professeur de philosophie, il constate lui aussi le pessimisme de ses lycéens :

> *Contrairement aux générations précédentes, ils ne pensent pas que tout peut s'arranger ou qu'une solution va émerger. Ils manquent de confiance dans les puissances de l'économie et de la démocratie par exemple, qui ne sont pas des piliers pour eux. C'est difficile à appréhender pour les générations précédentes, mais ce manque de confiance est déterminant dans leur vision du monde.*

La culture des jeunes apparaît donc à la fois comme une cause et comme un symptôme de leur désespoir. Le plus souvent par le biais de récits glaçants teintés d'un pessimisme assumé, les produits culturels à destination des jeunes reflètent le désespoir d'une génération devant l'absence de prise en charge politique des différentes crises qui surviennent. Et cette catharsis culturelle laisse justement penser que le réveil citoyen est proche : en marge de la politique traditionnelle, en dehors des radars, de nouvelles formes d'engagement sont à l'œuvre chez les jeunes, qui sont sans doute à même de redonner espoir, si ce n'est dans l'avenir, du moins dans le collectif !

TROISIÈME PARTIE

« Sois jeune et lève-toi (mais pas trop) »

Déni et réalité de l'engagement des jeunes

Car la jeunesse sait ce qu'elle ne veut pas avant de savoir ce qu'elle veut.

Jean Cocteau

Un rapport compliqué à l'autorité et à l'État

Avant de parler du rapport que les jeunes entretiennent avec l'engagement, j'aimerais faire un détour par un point particulier qui influence nécessairement la manière dont les jeunes souhaitent s'inscrire dans la société ces dernières années : leur rapport au pouvoir. Ce dernier semble irréversiblement marqué par une défiance envers l'incarnation de l'autorité de l'État : la police.

Quand les rapports entre les jeunes et l'État se dégradent

Le face-à-face difficile entre jeunes et policiers ne date pas d'hier et trouve son illustration la plus marquante dans le contexte des banlieues, et notamment à l'occasion du drame de Clichy-sous-Bois qui est resté gravé dans les esprits. En 2005, deux adolescents de 15 et 17 ans, Zyed Benna et Bouna Traoré, périssent électrocutés dans l'enceinte d'un poste électrique où ils se sont réfugiés pour échapper à un simple contrôle d'identité. Cette tragédie embrase littéralement les banlieues, donnant lieu à des affrontements violents entre certains habitants et la police, dont les images feront le tour du monde. Ce terrible épisode démontre combien la pratique régulière et abusive des contrôles d'identité dans certains territoires peut dégrader durablement le rapport des populations avec les forces de police, et donc, par extension, avec l'État.

Même sans altercation, ces contrôles peuvent être vécus de manière particulièrement violente pour les personnes qui en font l'objet lorsque, sous couvert d'un caractère aléatoire, ils se révèlent stigmatisants. En 2020, le rapport du Défenseur des droits est catégorique : les contrôles discriminatoires sont une réalité sociologique en France puisque « les jeunes hommes "perçus comme noirs ou arabes" ont 20 fois plus de chances d'être contrôlés que les autres ». En outre, Sebastian Roché, sociologue et directeur de recherche au CNRS[1], met en lumière que :

> *Les traitements lors des contrôles sont vraiment différents entre les favorisés et les défavorisés. Dans les quartiers défavorisés, les policiers et les gendarmes tutoient majoritairement les jeunes, ils les bousculent parfois physiquement, le policier est parfois irrespectueux, insultant, tient des propos déplacés.*

Mohamed-Anis, 24 ans, qui a grandi à Choisy-le-Roi en banlieue parisienne, me le confirme :

> Moi je viens d'un endroit où la police est très présente. Depuis que je suis petit, ils viennent dans mon quartier et ils contrôlent des gens au hasard, ils les font chier, ils leur font perdre leur temps. Je sais que ce n'est pas « tous les policiers », mais moi c'est tous les jours que je subis ou que je suis témoin du racisme de la police. Les contrôles, c'est une habitude, les policiers nous appellent par notre

> prénom, ils nous connaissent, ils veulent juste nous montrer qu'ils sont là et qu'ils ont tous les droits. Et même à Paris, ça m'est arrivé de me balader avec des amis blancs, les policiers passent en voiture, ils s'arrêtent et, pour aucune raison, ils me demandent de vider mon sac, devant tout le monde. Mais juste à moi, tu vois. Et quand ils repartent, mes amis me disent qu'ils sont choqués, mais pour moi c'est juste un jour comme un autre.

Il m'énumère d'une voix lasse les différents épisodes de racisme qu'il a pu subir, comme si c'était normal, comme si ça ne l'atteignait pas. Je lui demande ce qu'il ressent dans ces cas-là :

> Quand je t'en parle, ça me rend triste de voir à quel point c'est banal. Parfois j'oublie, je me fais surprendre par un contrôle musclé et je me dis : « Je suis bête, j'ai oublié… » En fait, je me demande juste ce que j'ai fait, qu'est-ce que j'ai sur mon visage pour qu'on m'arrête autant ?

Cela a-t-il eu des conséquences sur sa confiance en la police ?

> Évidemment. S'il m'arrive quelque chose, je peux te dire que j'y réfléchis à deux fois avant de les appeler. Il y a quelques années, j'ai été témoin d'une agression, j'ai appelé la police pour qu'ils viennent aider la personne qui venait de se faire agresser. Ils sont arrivés, ils m'ont vu, ils m'ont direct plaqué au sol, violemment, sans rien chercher à comprendre. Si ça, c'est pas parce que j'ai une tête d'arabe, je sais pas ce que c'est. Ce que je constate, c'est qu'à la fin, ça crée une volonté de justice par soi-même, et c'est dangereux. Là où j'habite, on appelle pas la police, on règle les problèmes entre nous, parce qu'on sait qu'ils nous aideront pas.

Pourtant, il insiste sur ce point : il ne « déteste pas » la police :

> J'aimerais que, plus tard, les jeunes qui grandissent avec moi puissent avoir confiance en la police. N'importe qui qui vit en banlieue sait qu'on a besoin des représentants de l'ordre. On déteste pas les policiers en soi, on a juste pas d'autre choix que de les craindre.

En janvier 2021, des associations lançaient la première action de groupe menée en France contre les contrôles jugés discriminatoires, en se basant sur de nombreux témoignages de victimes, mais aussi de policiers[2].

Ces contrôles ont un rôle majeur dans l'image dégradée que certains jeunes ont de la police, car ils instaurent une logique de suspicion. Quand on est contrôlé, on est suspecté d'être dans l'illégalité. Difficile dans ces conditions de bénéficier du sentiment de protection supposé être associé aux forces de l'ordre qui les pratiquent. Ainsi, dans certains quartiers difficiles, la violence subie, de par son caractère systémique, s'inscrit dans une « mémoire collective » qui se transmet de génération en génération, inculquant aux jeunes la défiance vis-à-vis des forces de l'ordre.

Ces violences quotidiennes font l'objet d'un documentaire intitulé *Police, illégitime violence*, réalisé en 2018 par Marc Ball pour France Télévision. Le film, très documenté, commence par ces mots :

> *Dans les quartiers populaires de toutes les villes de France, la confiance est perdue entre les jeunes et la police. Le moindre contrôle d'identité porte en lui les germes d'un possible dérapage, d'une rébellion ou d'une bavure.*

Les journalistes y exposent une affaire datant de 2015, qui a vu dix-huit mineurs porter plainte pour violences policières contre une brigade du XIIe arrondissement parisien : cette affaire se soldera en avril 2018 par la condamnation de trois policiers à cinq mois de prison avec sursis pour usage illégitime de la force.

Les émeutes de l'été 2023 ont constitué à ce titre une nouvelle rupture de confiance entre les jeunes de banlieue et l'autorité institutionnelle. Et le jugement formulé par Emmanuel Macron le 30 juin sur cette explosion de violences a creusé encore un peu plus ce gouffre :

> Nous avons vu sur (…) Snapchat, TikTok, et plusieurs autres [applications], à la fois l'organisation de rassemblements violents se faire, mais une forme de mimétisme de la violence, ce qui, chez les plus jeunes, conduit à une forme de sortie du réel. Et on a le sentiment parfois que certains d'entre eux vivent dans la rue les jeux vidéo qui les ont intoxiqués.

Non content de relayer ainsi un vieux cliché sur les divertissements des jeunes – livres, télévision, radio, maintenant jeux vidéos : l'esprit des nouvelles générations a toujours été dit « perverti » par les nouvelles formes de divertissement, sans que cela n'ait jamais été démontré (il n'a ainsi jamais été prouvé scientifiquement que les jeux vidéos provoquaient une violence mimétique chez les jeunes dans le réel) –, le président, par cette phrase méprisante, a surtout sciemment omis la principale raison de la colère urbaine de l'été 2023 : l'assassinat par un tir à bout portant de Nahel, 17 ans, par un policier. Car c'est bien la diffusion de la vidéo de ce tir mortel – tout droit sorti de l'arbitraire de certains jeux vidéos celui-ci – sur les réseaux sociaux qui a enflammé Nanterre puis d'autres villes ! Le déchaînement de violences matérielles qui s'est ensuivi s'explique en réalité par la frustration issue de l'injuste – en l'occurrence, le mot est dramatiquement faible – traitement réservé aux jeunes de banlieue par les forces de l'ordre. Début 2024, le président a récidivé avec une nouvelle phrase méprisante à propos de ces mêmes événements[3] : selon lui, ce qui a poussé les jeunes dans la rue, c'est leur « oisiveté », leur « ennui », mais toujours pas la réalité des violences policières à leur encontre.

À ces comportements injustes s'ajoute le fait que les actions de prévention, qui permettent dans une certaine mesure de pacifier le rapport avec les forces de l'ordre, sont très largement réservées aux quartiers les plus favorisés. Sebastian Roché relève :

> *Le nombre de jeunes qui ont fait l'objet d'un contact à l'école, d'une intervention de prévention, sur les risques d'usage des deux-roues et de la drogue principalement, a un effet d'élévation de la confiance dans la police. Cela a aussi des effets sur la culture civique et les croyances dans le vote. La police est une figure de l'État et, si elle est bienveillante, elle renforce l'adhésion au système. Or tout cela est principalement réservé aux quartiers favorisés.*

Pour le sociologue, les quartiers défavorisés connaissent surtout les dysfonctionnements des forces de l'ordre. La « sur-rencontre » de policiers engendrée par leur présence et les contrôles permanents pourrait même favoriser les mauvais comportements : « Dans les études qui existent à l'étranger, on se rend compte que c'est un facteur de délinquance. » En France, ces études n'ont jamais été réalisées en raison d'un manque de financement, déplore Sebastian Roché, « mais ça s'est vérifié ailleurs, en Grande-Bretagne ou aux États-Unis. La mauvaise police est un facteur de délinquance ». Il ajoute : « Ça a même des effets psychiques sur la réussite dans les études, la dépression. La manière dont se comporte la police a énormément d'effets. » Ce qui confirme l'idée que, confrontés aux défaillances de l'autorité, les jeunes Français se sentent moins appartenir à une culture collective nationale, parce que l'on ne se sent intégré dans un système que si l'on y est bien traité :

> *Ça a des effets sur l'opinion qu'on a du vote. La démocratie est fondée sur le fait qu'il y a des élections et qu'elles sont utiles, que les gouvernants prennent en compte l'opinion des gouvernés, et quand la police dysfonctionne, ça érode la confiance en ce système.*

Et ce qui frappe lorsqu'on se retourne sur les dernières années, c'est que la nature extrêmement tendue des rapports qui existaient entre la police et les jeunes de banlieue semble bien s'être étendue à l'ensemble de la société française. Gilets jaunes, Covid, violences policières, les causes ne manquent pas et, lorsque la relation avec les forces de police se dégrade, le rejet du système n'est pas loin. D'autant plus lorsque le sommet de ce système semble nous prendre de haut…

Quand l'État méprise ses citoyens

Nombre de jeunes, notamment les plus précaires, ont été marqués par les invectives fréquentes d'Emmanuel Macron à leur égard. En septembre 2018, face à un jeune horticulteur au chômage lui expliquant son désespoir, le président rétorque cette *punchline* devenue célèbre : « Je traverse la rue, je vous en trouve. »

En juin 2022, alors qu'une lycéenne l'interpelle sur le maintien au gouvernement de ministres accusés de viol – se faisant le relais d'un grand nombre de citoyens et citoyennes –, le président invoque la présomption d'innocence et s'éloigne rapidement, sous le regard des caméras : « S'il vous plaît, monsieur, répondez-moi ! », implore alors la jeune fille. Pour son insistance polie à obtenir une réponse du président, cette dernière recevra le lendemain matin une visite des gendarmes dans son établissement scolaire pour « l'interroger » – une véritable « intimidation » selon la jeune Tarnaise.

De l'intimidation à l'humiliation, il n'y a plus qu'un pas, qu'ont franchi les forces de l'ordre le 6 décembre 2018, en interpellant 153 jeunes âgés de 12 à 20 ans dans un lycée de Mantes-la-Jolie : genoux à terre, mains sur la tête, rassemblés dans la cour de l'établissement qu'ils ont cherché à bloquer, les jeunes ont la tête baissée tandis qu'un policier commente sur une vidéo devenue virale : « Voilà une classe qui se tient sage. » Face à la polémique, le ministre de l'Éducation (Jean-Michel Blanquer) et le ministre de l'Intérieur (Christophe Castaner) appelleront à « remettre les images dans leur contexte ». Les policiers ne seront jamais sanctionnés par le politique ou par leurs propres autorités.

Quand on est président, est-on vraiment censé ignorer les questions des jeunes ou futurs citoyens, leur envoyer la police quand ils l'ouvrent un peu trop, les intimider au sein même de leur établissement scolaire, ou encore cautionner les humiliations qui leur sont faites ? Ce mépris affiché de la présidence et de l'organe d'État chargé d'assurer la sécurité de la République a certainement meurtri le rapport d'une partie des jeunes au pouvoir.

À cela s'ajoute l'impression d'une justice à deux vitesses, avec le cas de Patrick Balkany, condamné pour fraude fiscale, qui ne cesse de sortir de prison et dont les vidéos de danse sont devenues des memes[4], reprises à l'infini sur TikTok ou Twitter. Sans parler des très médiatiques affaires impliquant Nicolas Sarkozy, Alexandre Benalla et autres François Fillon qui font l'objet d'innombrables plaisanteries sur les réseaux sociaux. Une classe politique décrédibilisée par ses propres turpitudes à qui l'on retourne à l'envi sur Twitter le « quelle indignité » prononcé par Sarkozy en 2016. Ainsi, face à une classe politique qui se comporte comme si elle était au-dessus des lois, et dont le traitement judiciaire tranche radicalement avec l'autorité parfois intraitable à laquelle est confrontée une partie des jeunes pour des faits d'une moindre gravité, il ne reste à la jeunesse que l'ironie pour exprimer sa défiance vis-à-vis du personnel politique.

Et pour ceux qui auront l'outrecuidance de s'opposer plus fermement aux politiques publiques menées par le gouvernement, la réponse sera encore plus autoritaire : la doctrine de maintien de l'ordre, de plus en plus brutale, a épargné peu de gens ces cinq dernières années.

Quand l'État devient violent

Le 10 novembre 2020, j'étais devant le lycée Colbert dans le Xe arrondissement de Paris, en reportage pour la chaîne de télévision australienne ABC. Des lycéens, pour la plupart mineurs donc, ambitionnaient de bloquer leur lycée pour protester contre l'absence de protocole sanitaire dans les établissements scolaires, en pleine pandémie. Leur revendication, également soutenue par les syndicats enseignants, consistait à pouvoir suivre les cours en demi-groupes plutôt que de s'entasser à 35 dans des classes où l'aération n'était pas toujours possible. Sur place dès 7 heures du matin aux côtés de mes collègues australiens fraîchement débarqués, j'observe pendant une heure les lycéens déplacer calmement des poubelles pour empêcher l'accès à l'établissement. Les policiers, au bout de la rue, les regardent de loin également. Pour avoir couvert plusieurs manifestations ces dernières années, je sais à quel point la police peut se montrer intraitable, mais j'avais la naïveté de penser que face à des mineurs pacifistes, elle serait diplomate. Il n'en a rien été. Protégés derrière leurs boucliers et leurs casques, matraques à la main, des policiers ont littéralement fondu sur une poignée de jeunes lycéens, sans sommation ni discussion, alors même que ces derniers ne donnaient aucun signe d'agressivité, sous les yeux ébahis de mes homologues australiens, peu habitués à un tel spectacle.

Malgré des revendications s'inscrivant dans une logique de santé publique tout à fait légitime au regard du contexte sanitaire, les jeunes faisaient ainsi les frais d'une violence policière inouïe. Pour certains, cet épisode constituait, en raison de leur jeune âge, un premier contact avec les forces de l'ordre ; de quoi nourrir une certaine défiance pour la suite.

Au lycée Brassens, à quelques kilomètres de là, même scénario : lorsque nous arrivons pour interviewer des jeunes encore sous le choc de la charge, nous recueillons des témoignages révoltés : « On ne comprend pas. On ne comprend juste pas. On s'est fait agresser quoi, mais agresser alors qu'on n'avait rien fait, j'vous jure », lâche une adolescente dont c'était le premier blocage.

Quel rapport à l'État ces jeunes injustement malmenés dans l'exercice de leur citoyenneté peuvent-ils développer ? Quelle confiance peut émerger à l'égard des institutions lorsque la relation à l'autorité républicaine est marquée du sceau de l'injustice et du non-respect de leurs droits ? Ces questions me poursuivent et je ne peux m'empêcher de voir dans ces violences les graines d'une rébellion potentiellement anti-républicaine dont les éventuelles conséquences me glacent le sang.

En vérité, l'État, par l'intermédiaire de sa police, a progressivement généralisé le mode d'action auquel il avait recours dans les banlieues, à l'ensemble du pays. En généralisant par la même occasion les violences qui en résultent, le droit de manifester a perdu du terrain. Je pense en particulier aux violences infligées aux citoyens à l'occasion des cortèges écologistes souvent composés de jeunes et de familles, ou encore aux militant(e)s féministes.

Le 7 mars 2020 (une date parmi tant d'autres), des images choc circulent : des manifestantes sont violentées par la police, parce qu'elles protestent contre… les violences faites aux femmes. Un comble. Le média Konbini[5] recueille plus tard le témoignage de trois d'entre elles, la vingtaine, en état de choc. Elles expliquent que la police a « tabassé » la foule pacifiste dans la rue, des photos et vidéos documentent la violence de la charge – notamment la photo d'une jeune femme attrapée par la gorge et traînée au sol par un policier. Les trois jeunes femmes ont ensuite été arrêtées et emmenées au commissariat. Elles témoignent toutes de mauvais traitements, de violences, d'humiliations et d'insultes par la police : « grosse conne, grosse pute », « vous allez bien vous lécher la chatte en cellule, bande de gouinasses », et en boucle : « tu fermes ta gueule ». À la suite de cette garde à vue, l'une d'elles obtient quatre jours d'ITT…

Tout aussi terrible, le vécu de Lilian, un lycéen de 16 ans qui, le 12 janvier 2019, est sévèrement blessé à la mâchoire par un tir de LBD à Strasbourg en marge d'une manifestation à laquelle il ne participait même pas[6]. En plus du traumatisme, il restera des mois immobilisé chez lui, des bouts de fer dans la bouche pour reconstruire son visage.

Enfin, me restent en mémoire les violences extrêmement choquantes et maintes fois documentées par la presse et les ONG[7] dont font l'objet de jeunes exilés (gazage, matraquage, confiscation, voire lacération de sacs de couchage ou de tentes). Des actes dramatiques au regard des conditions de vie des personnes concernées et de leur accès parfois difficile aux soins – la récente remise en question de l'Aide médicale d'État dans la réforme de la loi Immigration en décembre 2023, heureusement rejetée par le Conseil d'État en janvier 2024, ne laisse présager aucune amélioration en la matière…

Ces événements pourraient paraître anecdotiques, mais ils ne sont pas un simple dérapage. Ils sont le résultat de choix politiques, et ils se sont multipliés pendant le dernier quinquennat.

Si tous les jeunes n'ont pas été victimes de violences policières ou d'abus de la part des forces de l'ordre, notre rapport à la police (et donc à l'autorité) a sans conteste été abîmé. En 2020, 79 % des 18-30 ans[8] considéraient que les violences policières sont « une réalité en France », et que les fonctionnaires qui commettent une faute « sont souvent couverts par leur hiérarchie ».

Face à ce constat, j'ai décidé, en 2020, de réaliser un reportage sur les violences policières pour le média Le vent se lève. À cette occasion, j'ai pu interviewer de nombreux jeunes mutilés, qui m'ont confié leur sidération face aux violences policières. Yann, la vingtaine, a perdu la plupart de ses dents après s'être fait tabasser à la matraque lors d'une manifestation dans laquelle il affirme n'avoir commis aucune violence. Défiguré, il m'explique face caméra sa rancœur : « Dès que je vois un képi, j'ai envie d'aller lui montrer mon grand sourire », édenté.

Victor, 20 ans, me livrait un récit similaire, même si les séquelles se sont révélées beaucoup moins graves en ce qui le concerne. Apprenti journaliste au moment des faits, il se fait matraquer au sol jusqu'à perdre connaissance, et me raconte alors avec émotion avoir cru mourir. Je l'ai rappelé dans le cadre de l'écriture de ce livre pour lui demander l'incidence que ce traumatisme avait eue sur son rapport à la police :

> Ça a évidemment attaqué ma confiance. À l'époque, j'ai considéré ça comme un acte isolé dans le feu de l'action, que j'avais été au mauvais endroit au mauvais moment. C'est quand j'ai eu à nouveau des ennuis dans le cadre de l'exercice de mon métier de journaliste, notamment à Marseille, que la rupture a été consommée avec la police.

Pour ma part, je n'ai jamais eu le moindre problème avec la police lorsque j'habitais en Ardèche. Je peux même dire avoir pu compter sur elle, et m'être sentie en sécurité grâce à sa présence lors des manifestations auxquelles j'ai participé plus jeune à Aubenas. Mais comme Victor, mon rapport aux forces de l'ordre a changé lorsque j'ai commencé à couvrir des manifestations dans le cadre de mon métier en zone urbaine. Alors que je travaillais pour la chaîne ABC, en décembre 2018, et couvrais une manifestation de Gilets jaunes, j'ai demandé à la police de pouvoir sortir d'une nasse où ils s'apprêtaient à matraquer et à tirer[9] sur la foule. Les larmes aux yeux, hébétée par la violence à laquelle je venais déjà d'assister, j'ai supplié ces officiers de nous laisser, mes collègues et moi-même, sortir de cet enfer. Pourtant identifiée comme journaliste, je n'ai jamais eu le droit de passer. Non seulement ils ont rejeté ma requête, mais l'un d'entre eux m'a attrapée par le sac et violemment projetée au sol, si bien que je suis restée quelques secondes inerte sur le pavé. J'ai ensuite dû ramper pour me protéger derrière un pot de fleurs, et j'ai assisté, terrifiée, aux violences à l'égard de plusieurs manifestants qui, pour certains, ont été gravement blessés. Cet épisode, pourtant dérisoire par rapport à ce que d'autres ont pu vivre, a brisé ma confiance de jeune fille de 23 ans en la police de son pays.

De fait, en 2020, les 18-24 ans étaient 62 % à déclarer faire *confiance* à la *Police*, soit quatre points de moins que l'ensemble de la population[10]. Sebastian Roché m'explique que ce que j'ai vécu est quelque chose d'assez classique :

> *On a constaté un affaissement de la confiance en la police, lié au mouvement des gilets jaunes. Parce qu'il y a eu une documentation précise des violences policières, des vidéos faisant office de preuve ont circulé, c'était indéniable. Le niveau d'information était donc supérieur à celui des années 90 sur cette question.*

Si ces images ont fortement attaqué le niveau de confiance envers la police, c'est aussi parce que les attentes se sont transformées ces dernières années :

Aujourd'hui, l'ensemble des violences commises par des autorités sont remises en cause. Et ce sont les jeunes qui portent le plus cette remise en cause, ils sont sur la ligne de front pour incarner cette transformation de la sensibilité.

Un reportage du journal *La Croix*[11], intitulé « Contre le racisme et les violences policières, les jeunes en première ligne », décrit des mobilisations de jeunes en France, révoltés contre les violences policières (certains car ils les ont subies, d'autres parce qu'ils en ont vu des images sur les réseaux sociaux).

Ignorance, humiliation, mépris et violence se sont trop souvent invités entre l'État et ses jeunes citoyens, modifiant le rapport de ces derniers à la République. La défiance d'abord observée dans les banlieues a gagné l'ensemble du territoire au cours de la dernière décennie, tout particulièrement après la répression du mouvement des gilets jaunes. Les jeunes sont aux premières loges de cette mutation, de cette crise de confiance mutuelle parce qu'ils sont victimes de ces abus en premier lieu, et parce que leur seuil de tolérance à ces violences s'est amenuisé. Bref, cela nous donne un drôle de cocktail pour les futurs et jeunes citoyens que nous sommes : à défaut d'être une bonne nouvelle, cela nous fournit peut-être un début d'explication à l'abstention galopante des jeunes aux élections.

Le vote des jeunes, un vote de rupture

Au début du mois d'avril 2022, juste avant le premier tour de l'élection présidentielle, dans un climat politique extrêmement tendu, l'humoriste Pierre-Emmanuel Barré publie une vidéo subtilement intitulée « Gros cons de vieux » qu'il accuse d'« être de droite ». Morceaux choisis :

> *Putain mais les seniors, vous êtes vraiment des bâtards ! Vous avez tout eu ! Le plein-emploi, la Sécurité sociale, le Smic, le fonctionnariat, la retraite à 60 ans, les 35 heures, l'assurance chômage (…), et maintenant vous votez pour des candidats qui veulent niquer les acquis sociaux ? (…) Alors les baby-boomers ? Vous voulez moins de dépenses publiques pour rembourser la dette ? Mais elle est à cause de vous la dette, bande de gros fils d'Allemands ! Si ça vous dérange tant que ça l'État-providence, rendez vos prothèses auditives remboursées par la sécu, vos lunettes à verres progressifs de Sudoku gratos, et enlevez vos dentiers pris en charge à 100 % !*

L'accusation est limpide : l'ancienne génération ferait preuve d'un égoïsme scandaleux alors qu'elle est vue comme responsable des maux du monde dans lequel la jeune génération doit évoluer :

> *Vous avez tout eu, vous voulez rien laisser (...) À cause de vous, tout est pollué, vous avez inventé l'élevage intensif, bouffé du foie gras en fumant des cigares dans des avions entre Paris et Orléans, fait fondre la banquise avec des croisières stars 80, vous avez salopé la planète (...) et malgré ça, nous, on est super gentils avec vous ! Pendant deux ans de pandémie, on est restés chez nous, on a vu personne, on est allés acheter des chips avec des masques FFP2 pour protéger votre vieux cul tout fripé, et vous allez revoter pour un mec qui a supprimé 17 000 lits d'hôpital ?!*

Manifestement, Pierre-Emmanuel Barré fait sauter un tabou, en témoigne la viralité de cet extrait polémique – 3 millions de vues à ce jour – partagé des dizaines de milliers de fois sur les réseaux sociaux, notamment sur TikTok, le réseau social des jeunes par excellence, où il atteint des records, le tout en pleine période électorale. Si le conflit intergénérationnel ne date pas d'hier, cette critique est nouvelle : non seulement les plus âgés ne comprendraient pas les jeunes et seraient responsables de leurs maux actuels, mais ils ruineraient aussi leur futur à travers leur vote.

Et au premier tour de l'élection, on apprend que les Français de plus de 70 ans ont voté à 41 % pour Emmanuel Macron, contre 20 % pour les moins de 24 ans. Ce vote est interprété par bon nombre d'internautes comme celui de l'anti-écologie et de l'augmentation des inégalités. Le vote des « vieux », c'est celui de ceux qui ne craignent pas l'avenir, que leurs privilèges actuels mettent à l'abri et dont l'âge empêche qu'ils se sentent concernés par la crise climatique. Dans mes entretiens, les jeunes les plus politisés enragent, à l'image de Samuel[1], 22 ans :

> Ah mais avec ce vote, c'est des gros égoïstes, cette élection m'a fait détester leur génération. On voit qu'ils s'en branlent, et ça c'est parce que de toute façon ils seront pas là pour voir les conséquences de la merde qu'ils ont foutue.

Si je refuse, à titre personnel, de rentrer dans cette colère à l'égard de toute une classe d'âge (je viens de passer plus de 200 pages à expliquer les dégâts que peuvent causer les clichés à l'égard d'une génération), je comprends en revanche l'emportement de ces jeunes qui voient tout espoir de changer les choses ruiné par un vote de confort des plus nombreux.

Si le vote des plus âgés tend vers la conservation du système actuel, le vote des jeunes s'inscrit bien au contraire dans une volonté de rupture qui s'oriente vers les partis situés aux extrémités de l'échiquier politique. Chez les 18-24 ans qui ont voté lors de l'élection présidentielle, c'est Jean-Luc Mélenchon qui a été le plus largement plébiscité, réunissant 31 % des voix[2]. Marine Le Pen arrive derrière avec 26 % des suffrages. Une dynamique encore plus prégnante chez les 25-34 ans, qui votent à 34 % pour La France insoumise et à 25 % pour le Rassemblement national. Le vote Macron représente 20 % des moins de 24 ans, bien loin derrière la moyenne nationale.

Au premier tour des élections législatives, cette dynamique est encore plus frappante ! Les 18-24 ans ont voté à 42 % pour la Nupes, à 18 % pour le Rassemblement national, et à 13 % pour la coalition présidentielle[3]. Et même parmi les supporters du président, des voix dissonantes se font entendre, justement parmi les jeunes. Quelle n'a pas été ma surprise lorsque fin mai 2022 je me suis retrouvée sur un plateau TV avec Mehdi El Mir, 24 ans, militant pour Horizons, le parti d'Édouard Philippe, et soutien d'Emmanuel Macron. En plein direct, cet étudiant à Sciences Po porte un regard dur sur le premier quinquennat du président en matière d'écologie, qu'il qualifie de « mitigé », il pourfend un « greenwashing » et appelle le président à « changer de paradigme politique » pour mener une véritable « révolution écologique », m'ôtant par la même occasion toute possibilité de contradiction. C'est bien la première fois que je me retrouve d'accord avec un soutien d'Emmanuel Macron sur la marche politique à suivre dans ce domaine. (Ne me demandez pas ce que ce jeune homme fait dans la coalition présidentielle.)

Le vote de gauche : la rupture par l'écologie et l'anti-capitalisme

La gauche arrive en première place dans le vote des jeunes lors de toutes les dernières élections. 42 % des 18-24 ans s'étant rendus aux urnes ont d'ailleurs plébiscité la Nupes lors des élections législatives[4]. Au-delà du vote, si l'on prend en compte les abstentionnistes, la jeunesse privilégie les valeurs orientées « à gauche ». Vincent Tiberj le montre avec précision dans son livre *Les citoyens qui viennent*[5] : plus les générations sont récentes, plus leurs valeurs sont « progressistes ». Il ne s'agit pas d'un effet d'âge – l'idée selon laquelle le tempérament « idéaliste » des jeunes disparaîtrait au cours de la vie –, mais bien d'un effet générationnel : les valeurs de gauche des nouvelles générations perdurent dans le temps.

Dans les témoignages que j'ai recueillis, la plupart des jeunes ayant voté pour La France insoumise ou la Nupes le faisaient pour des raisons écologiques. Gaspard, 26 ans, sans emploi, ne se considère pas comme de gauche radicale, et affirme détester Jean-Luc Mélenchon, mais lors de la présidentielle, il a quand même voté pour le leader de LFI :

> C'était un peu le vote de la détresse, parce que c'était le seul qui était en position de gagner dans les sondages contre Macron et Le Pen. Mais c'était aussi le vote de la raison, car c'est le seul qui a un véritable programme écologique et économique construit. Et aujourd'hui, ça doit primer sur tout, parce que la catastrophe climatique va avoir un impact sur tous les aspects de la société. À chaque fois que je vote c'est par dépit, mais l'urgence est trop grande pour ne rien faire.

Cette urgence amène aussi certains jeunes à s'inscrire en rupture avec leurs parents. Le témoignage d'Aminata illustre cette réaction. Fille d'un chef de projet dans une grande compagnie pétrolière, la jeune femme de 23 ans a passé une bonne partie de sa vie dans divers pays africains, où son père travaillait et offrait à sa famille un bon niveau de vie. Mais à l'âge adulte, elle se rend compte que l'activité de son père n'est pas compatible avec la préservation de la planète, si bien que, sans être militante écologiste ni particulièrement engagée dans cette cause, elle décide de voter pour Jean-Luc Mélenchon en 2022 :

> Je n'en parle pas particulièrement avec mon père, parce que c'était son époque, ça a aussi été compliqué pour lui. Il était mécanicien, et par chance il a pu trouver un bon boulot dont il est fier, donc c'est chaud pour moi de lui dire que c'est

> pas bien pour la planète. Mais, clairement, je suis allée voter pour le parti qui prenait ce problème le plus au sérieux parce que là c'est plus possible. Ça commence à me stresser, hier il a plu après un mois de canicule, et on chantait, tellement il avait fait chaud. On en est là. Donc je vais pas voter pour un parti qui propose de garder le système tel qu'il est.

De fait, plus l'argument écologique a de poids, plus la sociologie du vote de gauche évolue : un article du *Figaro* précédant les législatives, « Vers un mélenchonisme des beaux quartiers[6] », décrit l'adhésion de jeunes privilégiés à un vote de gauche en ces termes :

> *Dans ces circonscriptions, l'union des gauches séduit des cadres sup' ou des anciens de HEC. La raison ? les « fils à papa » s'inquiètent pour le climat.*

Les valeurs de gauche sont traditionnellement celles qui séduisent le plus les jeunes, et cela n'a rien de nouveau. Mais l'urgence écologique est venue en partie accentuer cette tendance, puisque ce sont des partis perçus comme « de gauche » qui incarnent et relaient les thématiques environnementales, un monopole plutôt inquiétant, au vu de la gravité de la situation.

Le vote d'extrême droite : la rupture par la sécurité

Le deuxième vote des jeunes qui se rendent aux urnes est à l'opposé du premier sur l'échiquier politique : c'est le vote d'extrême droite. Une étude pour la Fondation Jean-Jaurès[7] montre à quel point un sentiment de déclinisme, le « c'était mieux avant », peut mener à un vote pour l'extrême droite. L'étude relève que les jeunes Français issus des milieux populaires sont nombreux à regarder avec mélancolie et envie en direction d'une époque qu'ils n'ont paradoxalement pas connue : celle de leurs parents, voire de leurs grands-parents. C'est ce sentiment d'injustice, de ne pas avoir pu profiter d'une France prospère (largement mythifiée) qui mène ainsi une partie des jeunes au vote d'extrême droite. Une part qu'il ne faut pas négliger puisque 23 % des moins de 24 ans ont voté pour l'extrême droite lors du premier tour des élections législatives en 2022[8]. Ce sentiment de déclinisme, cette nostalgie d'un passé fantasmé, c'est précisément ce sur quoi surfe Éric Zemmour.

Autant vous dire que trouver des jeunes votant à l'extrême droite qui acceptent de parler avec moi – une journaliste publiquement engagée contre ces idées – n'a pas été chose simple. Mais je ne pouvais pas écrire un livre sur la jeunesse sans interroger ceux qui se retrouvent dans ces mouvements politiques au vu des résultats des élections. À l'issue de nombreux appels à témoignages sur mes réseaux, j'ai finalement pu recueillir leur parole en leur promettant un anonymat total.

Théo[9], 18 ans, m'explique rapidement pourquoi il vote pour l'extrême droite, avant de se braquer devant mes questions concernant ses attentes :

> Malheureusement, je ne fais plus confiance aux journalistes, je vous suis uniquement pour m'informer de tous les côtés, afin de pouvoir par la suite me forger ma propre opinion critique, et ne pas tomber dans une bulle de constante confortation dans un sens ou un autre. Je refuse donc votre proposition et vous demande l'honnêteté dans ce travail que vous réalisez.

Dépitée, je lui propose donc un échange plus poussé par écrit et lui envoie quelques questions. Il continue de m'opposer des fins de non-recevoir, me pose de nombreuses questions sur mon projet, m'accuse de lui envoyer des réponses « copiées-collées ». Sa défiance est manifeste mais son besoin de s'exprimer et de m'expliquer en détail pourquoi il vote à l'extrême droite finit par l'emporter – sans doute espère-t-il aussi, quelque part, me convaincre de la validité de son raisonnement. Quelques jours plus tard, je reçois un document Word très soigné et bien rédigé, que je reproduis partiellement et avec son autorisation ici :

> Je suis né dans une ville du sud très craignos[10], dans une famille pauvre[11]. Je suis passé par un collège très difficile à vivre, dans une cité. J'étais au collège et au lycée dans la classe de section internationale chinoise, mes parents m'y avaient inscrit de force pour me faire « travailler ». Le collège a décidé pour donner les meilleures chances à chacun, de nous rajouter les pires élèves, les racailles, les jeunes délinquants, dans notre classe, pour, je cite, « équilibrer les niveaux » et « les tirer vers le haut ». La réalité est que cela ne nous a apporté que tensions, agressions, bagarres, vols, et désordre en cours ; pénalisant grandement les bons élèves. Vous comprenez sûrement alors pourquoi la réforme de l'école de Monsieur Zemmour pour mettre en place des classes de niveau et réinstaurer la discipline à l'école faisait totalement sens pour moi et mon expérience.

Excellent élève, presque surdoué, il saute des classes, et fait presque toute sa scolarité avec deux ans d'avance. Mais son quotidien est douloureux, il est battu par son père (à qui il « n'en veut pas », précise-t-il) et harcelé à l'école :

> J'ai appris très très tôt à me détacher de mes émotions et à rester fort dans n'importe quelle situation.

Il obtient son bac à 16 ans et se lance dans une classe prépa, avant d'intégrer à 18 ans une école d'ingénieur, dans le centre de la France. Entre les bourses du Crous, la bourse au mérite et un job étudiant, il assure s'être « débrouillé ». Son entourage familial et amical vote exclusivement à gauche. À ce propos, il considère que le parcours scolaire au sein de l'Éducation nationale conduit nécessairement à voter à gauche :

> J'ai replongé dans mes cours il y a peu et ça me saute aux yeux maintenant. Avec du recul et de l'honnêteté, on ne peut nier que l'Éducation nationale soit à gauche. On était formatés pour voter pour l'étiquette écolo.

S'il ne nie pas l'existence du réchauffement climatique, pour lui, l'urgence est ailleurs :

> Que ça soit aux infos, dans les statistiques, dans les faits divers, dans le quotidien, la France a un grand nombre de maux, et les programmes qui, de mon point de vue bien sûr, répondaient et traitaient le mieux ces maux étaient les programmes de Monsieur Zemmour et de Le Pen. J'ai grandi dans une ville particulièrement sale et dangereuse, et je me demandais : Mais qui dans mon entourage, dans mes amis, qui jette ses déchets par terre ? Laisse des cartouches de drogue par terre ? Réussi à se procurer des kalachnikovs ? Puis j'ai observé et me suis tenu au courant des informations de ma ville, et ai remarqué certaines récurrences. Tout cela dans l'inaction de la justice, l'impunité.

Selon lui, la pauvreté n'excuse rien :

> Pourquoi nos agriculteurs, vitaux mais pourtant très précaires, n'ont pas d'AK-47, ne sombrent pas dans la délinquance ? (…) Pour moi c'est une

> culture et la sur-importance de la religion qui va à l'encontre du calme et de la cohésion nationale. Les lois républicaines doivent être respectées avant les diktats religieux et ce pour toute religion. Les racailles et les acteurs du désordre français ne méritent pas ce beau pays qu'est la France.

Alors il a fait le choix de ne pas s'arrêter « à l'étiquette de fasciste » pour mettre dans l'urne le seul bulletin qui lui semblait défendre « l'intérêt de la France » : Zemmour au premier tour, Le Pen au second.

Dans ce document de cinq pages, il m'explique chaque élément qui le séduit dans les projets des candidats d'extrême droite, qu'il connaît sur le bout des doigts : il se retrouve dans leurs projets d'éducation, les mesures visant à promouvoir le nucléaire, leur lutte contre le « projet LGBT/woke » ; il condamne l'idée que l'on puisse financer des transitions de genre avec de l'argent public ou encore que l'on puisse accorder des réductions de peine aux mineurs étrangers qui à ses yeux « ne sont pas toujours des mineurs ». Et à la fin, il me rappelle que « tout n'est pas manichéen » :

> Il faut toujours utiliser sa raison, et regarder les choses avec honnêteté, le moins de biais possible, et ne pas avoir peur de dire les choses clairement.

Il termine en me souhaitant une « bonne écriture ».

Paul[12], 26 ans, n'est pas issu comme Théo d'un milieu populaire. Élevé dans le 93 dans une famille de la classe moyenne, il sort de Sciences Po, et tient à m'expliquer que voter pour Marine Le Pen, ce n'est pas forcément adhérer à ses idées. S'il concède trouver des « défauts » au parti, et avoir été « rassuré » de savoir qu'elle ne pouvait pas passer :

> Voter RN[13], c'est envoyer un signal sur les thèmes qui me semblent importants (sécurité, justice, travail, culture). Plus son score est élevé, plus les autres partis sont obligés de prendre en compte les perspectives des gens qui votent RN.

En 2017, il avait voté Emmanuel Macron, mais cette fois-ci, c'est terminé :

> Les autres candidats ne m'ont pas semblé pertinents sur les thèmes qui me semblent importants : LR[14] et En Marche trop libéraux économiquement et pas assez crédibles sur la sécurité par exemple, et désaccords avec LFI[15] sur la sécurité et la culture.

Il l'assure, son vote n'est pas un vote raciste, c'est simplement le vote de la sécurité :

> Là où j'ai grandi, j'ai vu pas mal de violence comme des agressions et violence gratuite, racket, harcèlement, agressions ou insultes homophobes… et il n'y avait aucune réaction concrète des pouvoirs publics et des responsables éducatifs. La mairie n'en avait rien à faire, et au niveau scolaire les solutions mises en place étaient naïves et mal foutues.

Comme chez Théo, on perçoit dans l'argumentaire de Paul un grand ressentiment vis-à-vis des pouvoirs publics. Comme Théo qui les a même subies dans sa chair, Paul a été témoin de violences, sans obtenir reconnaissance ni justice. Tous deux ont été victimes, à mes yeux, de la défaillance de l'État qui n'a pas su leur offrir un sentiment de sécurité.

> J'étais à gauche avant de basculer progressivement vers le vote RN, et je pense toujours qu'il faut un équilibre entre aide/réinsertion et sanction. Mais à mes yeux, ce que proposent les autres partis aujourd'hui n'est pas assez ferme.

Au vu de sa capacité à percevoir les enjeux politiques, je ne peux croire que Paul soit insensible à la question écologique. Quand je l'interroge sur l'urgence climatique, il m'explique ainsi :

> La libéralisation de l'économie me semble à contre-courant à l'heure où le combat écologique est devenu urgent et où les travailleurs aspirent à une vie plus équilibrée. Et le RN me semble moins dans l'esprit start-up nation que LR ou En Marche.

Pour Théo plus encore que pour Paul, il me semble que la proximité d'un environnement socialement défavorisé et/ou violent conduit ces jeunes qui tentent de s'en sortir malgré tout à en appeler à une plus grande fermeté à l'égard de ceux qui dévient. Faute d'avoir trouvé des aides compétentes pour les aider à surmonter les difficultés du parcours, ils deviennent plus royalistes que le roi, considérant que si eux s'en sont sortis, tout le monde peut le faire. Ensuite, internet fait la différence : ils se retrouvent souvent pris dans ces « bulles de filtre » les amenant à penser que le danger est effectivement partout, et que le problème principal de ce pays est le « grand remplacement ». Les vidéos pensées pour les jeunes à ce sujet pullulent, et l'extrême droite est particulièrement efficace sur les réseaux sociaux.

En effet, ce courant de pensée a très tôt investi le web en multipliant les sites d'informations, les blogs puis les chaînes YouTube visant à diffuser leurs idées et à contourner les médias « *mainstream* ». Des personnalités d'extrême droite comme Julien Rochedy, Papacito, Baptiste Marchais, Georges Matharan ou encore le Raptor dissident rencontrent un succès assez impressionnant sur la toile, cumulant plusieurs centaines de milliers d'abonnés chacun. Ils produisent de nombreuses vidéos pour promouvoir la théorie du grand remplacement ou fustiger le féminisme, en reprenant les codes de YouTube : du vlog ou du traditionnel face caméra. Idéal quand on veut parler aux jeunes. Ils ont sans aucun doute participé à banaliser les idées portées aujourd'hui par Reconquête et le Rassemblement national. Autrement dit, l'extrême droite utilise internet pour ouvrir chaque jour davantage la fenêtre d'Overton[16] sur ces grands thèmes de prédilection : les discours raciste, anti-woke ou anti-féministe (ce dernier thème constituant une porte d'entrée actuellement privilégiée vers la fachosphère alors qu'il n'en est nullement un fondement) progressent ainsi sournoisement et notamment parmi les jeunes connectés, qui grandissent dans un monde où ces discours sont devenus très accessibles et répandus sur la toile…

Cette idéologie peut séduire ceux qui traînent sur le web pour tuer leur ennui dans des périodes difficiles de leur vie. Certains peuvent se laisser happer par une communauté soudée qui leur donne l'illusion d'appartenir à un corps social donné – on y reviendra[17] : les syndicats n'existent quasiment plus dans la vie des jeunes travailleurs précaires et bien sûr pas du tout dans la vie des nombreux jeunes chômeurs ; ces derniers sont dans une grande solitude sociale, donc plus vulnérables aux idéologies galvanisantes que peut proposer la fachosphère.

Ainsi, la dégradation des conditions matérielles d'existence des jeunes, couplée à un désintérêt médiatique et politique, peut en partie expliquer le comportement électoral de cette jeunesse souvent bien peu privilégiée. Le politiste Tom Chevalier me confirme que ce vote est souvent un vote de classe :

> *Un des clivages importants pour la jeunesse, c'est le niveau de diplôme. Plus vous avez un niveau de diplôme élevé, plus vous allez voter, et plus vous allez voter à gauche. Si vous votez en tant que jeune avec un niveau de diplôme plus faible, vous avez plus de chances de voter Rassemblement national.*

Si Paul et Théo sont parfaitement au fait des enjeux socio-économiques et donc engagés avec conviction et après réflexion pour Marine Le Pen ou Éric Zemmour, ils ne sont manifestement pas représentatifs de la majorité des jeunes qui votent à l'extrême droite : ceux-là sont happés par la dimension populiste du vote anti-républicain, les discours victimaires des « Français qui n'ont plus rien » au détriment des « étrangers à qui l'on donne tout ».

Dans les deux cas, la gauche radicale comme l'extrême droite attirent le vote des jeunes parce qu'elles proposent une rupture, chacune à leur manière, avec le système actuel. Toutefois, la forte polarisation du vote des jeunes ne doit pas faire oublier que, chez eux comme dans le reste de la population, le premier parti de France, en 2022, reste l'abstention. Certains médias ont tôt fait de cette abstention le signe du désengagement des jeunes et du triomphe de l'individualisme au sein des nouvelles générations. Avant de remettre en question cette analyse, j'aimerais prendre le temps de revenir sur ce que cache cette abstention indiscutablement significative chez les moins de 30 ans.

L'abstention : premier parti des jeunes

Depuis plusieurs années, le taux d'abstention des jeunes aux différentes élections fait hurler sur certains plateaux de télévision. Comment ? Les jeunes ne votent plus ? La démocratie est en danger ! Quel mépris pour le droit de vote ! Quelle jeunesse désengagée ! En effet, les jeunes votent de moins en moins, c'est indiscutable. Mais plutôt que de les diaboliser comme s'ils étaient responsables de la sixième extinction de masse (rires), essayons de comprendre les raisons qui peuvent expliquer ce désintérêt pour le vote.

L'abstention « naturelle » des jeunes

Avant tout, il faut savoir que les jeunes, depuis que la démocratie représentative existe, ont toujours moins voté que les plus âgés, quelle que soit l'époque, car la jeunesse est un moment où l'on se forme politiquement et où les préférences idéologiques ne sont pas encore cristallisées. C'est un effet naturel du cycle de vie. Tom Chevalier, politiste spécialiste des politiques publiques à destination de la jeunesse en Europe, m'explique lors d'une interview sur le plateau de Blast :

Vous êtes au début de votre vie, vous vous cherchez, vous êtes un peu étudiant, vous entrez sur le marché du travail, votre situation n'est pas encore stabilisée en général, et donc vos préférences politiques ne sont pas stabilisées non plus.

On trouve également des raisons matérielles naturelles à cette abstention : lorsque l'on est en période d'études ou que l'on cherche un emploi, on aura tendance à davantage déménager, ce qui favorise le phénomène de mal-inscription. Concrètement, si une partie des jeunes sont officiellement inscrits sur les listes électorales et peuvent techniquement voter, ils ne sont pas pour autant inscrits à l'endroit où ils vivent et ne peuvent pas toujours se rendre aux urnes le jour J, sauf à faire une procuration. En France, l'enregistrement sur les listes après un changement de domicile ne s'effectue pas automatiquement, contrairement à ce qui se pratique dans la plupart des pays européens. Nombre de jeunes ne pensent pas à se signaler auprès de leur nouvelle commune après un déménagement. Les 7 millions de « mal-inscrits »[1], dont 43 % de 25-29 ans, font de la mal-inscription l'une des causes principales de l'abstention à la présidentielle.

À la lisière de ce que j'ai appelé cette abstention « naturelle », car non contextuelle, fruit de la condition de la jeunesse, une autre problématique, également très répandue dans le reste de la population française, se dessine : la difficulté à comprendre nos institutions.

L'incompréhension des institutions

Cet autre facteur de l'abstention se manifeste en particulier dans le cas des élections intermédiaires (comme les dernières élections régionales où 82 % des

18-35 ans se sont abstenus[2]) : le manque d'information et d'éducation aux institutions empêche beaucoup de jeunes de mesurer l'enjeu – et donc l'intérêt – de certains scrutins. C'est ce que montre une étude récente réalisée auprès des jeunes par le député Matthieu Orphelin[3] sur leur rapport aux institutions : lorsqu'ils sont interrogés sur les potentielles solutions à l'abstention, 53 % d'entre eux invoquent la nécessité d'une meilleure éducation au système politique, et 47 % déplorent le manque d'information au sujet des élections.

Dans un reportage vidéo pour le journal régional *La Provence*[4], une jeune femme s'étonne face caméra, le jour des élections législatives, dans un rire nerveux : « Il y avait un vote aujourd'hui ? Mais j'étais même pas au courant ! Je savais pas du tout ! » Son regard fuit, mal à l'aise. À Marseille, un jeune homme, penaud face aux caméras, avoue lui aussi : « Honnêtement, je savais pas qu'il y avait un vote. » Sous la vidéo, les commentaires fusent, désapprobateurs et critiques pour la plupart : « Aberrant. Que ça ne vienne pas chialer après » ou encore « C'est simplement honteux ! ».

Les jeunes que j'ai pu interroger de mon côté concèdent volontiers une incompréhension du système. Alexis, 22 ans, m'affirme, d'une voix lasse :

> Je n'y comprends rien, je ne comprends pas qui fait quoi, ça a l'air toujours super compliqué.

Quand je lui demande si elle sait comment sont votées les lois, Zoé[5], 18 ans, m'explique :

> Honnêtement, non. J'ai dû le voir en cours, mais je ne m'en rappelle pas. Les législatives, j'en avais même pas entendu parler.

Tout comme Lina[6], 20 ans, qui me confie elle aussi ne « pas savoir ce que sont les législatives. Personne ne me l'a jamais expliqué je crois, ou, en tout cas, je m'en souviens pas ». Zoé et Lina ont toutes les deux demandé à être anonymisées. Parce qu'avant même d'avoir ouvert la bouche, elles savaient que je pouvais porter un jugement sur elles, puisque la société le fait souvent. Parce qu'elles n'assumeraient probablement pas publiquement de ne pas bien connaître ce système politique complexe.

Pourtant, en théorie, les jeunes suivent aujourd'hui des cours d'enseignement moral et civique. Dans le secondaire, l'étude des élections est susceptible de se faire en classe de terminale où les professeurs doivent choisir d'aborder au moins quatre notions sur l'année parmi une multitude de notions, dont les origines historiques de la démocratie, la souveraineté du peuple, la laïcité, la protection de la démocratie, la construction européenne, la politique sociale et j'en passe[7]. L'éducation au vote se fait donc au bon vouloir de l'enseignant et, lorsqu'elle est choisie, s'inscrit dans un cours auquel il n'est alloué que 18 heures par an…

Pour ma part, j'ignorais aussi à quoi servaient des élections législatives en sortant du lycée. Je ne connaissais pas bien la construction d'une loi. Et ce, alors même que j'étais curieuse, que je me sentais concernée par les droits humains, le féminisme, l'écologie ou même la géopolitique. Mais la politique française me semblait trop compliquée, ennuyeuse et, surtout, peu utile. Quand je lui demande quelle est son orientation politique, Ambre, 20 ans, me répond :

> Ben je peux même pas le dire, je connais pas assez tous les partis. Je peux pas tout suivre, si j'étais super informée, je me prononcerais, mais là je peux pas

voter justement parce que j'y connais rien. Donc mon vote serait pas juste.

Le politiste Tom Chevalier me le confirme : il y a une corrélation directe entre la « compétence politique » – c'est-à-dire la connaissance des institutions, des partis politiques et des enjeux – et le niveau d'intérêt politique, et donc de participation :

Mais c'est à nuancer, puisque contrairement à ce que l'on pourrait croire, les nouvelles générations sont de plus en plus éduquées, elles ont plus eu accès à l'enseignement supérieur et à l'information, notamment grâce à internet.

À l'inverse, si certains jeunes sont informés, ils ne votent pas en toute connaissance de cause, car ils rejettent ouvertement le système. C'est ce que Vincent Tiberj[8] décrit lorsqu'il évoque l'*avènement des citoyens distants.* Et cette distance – voire défiance – vis-à-vis de la politique permet d'expliquer une grande partie de l'abstention.

Le rejet de la politique institutionnelle

Je l'ai déjà dit, le refus de la politique telle qu'elle s'exerce traditionnellement, c'est-à-dire par le vote, s'explique en grande partie par la défiance qu'une autorité défaillante peut susciter.

Au-delà des forces de l'ordre, le niveau de rejet du personnel politique ne cesse d'augmenter. C'est un phénomène commun à toutes les générations, mais qui se trouve exacerbé chez les jeunes qui, contrairement à leurs aînés, n'ont plus tendance à considérer le vote comme un « devoir » et se montrent particulièrement intolérants à l'égard des petits arrangements entre politiciens. Les diverses affaires de corruption et les scandales en tout genre ont émaillé le dernier quinquennat, tout comme l'ont été ceux de François Hollande et de Nicolas Sarkozy. Même s'ils ne sont pas ultra informés sur ces questions, 70 % des jeunes pensent que les politiques sont corrompus[9] et se révèlent souvent capables de me citer au moins une affaire, en fonction de leur sensibilité – faites votre choix, messieurs-dames, il y en a pour tout le monde : Benalla, McKinsey, Uber Files, les homards de François de Rugy, ou encore la dernière collection qui cartonne : les membres du gouvernement accusés de viols ou violences sexuelles et sexistes.

Autant dire que ces affaires ne contribuent pas à améliorer l'image de la classe politique et alimentent le « tous pourris » qui tient de nombreux jeunes à l'écart du vote. Selon l'enquête *Valeurs* de l'European Values Study menée en 2018, seuls 27 % des 18-29 ans déclarent ainsi avoir confiance dans le Parlement et 23 % dans le gouvernement[10].

Une classe politique vieillissante

À cette (compréhensible) défiance s'ajoute la difficulté pour les jeunes de s'identifier à des représentants politiques qui ont, pour l'écrasante majorité d'entre eux, au minimum le double de leur âge (l'âge médian des députés français en 2022 est de 49,6 ans[11]). Si les derniers quinquennats ont vu un relatif rajeunissement des représentants nationaux, le nombre de maires de moins de 35 ans (l'âge de la « jeunesse » en politique) a été divisé par trois entre 1983 et 2014[12], ce qui peut traduire une réticence systémique de la classe politique en place à… céder la place, justement. Sans surprise, les difficultés que rencontrent les jeunes à l'entrée dans la vie active se retrouvent donc à l'entrée en politique… Dans *La Parenthèse boomers*, François de Closets dénonce cette « république des gens en place » et ses conséquences :

> *Une démocratie trop bien accaparée par les adultes et les vieux perd toute assise dans la jeunesse. Voilà très précisément ce qui arrive à notre Vᵉ République, trop bien prise en main par la génération des boomers*[13].

De fait, ce décalage d'âge en entraîne un autre : la difficulté pour les jeunes de se retrouver dans les idées parfois datées et étriquées de leurs aînés quand l'heure est à l'ouverture. Camille Peugny documente ce gouffre de plus en plus marqué : si les comportements et les attitudes de la population de manière générale sont « de moins en moins autoritaires et ethnocentrés » (ce n'est donc pas qu'une question d'âge), le niveau de tolérance à l'égard de ce qui relève de l'altérité est bien plus élevé chez les plus jeunes que chez leurs aînés. Sur la question de l'immigration, par exemple :

> *Les moins de 30 ans se montrent davantage enclins à en souligner les effets positifs. Invités à noter de 0 (extrêmement négatif) à 10 (extrêmement positif) l'impact de l'immigration sur l'économie ou la vie culturelle d'un pays, les plus jeunes donnent des scores significativement plus élevés que les plus de 60 ans.*

Ou sur la question des minorités sexuelles : de ce point de vue, la défense de la nouvelle ministre chargée des Collectivités territoriales est catastrophique. Caroline Cayeux, lorsqu'elle est confrontée aux propos qu'elle a tenus en 2013 – qualifiant le mariage pour tous de dessein « contre la nature » –, déclare pour montrer patte blanche : « J'ai beaucoup d'amis parmi tous ces gens-là. » Et ça, ça ne passe pas pour des jeunes qui sont majoritairement au fait des questions de genre et d'orientation sexuelle. Même ébahissement face aux propos d'Éric Dupond-Moretti, ministre de la Justice, qui condamne ces « “follasses” qui racontent des conneries et engagent l'honneur d'un mec » pour disqualifier le mouvement #MeToo ; sans parler du président lui-même qui assure avoir réglé le problème d'accusation de viol pesant sur Gérald Darmanin après lui avoir parlé « d'homme à homme ». La façon de penser que trahissent ces petites phrases lâchées au détour d'une interview est juste aberrante pour les générations nées dans les années 1990 et après ! Si ce décalage de mentalités est un grand classique, notre belle époque innove en rassemblant sous l'étiquette « wokiste » tous les aspirants à une société plus tolérante – sans surprise, les accusations accablent principalement les jeunes.

Pour Jean Massiet, streamer sur Twitch et vulgarisateur politique, qui échange chaque jour avec un public âgé d'une vingtaine d'années en moyenne et les voit réagir aux différentes déclarations des politiques, ces faux pas d'une classe politique vieillissante contribuent de manière évidente à alimenter le rejet de la politique par les plus jeunes :

> *Ça heurte un truc qui est tellement évident pour eux : c'est comme si un mec affirmait que la Terre était plate, c'est tellement débile, qu'ils se disent qu'ils ne vont même pas entrer dans le débat, le combat. Ça renforce l'idée que la politique c'est « un truc de vieux ». Ils se disent : « Regarde, ils ont des discussions de vieux ces tarés. »*

Cette dichotomie entre leur perception et la réalité de l'absurdité de la politique va plutôt nourrir leur réticence à l'égard de ce milieu. Les jeunes quand ils entendent ce genre de déclaration, on sent qu'ils soupirent, ils grincent des dents, ils ont pas envie de se mouiller dans ce qu'ils considèrent être un truc de vieux cons.

Enfin, la (non-)place des enjeux environnementaux dans les programmes de la plupart des partis reste le frein majeur pour les jeunes qui sont légitimement préoccupés par la question. Clientélisme oblige, les campagnes se font autour de la sécurité et de la laïcité, thèmes chers aux plus âgés, qui sont par leur nombre de très loin les plus à même de porter au pouvoir un candidat ou une candidate.

La dépolitisation des classes populaires

Une autre raison de l'abstention des jeunes vient de la progressive disparition d'une tradition politique héritée de l'ère industrielle et portée par l'ensemble de la société, particulièrement prégnante parmi les classes populaires. En effet, les jeunes ouvriers se sont longtemps intéressés à la politique par le biais des syndicats qui étaient extrêmement puissants jusque dans les années 1980 : la politisation, l'encartement dans un parti, faisaient alors partie intégrante de leur vie sociale. Or ce n'est pas un scoop : les syndicats ont fortement perdu en influence. Dans *Une génération sacrifiée*[14] *?*, les sociologues Stéphane Beaud et Gérard Mauger expliquent clairement le déclin de la culture des syndicats, et par voie de conséquence de la culture politique au sein des usines françaises, dans un contexte de forte hausse du chômage, qui aboutit au « déficit d'encadrement politique, syndical, culturel des jeunes des classes populaires ». Le syndicalisme, c'était la lutte collective pour ses droits dans le théâtre politique, soit le lien entre la réalité du peuple – le travail quotidien – et la sphère politique lointaine de « ceux qui décident ». Sans syndicat, ce lien disparaît et le gouffre se creuse entre la réalité des classes populaires et la classe dirigeante du pays : cela participe à la naissance d'une jeunesse qui, en plus de ne pas se retrouver dans le vote, ne se retrouve pas dans les mouvements sociaux[15].

Conséquence directe de la fin des syndicats, les jeunes travailleurs des classes populaires sont confrontés à une solitude absolue pour endurer la pénibilité quotidienne. Avec la perte d'emplois fixes et l'affaiblissement des syndicats, fini la socialisation et la politisation par le travail : les jeunes, n'ayant plus conscience de partager les mêmes conditions d'existence que leurs pairs, n'ont plus de leviers pour faire progresser leurs revendications… Sans conscience de classe, c'est désormais chacun pour soi !

Le besoin d'un renouveau du système démocratique

Observer l'évolution du rapport au vote des Français permet d'approcher une autre raison de l'abstention des jeunes. Vincent Tiberj montre que les générations du baby-boom allaient voter par « devoir ». Au sortir de la guerre, les mentalités pouvaient se résumer ainsi : même sans conviction, il est vital d'aller aux urnes car « des gens sont morts pour que vous ayez le droit de vote ». Mais pour les nouvelles générations, le rapport à l'acte de vote n'a plus rien de symbolique. Selon Tom Chevalier, « le vote est [pour eux] un droit plus qu'un devoir ». Dès lors, ils se déplacent seulement si les enjeux soulevés par les élections les intéressent – comme l'illustre le rebond de la participation des jeunes observé pendant les dernières élections européennes axées sur la question climatique.

Mais si le vote n'est plus un « devoir », pourquoi se déplacer pour un parti qui ne suscite pas un réel engouement et qui ne donne pas le sentiment qu'il peut vraiment changer les choses ? À ce titre, certains scrutins ne répondent plus aux aspirations des jeunes. Très présent en France (présidentielle, législatives, municipales), le scrutin majoritaire, notamment, est souvent perçu comme injuste : comme son nom l'indique, la majorité remporte l'entièreté de l'élection à l'issue du vote – ce scrutin n'aime pas la nuance, en somme. En plus d'exclure les petits partis, il encourage les comportements électoraux « stratégiques », le « vote utile », plutôt qu'un vote d'adhésion réelle.

L'entre-deux-tours de la présidentielle 2022 est un très bon exemple de la colère que le scrutin majoritaire a pu susciter chez certains jeunes. Alors que la France doit choisir entre réélire Emmanuel Macron ou donner le pouvoir à Marine Le Pen, des étudiants décident de bloquer l'université de la Sorbonne pour protester contre ce choix inepte ; ils sont bientôt rejoints par le campus de l'École normale supérieure et celui de Sciences Po. « La révolution est un devoir » ou encore : « Stop à l'inaction climatique », pouvait-on lire sur leurs pancartes. Au micro de Blast, les étudiants s'indignent de ce système électoral qui les contraint à faire un choix « absurde ». Évidemment, les railleries ont rapidement fusé dans les médias et sur les réseaux sociaux. Alors que les étudiants scandent :

« Ni Macron, ni Le Pen », l'humoriste Sophia Aram lâche un « Ni brosse à dents, ni caries » sur Twitter[16] et le chroniqueur du *Figaro* Olivier Babeau les dénigre sarcastiquement : « Moi aussi je vais faire comme les étudiants : me rouler par terre et crier jusqu'à ce que les Français élisent qui je veux. Cette technique marchait quand j'avais 4 ans après tout. » Emmanuel Macron en personne tape du poing sur la table : « Je pense que la démocratie est faite de règles. Si on se met à contester toutes les règles, ça devient l'anarchie », déclare-t-il sur France Info. Si ces étudiants ne sont pas représentatifs de l'ensemble des jeunes du pays, leur combat est pourtant révélateur du sentiment que le système démocratique tel qu'il existe ne permet plus d'accueillir leurs espoirs.

Zayneb, 22 ans, résume parfaitement ce besoin de renouveau des institutions et du système électoral :

> Je n'ai jamais voté de ma vie. J'ai décidé de ne pas voter ni à la présidentielle, ni aux législatives. Je me suis dit qu'en faisant partie de ce chiffre d'abstentionnistes, j'exprimais mon mécontentement. Les politiques, je les vois comme trop loin, je les visualise comme étant inatteignables, il y a un manque de proximité avec eux, ils ne me représentent pas.

Elle évoque également le problème de la structure de la Ve République et de la figure présidentielle :

> Je suis gênée par le pouvoir que peut avoir le président de la République à lui seul de toute façon, quel que soit son bord politique. À un moment, peut-être que je pourrais voter pour une personne qui sortirait de ce qu'on connaît déjà. Mais je crois dans tous les cas que ce n'est pas possible de faire ce qui est écrit dans les programmes, et donc ça crée forcément de la frustration. Pour toutes ces raisons, je refuse de voter.

Alors que j'arrive au terme de ma présentation des différents facteurs pouvant expliquer la désertion des urnes par les jeunes, il me reste à aborder un dernier élément – et celui-là « plie le *game* » en matière de : « Si les jeunes veulent que ça change, ils n'ont qu'à aller voter ! ». Je n'en ai pas parlé jusqu'ici parce que je ne pense pas que les jeunes en aient conscience, mais il est de taille : quand bien même ils se mobiliseraient massivement dans les urnes demain, les jeunes ne l'emporteraient pas parce qu'ils sont en infériorité numérique dans la France de 2022.

Une jeunesse politiquement écrasée par la pyramide démographique

Un coup d'œil rapide à la pyramide des âges montre que les jeunes ne font vraiment pas le poids face à leurs aînés ! En 2019 (derniers chiffres non provisoires dont nous disposons), les 18-29 ans représentent 9,2 millions de Français[17], soit 13,7 % de la population, tandis que les plus de 60 ans sont 17,4 millions de personnes, soit 26,7 %[18] ! Autrement dit, même si les jeunes décidaient soudainement de tous voter, ils ne pourraient sans doute pas contrebalancer le vote des plus âgés.

Quand on sait que les jeunes s'abstiennent davantage – pour toutes les raisons qu'on a données ici – que leurs aînés, ça donne presque envie de pleurer. À titre d'exemple, lors de l'élection présidentielle de 2022, plus de 40 % des moins de 34 ans se sont abstenus au premier tour, contre seulement 12 % des 60-69 ans. Non seulement les « seniors » sont plus nombreux en France, mais ils votent davantage en termes de proportion… Alors forcément, leur vote a plus de poids.

Voilà le serpent qui se mord frénétiquement la queue : les jeunes votent moins, ce qui explique que les politiques s'intéressent moins à eux et donc défendent moins leurs idées, ce qui explique qu'ils votent encore moins.

Eh oui, car voici poindre la dernière conséquence de cette inégalité démographique : le clientélisme inhérent à l'accession au pouvoir. En effet, lorsque l'on veut « percer » en politique, on défend les problématiques chères aux électeurs les plus à même de nous donner la victoire… Les jeunes sont donc condamnés par la démographie à rester la cinquième roue du carrosse puisque aucun responsable politique réaliste ne peut miser sur eux pour remporter une élection.

Au terme de ce chapitre, on peut déplorer le choix de ces jeunes de s'abstenir, mais il me semble que l'on peut reconnaître que leurs raisons sont recevables. À en croire certains médias, les jeunes crachent aux pieds de la République en s'abstenant. Quand je regarde le contexte, je me dis que c'est plutôt la République qui crashe l'avenir de la jeunesse. Ne pas comprendre les raisons de l'abstention des jeunes, c'est ne pas vouloir entendre les défauts du système et chercher à le préserver par tous les moyens.

Heureusement, certains jeunes sont bien résolus à ne pas se laisser marcher dessus sans lutter : ceux-là réinventent l'engagement et font figure d'espoir pour l'avenir de tous. Il est donc temps d'entrer dans le dernier mouvement de ce livre : la découverte des nouvelles formes de l'engagement des jeunes – avec un peu de bol, on croisera ici de quoi retrouver foi en l'avenir !

Les différentes formes d'engagement citoyen

On l'a vu, les jeunes ne se sentent pas – et ne sont pas – représentés en politique. À cet égard, il est logique que le système démocratique de la Ve République se révèle peu satisfaisant. Pour qui veut avoir un impact immédiat, l'action directe peut être beaucoup plus séduisante. À ce titre, les pétitions, le boycott, les manifestations, les occupations ou même l'expression sur les réseaux sociaux peuvent donner aux citoyens l'impression d'être plus actifs politiquement qu'en se rendant aux urnes. La politiste Sarah Pickard appelle cela la « *do it yourself politics* ». C'est la remise en question du rapport de délégation aux décideurs : une façon de dire que l'on fait de la politique directement à son échelle. Et c'est une très bonne chose, à tous niveaux ! Tom Chevalier n'y voit d'ailleurs aucun danger pour la démocratie :

> *Ça peut être un danger pour la démocratie représentative, mais pas pour la démocratie. La démocratie, c'est bien plus large que le vote. Il y a d'autres enjeux de démocratie directe par exemple. De ce point de vue-là, c'est assez dynamique en réalité chez les nouvelles générations !*

J'entends ici mettre en lumière ces nouvelles formes de mobilisation citoyenne qui sortent des radars traditionnels de mesure de l'engagement, mais n'en demeurent pas moins de réels espoirs pour l'avenir. Car si tous les jeunes ne sont pas engagés et restent même passifs pour une bonne part d'entre eux, notamment les plus aisés – satisfaits d'un système qui les privilégie – et les plus défavorisés – trop abîmés par le manque de perspectives et/ou l'isolement géographique –, bon nombre de jeunes s'engagent activement dans le collectif, en réinventant l'action politique en dehors des élections.

Se faire entendre dans la rue

Parmi les 18-29 ans, un jeune sur deux a déjà manifesté, alors qu'ils n'étaient qu'un sur trois dans ce cas en 1981[1].

Cette forme de mobilisation est conciliable avec le vote, mais ne l'est pas systématiquement. Alexis, 22 ans, a grandi à Blanquefort. Fils d'un employé de mairie et d'une mère esthéticienne, il se forme actuellement pour devenir barman spécialisé dans les cocktails. Il m'explique qu'il ne vote pas parce qu'il ne « comprend rien à la politique » et qu'il ne se « sent pas représenté ». Ce qui ne l'empêche pas de se sentir concerné par les enjeux de société, au contraire :

> Je vais en manif parce que c'est là que j'ai l'impression que je peux le plus m'exprimer, j'y vais pour l'antiracisme, les droits des LGBTQI+, et j'y étais aussi allé pour les gilets jaunes, parce que mes parents étaient directement touchés par tout ça.

Toutefois – et c'est là le signe d'une véritable faille de notre système démocratique –, plusieurs jeunes m'expliquent hésiter de plus en plus à aller en manifestation en raison de l'augmentation des violences policières.

Se faire entendre sur la toile

Les réseaux sociaux abritent des formes d'engagement multiples et variées qui n'ont jusqu'ici jamais fait l'objet d'études sérieuses : difficile donc d'en mesurer l'ampleur, mais plusieurs indices permettent d'affirmer que le phénomène est massif. Notamment la montée en puissance de comptes engagés dans des combats très valorisés parmi les jeunes : la lutte pour l'égalité hommes-femmes, les discriminations de genre, l'écologie, les droits des animaux, etc.

Ainsi, des comptes féministes sur Instagram cumulent des centaines de milliers d'abonnés, comme @taspensea sur la charge mentale (184 000 abonnés) ou @jemenbatsleclito qui parle de sexualité et de féminisme de manière plus générale (688 000 abonnés) ; même chose du côté de l'écologie, sur Twitter notamment, avec @bonpote (230 000 abonnés) qui alerte vigoureusement sur l'urgence climatique et le greenwashing, @camilleetienne_ (395 000 abonnés) ou encore le compte de l'humoriste écolo @swannperisse (344 000 abonnés).

La pratique est la même du côté de TikTok où le journaliste engagé en faveur des droits des animaux Hugo Clément a par exemple près de 800 000 abonnés. À plus petite échelle, sur les questions LGBTQI+, le compte @parlonslesbiennes (45 000 abonnés) informe avec humour, là où @mybetterself (133 000 abonnés) parle d'acceptation de son corps et de féminisme. Si la plupart des créateurs officient sur plusieurs plateformes simultanément, TikTok me semble plus à même d'illustrer l'engagement des plus jeunes : sur 14,9 millions d'utilisateurs actifs mensuels en janvier 2021, 38 % ont entre 13 et 17 ans, 37 % entre 18 et 24 ans et 20 % entre 25 et 34 ans[2] – je vous épargne le calcul : ça nous fait un total de 95 % d'utilisateurs de moins de 34 ans.

En pratique, les posts, par écrit ou en vidéo, se partagent facilement en messages privés ou en story sur les multiples plateformes, si bien qu'ils deviennent rapidement viraux. Certains sont purement pédagogiques, visant à pallier la carence des médias sur ces questions ; d'autres sont des appels à l'action de leur communauté – boycotter telle ou telle marque ou tel établissement bancaire au regard de leurs activités climaticides ou signer des pétitions. Ils sont par exemple près de 200 000 à avoir signé la pétition pour la protection des fonds marins[3] partagée par de nombreux jeunes militants et ONG environnementales.

Pour Marion, 20 ans, ce type de mobilisation est un refuge pour sa génération injustement considérée comme apolitique :

> Il y a des plateformes, des lieux où on peut être écoutés, libres d'exprimer nos différences, c'est une force, tous les comptes de soutien sur les réseaux… En plus des assos, on est quand même une génération qui sait se regrouper pour des causes, faire entendre des revendications, du moins c'est mon ressenti.

Symptôme éloquent du succès de cette tendance ? Les partis politiques, parfaitement conscients de l'enjeu que représente la bataille d'opinion et d'influence sur les réseaux sociaux, s'emparent de ces relais d'information et canaux pour recruter de nouveaux adhérents. Léonard, chargé de communication chez les Jeunes Communistes, en témoigne pour Buzzles :

> *Quand il y a une manifestation, on fait des visuels d'appel à la mobilisation. On fait aussi des vidéos quand il y a une intervention du secrétaire général, lorsqu'il répond à l'actu par exemple*[4].

L'engagement en ligne est donc une réalité sur laquelle il faut compter aujourd'hui, et les jeunes en sont les plus fervents adeptes. Loin de se cantonner à des débats d'idées hors sol, ces mobilisations en ligne peuvent avoir des conséquences bien réelles.

Soutenir des causes : le cas spectaculaire du Z Event

Cet engagement des jeunes sur les réseaux sociaux se traduit parfois concrètement de manière sonnante et trébuchante. Champions absolus dans ce domaine, les streamers du Z Event qui lèvent chaque année plusieurs millions d'euros auprès de leurs abonnés pour une cause caritative.

L'événement a été créé en 2016 par deux « gamers », Adrien Nougaret, alias ZeratoR, et Alexandre Dachary, alias Dach. Pendant 50 heures sans interruption, les streamers les plus célèbres du pays se rassemblent dans une salle et font ce qu'ils font habituellement : à savoir principalement jouer aux jeux vidéo tout en interagissant avec leur audience *via* un chat. La diffusion se fait en temps réel et l'audience, composée d'une écrasante majorité de jeunes, est invitée à donner de l'argent pour une ou plusieurs ONG. Les sommes rassemblées sont stupéfiantes : en 2020, Amnesty International a ainsi récolté plus de 5 millions d'euros, en 2021 la somme a doublé avec 10 millions d'euros pour Action contre la faim, et en 2022, devant l'ampleur que prenait l'événement, ce sont cinq associations de protection de l'environnement – parmi lesquelles Sea Shepherd et le WWF – qui se sont partagé 10 182 126 euros (record battu !).

Louis, 26 ans, est ingénieur à Grenoble et, chaque année, il attend cet événement avec impatience :

> À chaque fois je passe le week-end devant mon écran. J'ai donné à la première édition parce qu'un de mes youtubeurs préférés y participait. Avec ça j'ai découvert Twitch, et ça ne s'est jamais arrêté.

S'il gagne aujourd'hui autour de 2 000 euros par mois, son budget était beaucoup plus restreint lors de la première édition :

> Au début j'étais étudiant alors je donnais quelques euros, mais maintenant je donne entre 100 et 200 euros.

Laura est étudiante en langue chinoise. Boursière, elle vit avec 700 euros par mois à Paris, et pourtant, elle aussi donne à Z Event :

> J'ai commencé à donner l'année dernière quand je me suis mise à Twitch parce que c'est important de soutenir des associations aussi utiles. J'ai donné 35 euros, parce que j'ai un petit budget, mais c'est mieux que rien.

Une explication à cette implication hors norme réside bien sûr dans le lien personnel que permettent de construire ces plateformes entre un streamer et son audience : on le regarde pendant des heures, souvent chez lui, parfois sur plusieurs années. Beaucoup mettent Twitch en bruit de fond lors d'une autre activité (devoirs, cuisine, ménage), pour sentir une compagnie familière. Ainsi, lorsque votre streamer préféré vous demande de donner pour une cause, vous avez l'impression de le connaître et donc de pouvoir lui faire confiance.

Laura a voté pour la première fois lors de la présidentielle de 2022, et quand je lui demande si elle a plus confiance en ses steamers préférés qu'en la politique, elle me répond immédiatement :

> Mais bien sûr ! Évidemment ! J'ai bien plus confiance qu'en n'importe quel homme politique. Là ils sont hyper transparents, ils montrent comment les fonds sont utilisés, je vois où l'argent va.

Les commentaires des vidéos réalisées à l'occasion de l'événement mettent en lumière que certains font des économies toute l'année pour pouvoir participer à ce Téléthon du gaming. La réussite exceptionnelle de ce type d'événement constitue une objection de plus à l'idée reçue selon laquelle les jeunes sont égoïstes. Je pense plutôt qu'ils ont simplement besoin de modes d'action qui leur ressemblent et leur donnent le sentiment que leur engagement a un impact.

Consommer éthique et responsable

Tous les jeunes ne font pas attention à ce qu'ils consomment, loin de là. Une grande majorité reste très réceptive au marketing ultra consumériste, notamment lorsque ce dernier est, là aussi, relayé par des influenceurs sur les réseaux sociaux.

Le témoignage de Lina[5], 20 ans, étudiante infirmière en région lyonnaise, est à ce titre éloquent : issue d'un milieu modeste et boursière pendant ses études, elle dépense une bonne partie de son budget dans le shopping :

> La mode, c'est ma passion. Je regarde beaucoup les influenceuses sur Insta et TikTok, et j'essaie de créer mes propres tenues à partir des inspirations. Zara, Pull and Bear, Bershka, je fais souvent les boutiques et mes amies sont quasiment toutes pareilles. On compare nos styles après.

Elle a pourtant conscience des potentielles retombées négatives de ce type de comportement sur l'environnement, mais quand je lui demande si elle serait prête à changer ses habitudes de consommation, elle concède, honnête :

> Franchement, à part si c'est vraiment à grande échelle… Et encore… Non. Je sais que c'est super égoïste ce que je dis, mais pas à mon âge, faut bien que je vive, pourquoi moi j'aurais moins que les autres avant ? Tu m'enlèves les vêtements, tu m'enlèves ma passion. Même l'avion par exemple : moi j'espère que je pourrai voyager après mes études.

Toutefois, de plus en plus de jeunes ont conscience de l'impact de leur consommation sur la planète et les droits humains, ce qui conduit un nombre croissant d'entre eux à vivre leur capacité d'achat comme un engagement quotidien. Un sondage mené par YouGov à l'été 2020 montre que parmi les 40 % de Français à avoir déjà boycotté une marque, les plus jeunes sont les plus nombreux ! C'est la tranche d'âge 18-24 qui est la plus représentée (44 %) dans cette pratique. Et l'une des raisons principales qui pousse les jeunes à décider de boycotter un produit est d'ailleurs son impact environnemental : c'est la deuxième cause (après la communication mensongère) qui les conduit à changer de fournisseur/produit, alors que pour la population nationale, cette préoccupation n'arrive qu'en quatrième place[6].

Marie, 24 ans, vit dans le sud de la France et travaille comme employée dans une résidence pour seniors. Elle n'a pas toujours été pointilleuse dans ses choix de consommation, mais il y a quelques années, son expérience personnelle la pousse à s'interroger :

> Après avoir travaillé deux mois au McDonald's, je me suis promis de ne plus jamais leur donner un centime, parce que c'est un désastre écologique et humain. Ce genre de conditions de travail pousse vraiment les gens à la dépression, et tant qu'on n'a pas l'envers du décor, on ne s'en rend pas compte.

Elle commence donc à s'intéresser à ce qui se trouve derrière ses choix de consommation, et très vite, la liste de produits à boycotter se fait longue :

> Je fais toujours un tour sur internet pour regarder l'éthique et les scandales avant d'acheter. Amazon par exemple, c'est l'entreprise qu'il faut boycotter par excellence, non seulement ils ne paient pas leurs impôts en France, mais en plus les conditions humaines sont déplorables. Le problème, c'est que plus tu t'informes, plus tu te rends compte que tu peux pas acheter grand-chose.

Elle m'explique privilégier le bio et le local pour la nourriture, même s'il est parfois compliqué d'acheter 100 % responsable dans tous les domaines quand on ne gagne pas beaucoup. Aujourd'hui, elle refuse par exemple d'acheter des cosmétiques testés sur les animaux ou « *polluants* » ; alors, comme les marques éthiques sont onéreuses, elle a appris à se fabriquer elle-même une bonne partie des produits qu'elle utilise. Pour le reste :

> J'ai un groupe avec des amis, on se partage les bons plans de notre ville, les marques éthiques et pas trop chères, on essaie de tous consommer mieux même si on n'est pas parfaits, hein !

J'ai posé la question de la consommation lors de mes entretiens et, comme pour le vote, la plupart des jeunes me répondaient boycotter tel ou tel produit à cause de telle ou telle cause. Rares sont ceux qui, comme Marie, tentent de calquer l'ensemble de leur consommation sur leurs convictions, mais beaucoup refusent d'acheter un produit dénoncé comme « exploitant les Ouïghours » par exemple. J'ai noté que plusieurs ont décidé de devenir végétariens pour protéger les animaux et la planète, mais consomment encore à côté des produits non éthiques ou prennent l'avion. Nombreux sont ceux qui, contrairement aux clichés, ont parfaitement conscience de leurs contradictions, ce qui ne les empêche pas d'agir sur des produits ciblés. Même s'ils ne boycottent qu'un seul produit, c'est pour moi la preuve qu'ils ne se « foutent pas » de ce qui les entoure. Ma conviction est d'ailleurs confirmée par les chiffres de l'étude « Youth Talks » menée en 2023 : 40 % des jeunes français sont prêts à abandonner des items de leur consommation matérielle et 39 % sont prêts à abandonner certaines de leurs activités pour atteindre le futur qu'ils souhaitent, notamment en ce qui concerne l'écologie.

Donner de soi en devenant bénévole dans une association ou en militant

L'engagement dans sa forme la plus aboutie se traduit par le don de son temps et de sa personne à une cause, et cela prend la forme du bénévolat associatif. Les études sont formelles : on note l'implication d'une partie croissante des jeunes dans les associations. En 2023, l'enquête Ifop[7] pour Recherche & Solidarités (R&S), un réseau associatif d'experts et d'universitaires, montre même que les jeunes sont de plus en plus nombreux à rejoindre des associations, alors que du côté des seniors, c'est la dynamique inverse qui est observée : ils sont de moins en moins nombreux à s'engager bénévolement !

Dans son livre *Politiquement jeune*, la sociologue Anne Muxel explique qu'« un jeune sur cinq est engagé dans des associations de type altruiste ou militant ». Le baromètre DJEPVA du Crédoc montre que 55 % des 18-30 ans se déclarent adhérents d'une association ou d'un groupe, contre 46 % de l'ensemble de la population. À noter que ces inscriptions se traduisent par un engagement réel : 50 % d'entre eux s'y consacrent au moins une fois par mois, contre 42 % pour l'ensemble de la population. Cela va de la simple association sportive à des associations qui proposent de l'aide aux sans-abri ou des activités artistiques aux enfants défavorisés. La dernière enquête de l'Ifop sur le sujet, réalisée pour France Bénévolat début 2024, montre même que les 15-34 ans ne se sont jamais autant engagés[8] ! 25 % d'entre eux ont intégré une association en 2023, soit trois point de plus qu'avant la pandémie. Pour une génération d'individualistes, ils sont bien altruistes, ces jeunes !

Lola, 20 ans, est étudiante à Strasbourg. Elle a découvert l'engagement associatif au lycée *via* l'ONG

Utopia 56 et depuis son engagement n'a jamais faibli. Aujourd'hui, en parallèle de ses études, elle s'implique dans une association qui fait des maraudes auprès des SDF :

> On récupère des invendus dans les boulangeries et on passe les distribuer à des sans-abri. Ce qui est important, ce n'est pas seulement de leur donner de la nourriture. On s'arrête aussi pour parler avec eux, pour créer du lien. J'y étais hier soir et y a un monsieur qui nous a invités à manger chez lui, dans sa tente.

Quand je lui demande pourquoi elle donne de son temps de cette façon, elle m'explique :

> J'ai besoin de me sentir utile, bien sûr. En fait, de faire ça, ça me donne de l'espoir en l'humanité. Moi je suis beaucoup sur les réseaux sociaux, et de voir tout ce qu'il se passe ça me rend pessimiste. Du coup, de m'engager trois heures par semaine, ça me permet de décrocher des sourires, en vrai, de garder espoir.

Maëla, 25 ans, a terminé une licence d'info-com à Grenoble, avant d'enchaîner les jobs alimentaires, sans réussir par la suite à accéder au master qu'elle désirait. Aujourd'hui, elle est en service civique, et a décidé de s'engager bénévolement à côté pour une association qui offre des cours de français aux étrangers. Fille d'un migrant chilien qui a fui la dictature de Pinochet, elle m'explique que « c'est un sujet qui [la] bouleverse pas mal ». Après un stage d'observation, elle a rejoint l'association et depuis, chaque semaine, elle donne deux heures de cours à un même groupe d'exilés :

> Je prépare ça à la maison, c'est principalement des étrangers en provenance de pays d'Afrique. Certains n'ont jamais tenu un stylo, donc il faut s'adapter,

> il faut être créatif, j'apprends beaucoup à leur contact. (...) Je tisse des liens affectifs avec eux, même si il faut faire attention à mettre des limites pour ne pas faire plus de mal que de bien. J'essaie de trouver un juste milieu. Mais ce qui compte c'est que quand je rentre chez moi, je sais que j'ai fait un truc utile.

Pour clore ce chapitre, je veux évoquer le cas particulier de Sasha, 22 ans, engagée dans le collectif Dernière rénovation, qui milite pour la rénovation thermique des logements, dans le cadre de la lutte contre le réchauffement climatique. Si elle n'était pas consciente de l'urgence de la situation il y a encore quelques années, elle met désormais toutes ses forces et son temps personnel au service de l'écologie, en parallèle de ses études. Le moins qu'on puisse dire, c'est qu'elle n'a pas froid aux yeux. Elle fait partie de ceux qui ont bloqué le périphérique parisien[9] en s'asseyant par terre pour protester contre l'inaction climatique et s'est collé la main au sol à la superglue devant l'Assemblée nationale pour attirer l'attention des nouveaux députés. Vive et éloquente, elle est rapidement repérée par les médias qui l'invitent sur différents plateaux. La séquence qui la montre aux prises avec l'hostilité d'Apolline de Malherbe ou encore celle où les chroniqueurs de TPMP lui font subir une humiliation publique à coups d'invectives toutes plus stupides les unes que les autres, sans jamais lui laisser le temps de répondre à leurs inepties, ont fait le tour des réseaux sociaux. Sur ces plateaux, elle a servi de bouc émissaire parfait dans le rôle de la « militante écolo extrémiste » qui veut nous punir en nous enlevant nos petits plaisirs – la viande, les vacances au bout du monde, les bains...

Je l'ai rencontrée sur le plateau d'Arrêts sur images[10] pour évoquer le traitement médiatique odieux dont elle a fait les frais parce qu'elle tente d'alerter sur la question du climat. À la demande de la journaliste, nous avons regardé ensemble ces séquences en vue de les commenter ensuite. À la vue de ces images qu'elle n'avait « jamais revues », elle n'a pu contenir ses larmes sur le plateau. Plus tard, en coulisse, je découvre que la « militante extrémiste » est surtout une jeune femme terrifiée par le changement climatique, qui s'engage parce qu'elle ne voit pas ce qu'elle pourrait faire d'autre, et qui est profondément écorchée par toute la malveillance de ceux qui ne manquent pas de lui tomber dessus dans les médias. Malgré toute cette souffrance et la violence de ce qu'elle subit, elle persiste et signe avec d'autres actions :

> Je me sens hyper responsable en tant que jeune qui a accès à ces plateaux, je dois saisir cette chance de prendre la parole et être à la hauteur des enjeux.

Elle concède que le stress médiatique l'empêche parfois de dormir, mais la « lutte pour vivre sur une planète habitable » est plus forte que tout. Pas engagée, la jeunesse ? Sérieusement.

L'attitude des plus critiques à l'égard des jeunes des années 2020 est toujours la même : quand on ne s'engage pas, on « s'en fout du collectif », quand on s'engage, ce n'est jamais pour les « bonnes causes » ou de la « bonne façon ». Face tu perds, pile je gagne. Mais il est un lieu sur lequel les jeunes imposent aussi parfois leur vision de l'engagement, c'est le travail : en bouleversant les règles, en inversant les valeurs traditionnelles qui plaçaient la rémunération et le prestige en haut de la liste des critères de choix, certains d'entre eux font du rapport au travail un pilier de leur engagement dans la société.

L'engagement politique par le travail

L'un des aspects les plus frappants de la fracture générationnelle est le rapport des jeunes au travail et au choix d'une profession qui a du sens : les critères de recherche d'emploi ont changé depuis le début des années 2000, de même que la manière dont la génération Y investit la sphère travail. L'argent n'est plus la motivation principale : le temps réservé à la vie privée, le sens et l'éthique sont devenus pour beaucoup des critères déterminants.

L'exigence de sens : le renversement de la valeur travail

J'insiste encore ici sur la fracture sociale. En l'occurrence, il est certain que seuls ceux qui sont les plus dotés socialement – et parmi eux les détenteurs de CDI à plein temps – peuvent se permettre une réflexion politique autour du choix de leur emploi : le souhait d'exercer une profession qui puisse contribuer à l'amélioration de la société reste un luxe.

Mais une fois cette précaution posée, une rupture générationnelle s'observe dans certaines entreprises, au point que des livres entiers ont été écrits sur le sujet, à l'instar de *Manager la génération Y*[1]. Une partie des jeunes veut travailler différemment. Même s'il concerne les couches privilégiées de la jeunesse et qu'il est compliqué à mesurer (il n'existe pour l'instant pas d'étude indiscutable sur le sujet), ce phénomène n'est pas anecdotique.

Premièrement, il est important pour 95 %[2] d'entre eux de préserver un équilibre entre vie personnelle et professionnelle. Ce qui en soi pourrait aussi être considéré comme un acte politique : ne plus mettre la valeur travail au cœur de notre vie, ne plus faire de la carrière et de la rémunération une priorité absolue sont des remises en question de la logique productiviste qui règne depuis les années 1960. Cela passe sans doute inaperçu mais c'est bien à mes yeux une autre façon de participer à la création d'une société différente.

Et deuxièmement, l'éthique et le sens donné à son métier sont des données que les jeunes prennent de plus en plus en compte. 65 % d'entre eux se disent par exemple prêts à renoncer à postuler dans une entreprise qui ne prend pas assez en compte l'environnement[3].

Une étude détaillée réalisée en 2019 pour l'Injep[4] affirme que 59 % des jeunes considèrent que le fait d'être utile à la société dans le cadre de son emploi est « important », voire « très important » pour 29 % d'entre eux. Le phénomène grandit d'année en année, et il pourrait bien devenir majeur au vu de l'intensification des conséquences du réchauffement climatique. À quoi bon gagner beaucoup d'argent lorsque l'on participe activement à détruire la planète sur laquelle nous vivons tous, et par là ses propres conditions d'existence ? Comme je l'ai dit et répété (pardon pour ça, j'ai l'habitude comme d'autres d'être inaudible sur cette question), cette évidence nous rattrape de plus en plus. Et rebat les cartes de façon inédite dans le monde du travail.

L'exigence éthique : quand les priorités changent

Sans en faire une généralité, mon parcours peut fournir un exemple intéressant du virage que peut prendre une carrière à la suite d'une prise de conscience écologique. À l'heure où j'écris ces lignes, je ne suis pas dans le besoin mais je ne vis pas dans l'opulence non plus. Alors bien sûr que j'aimerais gagner un peu mieux ma vie. Je ne vais pas prétendre que l'argent ne m'intéresse pas puisqu'il est synonyme de plus de confort. Je ne suis en rien supérieure moralement au reste de la population, et je ne suis pas spécialement détachée de la matérialité ou de la société de consommation. Il fut un temps où moi aussi je rêvais de mener un train de vie luxueux. Mais aujourd'hui, ce n'est plus mon objectif premier. La question éthique a pris le dessus et conduit dorénavant mes choix professionnels – je refuse bon nombre de collaborations avec des médias ne me semblant pas répondre aux critères d'intérêt général que je me suis définis, même s'ils me proposent trois fois mon salaire.

Non par ascétisme, mais parce que cette meilleure rémunération n'a plus aucun sens dans le contexte de crise généralisée qui pèse sur mon avenir et celui de ma génération. Parce que mon métier n'aurait plus d'intérêt, d'impact ou de sens, si je savais qu'il contribuait d'une manière ou d'une autre à dégrader mon environnement – notre planète.

Je pourrais même pousser le curseur encore plus loin en affirmant que ce n'est pas tant par sens du collectif que je me refuse l'accès à ces « promotions », mais par égoïsme. Parce que cela m'empêcherait de dormir de participer à l'incurie ambiante, parce que je ne pourrais plus aller me coucher avec la satisfaction d'avoir fait quelque chose d'utile dans ma journée (du moins dans ma conception de l'utilité : je suis bien consciente que je ne sauve pas des vies, hein).

Je peux donc témoigner du fait que l'action individuelle a aussi quelque chose de réconfortant : elle permet de se réaligner en vivant en accord avec ses principes – sortir de la fameuse dissonance cognitive –, de se dire que tout n'est pas perdu, qu'un futur plus désirable est possible, et qu'on y contribue un peu chaque jour. Or, lorsque l'on a conscience de la gravité du changement climatique, cette satisfaction a quelque chose d'infiniment plus luxueux qu'un salaire à cinq chiffres.

Cette logique est aussi celle de certains étudiants en études supérieures. Fraîchement diplômés d'écoles de commerce ou d'ingénieurs, ils sont de plus en plus nombreux à déserter le système qui leur offre pourtant une place privilégiée en son sein, et à refuser la pression sociale qui va avec.

Jérémie, 22 ans, étudiant en école d'ingénieur à Grenoble, m'explique qu'il se bat pour convaincre ses camarades et ses directeurs de changer la nature de leur formation :

> J'ai été élu comme délégué et je porte un discours pour pousser vers une formation digne de ce nom quant aux enjeux socio-écologiques dans nos écoles.

Il déplore que son établissement soit « intimement lié aux industriels partenaires, nos potentiels futurs employeurs. Alors, avec quelques camarades, nous nous battons contre des murs qui refusent d'admettre que ce système n'est pas viable, qu'on ne sauvera pas le monde avec nos belles technologies mortifères ».

Marine Miller, journaliste au *Monde*, documente ce changement de mentalité au sein des grandes écoles dans *La Révolte : enquête sur les jeunes élites face au défi écologique*, aux éditions du Seuil. Elle y explique qu'une fraction de cette génération née à la fin des années 1990 et au début des années 2000 « est la première à comprendre qu'elle sera la première à subir directement et de son vivant les conséquences du dérèglement climatique ». Au fil des pages, elle retrace la trajectoire de « ces futures élites en colère qui, entre désertion et prise d'armes, ont changé leur vie pour mieux construire le monde de demain ».

Jean-Philippe Decka décrit lui aussi, dans *Le Courage de renoncer*[5], le chemin « vers la radicalité » des jeunes et moins jeunes qui, au sein des élites, décident de tout plaquer pour changer de cap.

Dans mes entretiens, plusieurs jeunes, majoritairement issus des grandes écoles ou titulaires d'un master 2, m'expriment leur volonté de faire un métier « utile », qui « a du sens ». Le cas de Léo, 27 ans, est éloquent. Après cinq années à Sciences Po Grenoble, il termine son cursus par un stage chez RedBull, la multinationale de boissons énergisantes :

> Y avait un peu un truc de prendre le stage le plus stylé possible. J'aimais leurs contenus vidéo, parce que j'aimais les sports extrêmes, donc c'était un peu un rêve d'adolescent. Je savais bien au fond que ça ne correspondait pas à mes valeurs, mais je crois que j'avais besoin de le vérifier par moi-même.

Et ça ne manque pas. Le jeune homme estime que cette expérience professionnelle lui a mis une claque :

> J'ai vraiment vu l'envers du décor des vidéos que j'aimais bien. À un moment, j'ai été dans une compétition de moto en Allemagne, dans la plus grande mine de fer en activité, t'avais des mecs avec des énormes motos qui faisaient la course pour arriver en haut. Et moi j'étais là, dans une cabine climatisée, au milieu de tout ce diesel, sur mon ordi. N'importe quoi. De manière générale, niveau environnemental, c'était un désastre, tous les contenus cool qu'ils produisent en fait, c'est vraiment juste pour vendre leurs produits. Non seulement ça sert à rien, mais ça fait du mal aux humains et à la planète.

En rentrant, il obtient son diplôme et refuse la proposition d'emploi pourtant bien rémunérée de la multinationale pour se lancer dans un service civique payé 500 euros par mois dans une association d'agriculture urbaine qui crée des potagers collectifs sur les toits des immeubles. Au bout de quelques mois, il est embauché et développe en parallèle une activité de vidéaste indépendant :

> Je me suis rendu compte que je voulais raconter des vraies histoires plutôt que de vendre des canettes.

Aujourd'hui intermittent, il filme majoritairement des artistes, fait la promotion d'entreprises ou d'associations engagées, et travaille bénévolement pour des festivals ou des associations qu'il apprécie particulièrement :

> Je veux être témoin de ce qu'il se passe, donner un écho médiatique à ces initiatives.

Déserter un système écocidaire

Il faut bien comprendre que pour un étudiant, faire ces choix, c'est se soumettre à une conflictualité assurée avec son entourage, ses pairs, ses futurs employeurs. Ne croyez pas une seconde qu'il est aisé pour quelqu'un qui vient de terminer de longues années d'études – souvent coûteuses et exigeantes – d'annoncer qu'il renonce à tous les privilèges – carrière internationale, salaire confortable, prestige social… – au moment d'avoir son diplôme.

C'est pourtant ce qu'a décidé de faire une poignée de jeunes ingénieurs d'AgroParisTech le 30 avril 2022. Au moment de la remise de diplômes, huit étudiants prennent la parole. Devant une assemblée médusée, une jeune femme donne le ton :

> *Nous sommes plusieurs à ne pas vouloir faire mine d'être fières et méritantes d'obtenir ce diplôme à l'issue d'une formation qui pousse globalement à participer aux ravages sociaux et écologiques en cours.*

Un autre étudiant poursuit :

> *Trafiquer en labo des plantes pour des multinationales (…), inventer des labels « bonne conscience » (…), pondre des rapports RSE [responsabilité sociale et environnementale] (…), ou encore compter des grenouilles et des papillons pour que les bétonneurs puissent les faire disparaître légalement. Ces jobs sont destructeurs et les choisir, c'est nuire.*

La voix tremblante, les mots hésitants, ils appellent à déserter les postes prestigieux qui s'offrent à leur promotion d'élite :

Nous nous adressons à celles et ceux qui doutent. (…) Nous voulons vous dire que vous n'êtes pas les seuls à trouver qu'il y a quelque chose qui cloche. Car il y a vraiment quelque chose qui cloche. Nous aussi nous avons douté et nous doutons parfois encore, mais nous refusons de servir ce système !

Ce discours m'a profondément touchée et permis de renouer avec une émotion rare ces derniers mois : l'espoir. Parce que ceux de ma génération qui savent agissent. Parce que des étudiants s'insurgent, y compris dans l'antichambre de l'élite du système : les grandes écoles. Parce que si nous sommes nombreux, nous pourrons peut-être renverser la table de la croissance à tout prix.

Après le discours d'AgroParisTech, ce fut une épidémie d'appels à déserter dans les grandes écoles. Le 2 juin 2022 à HEC, lors de la soirée de remise des diplômes de la plus prestigieuse école de commerce du pays, une étudiante, Anne-Fleur Goll, explique devant des milliers de personnes dans un anglais impeccable avoir ressenti un « profond malaise » en prenant conscience que les métiers auxquels menaient ses études étaient « la principale cause » de l'effondrement environnemental et du dérèglement climatique. Elle enjoint les étudiants à remettre en question tout ce qu'ils ont appris :

HEC nous ouvre beaucoup de portes. C'est maintenant notre responsabilité d'utiliser ces portes ouvertes pour changer les règles.

À Polytechnique, le 24 juin 2022, un groupe d'étudiants évoque leurs « camarades de l'Agro » en entrant timidement sur la scène des remises de diplôme, avant de gagner en assurance au fur et à mesure de leur prise de parole. Sous les projecteurs, un jeune homme en costume, la voix grave et déterminée, s'avance :

> *Il est urgent d'entamer un virage radical, de sortir des rails sur lesquels nous installent insidieusement notre diplôme et notre réseau. (…) Tenter de résoudre à la marge des problèmes sans jamais remettre en cause les postulats mêmes du système dans lequel nous vivons ne suffira plus !*

S'ils appellent leurs camarades à les suivre devant des applaudissements timides, les étudiants précisent à la fin de leurs discours respectifs :

> *Nous sommes déterminés, mais nous ne pouvons pas agir seuls. Nous ne pourrons relever le défi écologique qu'avec l'implication active des décideurs et décideuses.*

Anne-Fleur Goll, diplomée de HEC, elle aussi, termine son discours sur la même note :

> *À tous ceux qui pensent que nous n'avons pas assez d'expérience pour comprendre : ne nous laissez pas faire face à ces défis seuls ! Les sujets de climat et de biodiversité ne sont pas réservés à vos enfants. Formez-vous, portez ces sujets, montons en compétence ensemble ! Et si vous êtes déjà en position de pouvoir (…), transformez les entreprises, maintenant !*

Une main tendue aux générations précédentes. Il ne s'agit pas de se marginaliser, il s'agit d'un appel à faire société en marge de la mégamachine qui nous emmène droit dans le mur, précise Jean-Philippe Decka dans son livre. Ces discours sont la volonté d'un tournant collectif vers un autre système, ils sont un refus de la marginalité qu'induit trop souvent le pas de côté par rapport au système dominant.

Nous sommes donc bien loin des volontés anarchistes ou de la politique conflictuelle.

Polytechnique, AgroParisTech et HEC ne sont pourtant pas des repaires de gauchistes. Leur discours n'a pas de couleur politique. Il a une couleur scientifique et générationnelle. Celle de vouloir survivre sur une planète menacée, celle de vouloir protéger l'intérêt général – notre Terre –, vivre mieux, vivre collectivement. N'en déplaise aux cyniques qui me rétorqueront qu'il ne s'agit que d'une poignée d'idéalistes dont les rêves utopiques sont irréalisables : depuis quand sommes-nous censés nous résigner face aux injustices et aux dysfonctionnements de ce monde – et en l'occurrence, nous résigner à voir le monde s'effondrer ?

CONCLUSION

En finir avec la guerre des générations

Pour juger de quelqu'un, il faut lui avoir vu jouer le dernier rôle.

Anne-Thérèse de Marguenat de Courcelles

Il est trop facile de stigmatiser la jeunesse en la traitant d'incapable, d'inculte et de geignarde tout en oubliant que les politiques publiques lui tournent le dos, qu'elle rencontre des difficultés plus rudes que ses aînés à l'entrée dans la vie professionnelle, que le chômage la guette même à la sortie de longues études, que le changement climatique compromet son avenir et que la dernière pandémie lui a volé ses années étudiantes. Autrement dit, quand certains clament que la jeunesse : « C'était mieux avant », ils oublient que le contexte l'était peut-être également.

Le défaut de solidarité intergénérationnelle – si l'on exclut celle, très forte, qui se joue au sein des familles – participe à abattre le moral des jeunes générations. Mais heureusement, elle n'empêche pas ces dernières de chercher des moyens de s'adapter et de réinventer les modes d'implication collective. Car oui, les jeunes s'engagent. Mais à leur manière, et souvent sous des formes inédites qui doivent nous réjouir, car elles sont la preuve de l'envie de notre jeunesse de se projeter dans un avenir meilleur.

Si je regrette de n'avoir pas abordé certaines thématiques comme l'amour, la famille, la religion, le racisme, le sexisme, l'homophobie et bien d'autres problématiques sociales que je n'ai pas pu étudier, j'espère avoir réussi à dresser un portrait authentique – bien que partiel – de la jeunesse française des années 2020 en démontant au passage quelques préjugés sur son compte.

Anna, lycéenne de 17 ans, a été l'une des premières à m'écrire, en pleine pandémie. Si elle était « trop jeune » pour prendre place dans le corps de mon livre, je veux lui laisser une place dans cette conclusion, car ses mots m'ont accompagnée tout au long de l'écriture :

> Je suis fatiguée. Je suis terrifiée. Je suis furieuse.
> Et j'en ai assez.
> À ceux qui liront ceci.
> À ceux qui peuvent faire quelque chose.
> Je vous en supplie.
> Agissez.

Anna a tout dit : la peur, la colère, le besoin de solidarité et l'appel à l'action collective. Tout ce qui bout en moi depuis des années. Une bonne dose de désespoir mélangée à une immense indignation qui a au moins le mérite d'empêcher la résignation.

La jeune militante écologiste Camille Étienne a rapidement compris le piège que pouvait constituer la guerre des générations : c'est une fausse guerre.

Dans le court-métrage[1] qui l'a rendue célèbre, en pleine pandémie, elle déclame d'une voix forte :

> *Nous sommes la première génération à vivre les conséquences du réchauffement climatique, et la dernière à pouvoir y faire quelque chose.*

Dès les premières minutes de cette vidéo qui la propulsera dans l'espace médiatique, la question générationnelle est là :

> *Drôle de sentiment de se battre pour une guerre qu'on n'a pas déclarée. C'est vrai. Je suis désolée, on n'y est pour rien. (…) Ne rien dire, c'est être d'accord. Ne rien faire, c'est ne pas vouloir que ça change. Voilà un pari bien risqué que de remettre notre sort entre les mains d'une poignée de boomers.*

Dans ce court-métrage, Camille Étienne pointe du doigt le problème d'une gouvernance politique assurée par une poignée de personnes plus âgées que nous qui dirigent le monde d'aujourd'hui comme on le faisait hier.

Encore une fois, « boomer » n'est qu'un mot, et l'on peut être né après cette génération et pourtant défendre ce vieux monde et ses illusions : la croissance infinie, le productivisme, l'accroissement inévitable des inégalités, l'opulence par l'exploitation d'autres peuples à l'autre bout du monde et la destruction méthodique de la planète pour notre confort. À l'inverse, on peut être un « senior » et saisir le problème. Né en 1933, François de Closets fait partie de ceux-là, et il sous-titre d'ailleurs son ouvrage par son souhait de « réconcilier les générations » . Je reçois aussi des messages de soutien de « baby-boomers » : de gens qui ont la force de remettre en question un système dont ils ont souvent bénéficié. Je les remercie infiniment pour leur courage. Certains rejoignent l'action climatique, soutiennent physiquement et financièrement des mouvements citoyens. Cette tendance aujourd'hui minoritaire existe, et j'espère sincèrement qu'elle va s'amplifier dans les prochaines années : c'est un enjeu capital, car le poids démographique (et donc politique) comme les moyens financiers, ne l'oublions pas, sont de leur côté.

Sur TikTok, une vidéo[2] du photographe Bryan Blaffart cumule des millions de vues et des milliers de commentaires. Il y aborde une octogénaire au hasard dans la rue, et lui demande quel conseil elle donnerait à un jeune de 20 ans. Celle-ci répond, sans hésiter, face à la caméra du portable qui la filme :

> *Il faut entrer dans un mouvement associatif, car la génération qui a précédé celle-ci a abîmé la planète, et alors on lègue à nos enfants et à nos petits-enfants une planète qui est dévastée. Les jeunes sont bien conscients qu'il faut que les choses changent. Le monde dans lequel nous vivons n'est plus un monde qui rend les gens heureux.*

Dans les commentaires, certains jeunes abondent dans son sens et soulignent la lucidité de la vieille dame ; d'autres demandent de l'aide et expriment leur impuissance. Et je suis bien d'accord avec eux tous. Car une fois qu'on pose un regard lucide sur les défis que doivent affronter les nouvelles générations, il ne s'agit pas juste de leur dire : « Allez-y. » C'est terriblement anxiogène. On ne peut pas porter la responsabilité de « tout changer ». Du moins ne peut-on pas la porter tout seuls.

Il est à mon sens plus juste de considérer, à l'instar de Bruno Latour s'adressant à ses étudiants de Sciences Po en 2019, que « c'est la tragédie et la chance de cette génération que de se trouver au beau milieu d'une révolution ». Au « beau milieu » ne signifie en effet absolument pas que nous devons mener cette révolution seuls, de notre côté !

Les enjeux sont énormes, car on parle ni plus ni moins de sortir du système néolibéral. Et quand je dis « on », je désigne les auteurs du troisième volet du dernier rapport du GIEC, qui affirment entre autres la nécessité d'une rupture avec un système productiviste, ou encore l'urgence d'un changement de nos indicateurs économiques[3].

Il est utopique et irresponsable de confier l'accomplissement de changements aussi colossaux aux seuls jeunes. D'autant qu'il y a urgence. C'est une remise en cause du libéralisme débridé indexé sur la création de valeurs qu'il nous faut mener, et vite. Ce n'est pas moi qui le dis, ce sont les scientifiques – notamment dans cette tribune du *Monde*[4] :

> *Notre gouvernement se rend complice de cette situation en négligeant le principe de précaution et en ne reconnaissant pas qu'une croissance infinie sur une planète aux ressources finies est tout simplement une impasse. Les objectifs de croissance économique qu'il défend sont en contradiction totale avec le changement radical de modèle économique et productif qu'il est indispensable d'engager sans délai.*

Reconnaître l'existence du changement climatique n'est pas une opinion, encore moins une vision de droite ou de gauche. C'est un constat scientifique sur lequel nous n'avons hélas aucun pouvoir. Ce qui dépend de nous, c'est la façon dont nous saurons – ou pas – nous y adapter. Cela ne peut pas être l'affaire d'une génération – qui plus est, dans les pays dits développés, une génération extrêmement minoritaire démographiquement parlant.

La collaboration des générations est une des conditions de la préservation de l'habitabilité de notre planète. Nous ne pourrons reconstruire quoi que ce soit de désirable une fois que tous les points de bascule seront dépassés. Nous serons tous concernés, à plus ou moins court terme selon nos ressources, par les périls encourus et déjà évoqués : canicules, tempêtes, gels, incendies, faillites démocratiques, migrations climatiques, pénuries d'eau, de nourriture, d'énergie, etc. Ce n'est donc certainement pas une question de génération, ce n'est même pas vraiment une question de classe sociale sur le long terme (même si, bien sûr, les plus défavorisés seront les premiers à en subir les conséquences) au vu de l'ampleur des phénomènes et de la menace qu'ils représentent pour la stabilité de nos sociétés.

Cette révolution nécessaire et urgente ne peut attendre que ces jeunes – écoliers, étudiants ou professionnels – soient aux manettes de l'économie, de l'industrie et de la politique ! Il est indispensable que nos aînés – et notamment les plus riches, les plus influents – soutiennent ceux qui ont déjà saisi l'ampleur du problème et participent activement à sa résolution. Ce n'est pas « naïf », ce n'est pas « idéaliste » : c'est nécessaire. C'est une question de survie collective.

En attendant que les générations s'unissent pour agir de concert, des scientifiques comme Peter Kalmus se désespèrent de l'inaction des humains, et affirment avoir l'impression de vivre un scénario encore pire que celui du film *Don't Look up*[5] :

> *Le système terrestre s'effondre maintenant à une vitesse époustouflante. Et les climatologues ont été confrontés à*

des enjeux de communication publique encore plus insurmontables que ceux des astronomes de Don't Look Up, *puisque la destruction du climat se déroule sur des décennies – rapide comme l'éclair à l'échelle de la planète, mais extrêmement lente à l'échelle médiatique – ce n'est pas aussi immédiat et visible qu'une comète dans le ciel.*

C'est là le cœur de la problématique, un début d'explication de cet immobilisme collectif. Les dirigeants et une poignée d'avant-gardistes ont été informés de l'urgence environnementale il y a des décennies, mais les scientifiques sont confrontés au mur de la « communication publique », ce qui a pour conséquence un grave déficit d'information des masses, depuis l'époque de nos parents et même de nos grands-parents.

Très objectivement, il est indéniable que les générations précédentes sont à l'origine de l'état de délabrement de la société française et de la planète de manière générale. Les plus âgés sont donc responsables. Mais ils ne sont pour l'immense majorité d'entre eux pas coupables, car ils n'avaient pas conscience des conséquences de leur mode de vie d'alors. D'autant plus qu'à l'absence d'information s'est ajoutée une désinformation active organisée par de puissants lobbies, comme Total[6], dès les années 1970, et dont on commence seulement aujourd'hui à mesurer l'ampleur. Je dois reconnaître qu'il serait facile pour moi, biberonnée à l'urgence climatique, d'adopter une posture moralisatrice vis-à-vis des générations qui n'ont pas eu accès à des informations de qualité. Mais je sais que si j'étais née dans les années 1950, j'aurais moi aussi embrassé le rêve de la croissance infinie. C'est pour cette raison que je n'accable pas une seconde les plus âgés. Cet ouvrage n'est ni une critique acide des « boomers » ni une typologie morale douteuse des générations. C'est un appel à l'aide, une main tendue à destination de nos aînés.

Je veux donner du courage aux jeunes pour l'avenir qui s'annonce rude, mais aussi amener les générations qui nous critiquent à changer de regard sur la jeunesse, à leur faire entendre que les difficultés que nous rencontrons sont inédites, que les causes que certains d'entre nous défendent ne sont pas infondées, et enfin que nous avons besoin de leur aide pour prévenir au maximum puis affronter les bouleversements à venir. Nous avons un besoin vital de leur sursaut – de votre sursaut, si vous me lisez ; nous sommes désarçonnés de ne pouvoir compter sur vous. Beaucoup d'entre nous se sentent abandonnés, effrayés par la désinvolture affichée de certains d'entre vous face aux drames à venir.

Ce qui compte, ce n'est pas l'inaction passée, c'est ce que vous allez faire après avoir lu ces pages.

Ce qui compte, c'est pour qui vous voterez, où vous placerez votre argent, ce que vous consommerez, comment vous vous engagerez à nos côtés.

Ce qui compte, c'est comment vous allez vous joindre à nos utopies et renouer avec votre « idéalisme de jeunesse ».

Ce qui compte, c'est la manière dont vous allez vous adresser à vos enfants et à vos petits-enfants à partir de maintenant.

C'est la façon dont vous saurez leur tendre la main et saisir la leur.

NOTES

AVANT-PROPOS

1. 90 % des investissements de TotalEnergies sont dans le pétrole et le gaz. L'entreprise est à l'origine de nombreux projets climaticides comme Eacop ou Tilenga (construction du plus grand oléoduc chauffé au monde en Tanzanie et en Ouganda, qui pourrait causer l'un des désastres environnementaux les plus importants du siècle). https://ieefa.org/articles/despite-talk-shell-and-total-are-still-investing-much-more-fossil-fuels-renewables

2. Il n'y avait pas que des moins de 28 ans ce jour-là, mais ils constituaient le gros de la foule des militants écologistes, quand les sexagénaires constituaient la majorité de la foule des actionnaires.

INTRODUCTION

1. Les dictionnaires Larousse et le Petit Robert les définissent comme les personnes de plus de 50 ans, mais je ne m'arrête pas à cette limite d'âge, ils peuvent être plus jeunes, et plus vieux. Ils sont dans tous les cas « plus âgés » comme choisit de les définir l'Académie française, et c'est justement là-dessus qu'ils appuient leur légitimité.

2. Et probablement aussi parce que je suis une femme, mais ce sujet mériterait un livre à lui tout seul, et ce n'est pas la thématique que j'entends traiter dans ces pages.

3. https://lanetscouade.com/picks/journalistes-influenceurs-le-circuit-de-la-copie-d-un-tweet-est-presque-aussi-rigoureux-que-celui-d-un-article/

4. Groupe d'experts intergouvernemental sur l'évolution du climat

5. Sport Utility Vehicle, caractérisés par leur hauteur, leur volume important et leur consommation de carburant injustifiée au regard de leur utilisation.

6. Et selon un rapport de l'ONG WWF, ils sont même la deuxième source de hausse des émissions de CO_2 en France. https://www.wwf.fr/sengager-ensemble/relayer-campagnes/stop-suv

7. « Trafic aérien : une hausse quasi continue depuis trois décennies », *Libération*, 10 octobre 2019.

8. Le dynamisme récent des importantes est-il surprenant ? Banque de France, Bloc-notes éco, 6 novembre 2011.

9. Entendues comme les seuils que l'humanité ne devrait pas dépasser pour ne pas compromettre les conditions permettant de vivre durablement dans un écosystème sûr. En gros, quand on les dépasse, ça risque de mal tourner. Elles concernent aussi bien le changement climatique que l'érosion de la biodiversité ou l'utilisation mondiale de l'eau et l'augmentation des pollutions chimiques. Pour aller plus loin : https://www.stockholmresilience.org/research/planetary-boundaries.html

10. Contrepoints, 30 juillet 2022 : https://www.contrepoints.org/2022/07/30/436056-les-jeunes-contre-les-boomers

11. « Génération Y, génération narcissique », *Le Point*, 26 février 2015 https://www.lepoint.fr/societe/

generation-y-generation-narcissique-26-02-2015-1908005_23.php

12. https://atlantico.fr/article/decryptage/les-millennials-generation-douillette--et-si-l-explication-etait-au-moins-autant-dans-l-education-donnee-a-nos-enfants-que-dans-la-durete-du-monde-contemporain-bertrand-vergely-laetitia-vitaud

13. https://www.nouvelobs.com/planete/20190724.OBS16332/michel-onfray-se-dechaine-contre-greta-thunberg-la-cyborg-suedoise.html

14. https://www.lefigaro.fr/vox/societe/pascal-bruckner-greta-thunberg-ou-la-dangereuse-propagande-de-l-infantilisme-climatique-20190409

15. https://www.lefigaro.fr/vox/societe/2018/05/05/31003-20180505ARTFIG00097-elisabeth-levy-les-jeunes-c-etait-mieux-avant.php

16. https://www.lepoint.fr/invites-du-point/charles-consigny/la-jeunesse-francaise-est-elle-frappee-d-acedie-13-05-2013-1665859_1449.php

17. https://legrandcontinent.eu/fr/2020/03/30/ok-virus-coronavirus-generations/

18. Entretien avec Anne-Marie Métailié, paru dans *Les jeunes et le premier emploi*, Paris, Association des Âges, 1978.

19. Référence visant avant tout à montrer à mon professeur de sociologie en troisième année que j'ai bien suivi son cours.

20. https://www.insee.fr/fr/statistiques/4238379?sommaire=4238781

21. Arthur Rimbaud, « Roman », 29 septembre 1870.

22. « La frontière entre jeunesse et vieillesse est dans toutes les sociétés un enjeu de lutte [...] Quand je dis jeunes/ vieux, je prends la relation dans sa forme la plus vide. On est toujours le vieux ou le jeune de quelqu'un. [...] La représentation idéologique de la division entre jeunes et vieux accorde aux plus jeunes

des choses qui font qu'en contrepartie ils laissent des tas de choses aux plus vieux. » Pierre Bourdieu, « La "jeunesse" n'est qu'un mot », in *Questions de sociologie*, Paris, Minuit, 1984.

23. « Le fait de parler des jeunes comme d'une unité sociale, d'un groupe constitué, doté d'intérêts communs, et de rapporter ces intérêts à un âge défini biologiquement, constitue déjà une manipulation évidente. Il faudrait au moins analyser les différences entre *les* jeunesses. » Pierre Bourdieu, *ibid.*

24. Ma méconnaissance des enjeux de la jeunesse propres aux départements d'outre-mer aurait demandé beaucoup plus de temps (et surtout de pages) pour produire une analyse convenable.

25. https://www.lemonde.fr/societe/article/2009/04/23/chomage-des-jeunes-le-mal-francais_1184457_3224.html

26. Insee.

27. https://www.cairn.info/revue-projet-2017-6-page-10.htm

28. La « panne » de l'ascenseur social est un sujet controversé en sciences sociales ; certains chercheurs contestent l'existence même de la méritocratie dans l'histoire. Ce qui est sûr, c'est que la mobilité sociale n'a pas augmenté ces dernières décennies. Cet article d'*Alternatives économiques* résume bien les enjeux autour de l'histoire récente de « l'ascenseur social » : https://www.alternatives-economiques.fr/mobilite-sociale-tombee-panne/00077680

29. Ainsi, la proportion des cadres et des professions intermédiaires avait augmenté de 6 points de pourcentage entre 1961 et 1977 ; cette augmentation a diminué de moitié entre 1983 et 1997. Source : https://www.lemonde.fr/societe/article/2020/01/07/l-ecole-n-est-pas-seule-responsable-de-la-panne-de-l-ascenseur-social_6025007_3224.html

30. L'économiste de la santé Nathalie Coutinet et la médecin hospitalière Anne Gervais dans une interview pour Blast en mai 2022.

31. À l'été 2022, des villages du Doubs, du Var et de l'Isère notamment ont vu l'eau du robinet coupée à cause de la sécheresse.

PREMIÈRE PARTIE « SOIS JEUNE, ET FAIS-TOI »

La tendresse légendaire des aînés pour leurs cadets

1. https://www.cairn.info/les-enfants-au-carre-une-prevention-qui-ne-tourne--9782749214054-page-245.htm

2. Platon, *La République*.

3. Le berger, acte 3, scène 3 dans *Le Conte d'hiver*, William Shakespeare, 1611.

4. https://www.retronews.fr/journal/mercure-de-france-1799-1818/1-janvier-1815/3176/4787514/525

5. https://www.retronews.fr/journal/le-memorial-catholique/1-septembre-1824/3352/5021224/5

6. Le journal rapporte les propos que l'empereur d'Autriche tient à propos de la jeunesse.

7. https://www.retronews.fr/journal/le-journal-amusant/25-aout-1860/46/1155299/2

8. « The Conduct of Young People », *Hull Daily Mail*, 1925. Citation tirée de cet article de la BBC : https://www.bbc.com/worklife/article/20171003-proof-that-people-have-always-complained-about-young-adults

9. Scottish Rights of Way : More Young People Should Use Them, *Falkirk Herald*, 1951.

10. https://www.science.org/doi/10.1126/sciadv.aav5916

11. https://www.moustique.be/actu/2021/02/10/la-juvenophobie-ou-quand-nous-aimons-detes-ter-les-jeunes-187874

12. Alain Vergnioux, Marc Lemonnier, « Les adolescents des années soixante : salut les copains ! », *Le Télémaque*, 2010/2 (n° 38, DOI : 10.3917/tele.038.0087). URL : https://www.cairn.info/revue-le-telemaque-2010-2-page-87.htm

13. https://www.youtube.com/watch?v=rOaHwxOwqiY

14. https://www.lemonde.fr/societe/article/2011/11/23/le-jugement-severe-des-francais-sur-la-jeunesse_1608043_3224.html

15. https://www.lexpress.fr/emploi/les-jeunes-salaries-individualistes-et-moins-efficaces_1071771.html

16. https://rmc.bfmtv.com/replay-emissions/estelle-midi/penurie-de-main-d-oeuvre-les-jeunes-sont-ils-paresseux_VN-202205110366.html

17. https://www.lesechos.fr/tech-medias/hightech/sur-tiktok-des-defis-innocents-stupides-ou-dangereux-1777707

18. https://www.huffingtonpost.fr/entry/les-enfants-daujourdhui-revent-plus-detre-youtubeur-quastronaute_fr_5d3199efe4b020cd9941fa69

19. https://www.challenges.fr/magazine/l-abstention-des-jeunes-mine-notre-democratie_348472

20. https://www.marianne.net/societe/narcissisme-exacerbe-incapacite-gerer-ses-emotions-individualisme-les-symptomes-d-une

21. https://www.francetvinfo.fr/sante/maladie/coronavirus/deconfinement/covid-19-de-plus-en-plus-de-relachement-chez-les-jeunes-qui-font-la-fete_4663111.html

22. https://www.20minutes.fr/faits_divers/2967691-20210202-nord-font-fete-entasses-35-studio-20-m2

23. https://www.tf1info.fr/sante/video-ces-jeunes-qui-veulent-a-tout-prix-faire-la-fete-2163188.html

24. https://twitter.com/GDarmanin/status/1349377492524691460

25. https://www.valeursactuelles.com/clubvaleurs/societe/frederic-dabi-la-jeunesse-constitue-un-terrain-fertile-pour-le-mouvement-woke

26. https://www.valeursactuelles.com/clubvaleurs/lincorrect/non-notre-pays-na-pas-de-dette-envers-sa-jeunesse

27. https://www.valeursactuelles.com/clubvaleurs/lincorrect/langue-des-jeunes-un-retrecissement-linguistique

28. https://www.valeursactuelles.com/clubvaleurs/politique/louis-boyard-swann-perisse-bilal-hassani-linsupportable-visage-de-la-jeunesse

29. https://www.lefigaro.fr/vox/societe/2018/05/05/31003-20180505ARTFIG00097-elisabeth-levy-les-jeunes-c-etait-mieux-avant.php

30. https://twitter.com/OlivierBabeau/status/1539727310940766208

31. Caroline Fourest, *Génération offensée. De la police de la culture à la police de la pensée*, Paris, Grasset, 2020, sorti depuis au Livre de poche.

32. Barbara Lefebvre, *Génération « J'ai le droit » : la faillite de notre éducation*, Paris, Albin Michel, 2018.

33. https://injep.fr/wp-content/uploads/2018/09/CA35.pdf

34. Campagne « Bienvenue aux idéalistes », août 2021, print et web.

https://www.amnesty.fr/actualites/bienvenue-aux-idealistes

Le mirage de l'autonomie : entre chômage, emploi précaire et pauvreté

1. Jean-François Sirinelli, *Génération sans pareille. Les baby-boomers de 1945 à nos jours*, Paris, Tallandier, 2015.

2. L'économiste Jean Fourastié a donné naissance à l'expression qui désigne cette période dans son livre *Les Trente Glorieuses, ou la révolution invisible de 1946 à 1975*, Paris, Fayard, 1979.

3. Le taux de chômage correspond au nombre de chômeurs au sein de la population active (qui est la somme des personnes en emploi et des chômeurs). Ainsi, ce chiffre ne prend pas en compte la part de la population qui est inactive, c'est-à-dire ne recherche pas d'emploi (retraités avant 64 ans, invalides, personnes au foyer…).

4. https://ses.ens-lyon.fr/articles/donnees-taux-de-chomage

5. T2 2022 https://www.insee.fr/fr/statistiques/2532173

6. Source : Insee, Enquête emploi 2021.

7. https://www.francetvinfo.fr/economie/emploi/chomage/pourquoi-le-chomage-des-jeunes-est-il-au-plus-bas_4968669.html

8. Le taux d'emploi renvoie au nombre de personnes en emploi sur le nombre de personnes en âge de travailler, ce qui inclut également les personnes inactives, contrairement au taux de chômage.

9. https://data.oecd.org/fr/unemp/taux-de-chomage.htm

10. https://hal.archives-ouvertes.fr/hal-03125713/document

11. https://www.insee.fr/fr/statistiques/2019653

12. https://www.francetvinfo.fr/replay-radio/le-vrai-du-faux/le-vrai-du-faux-plus-de-75-des-jeunes-qui-entrent-sur-le-marche-du-travail-ne-sont-pas-en-cdi_2237523.html

13. Cela comprend les emplois en intérim, en contrat à durée déterminée (CDD) et en apprentissage.

14. https://www.inegalites.fr/L-evolution-de-la-precarite-de-l-emploi-selon-l-age#nb1

15. De ce point de vue aussi d'ailleurs, la génération des baby-boomers, une fois passée la pénurie de logement des années 1960, a bénéficié d'un contexte favorable à l'accession à la propriété, avec une inflation élevée, des taux d'intérêt réels bas et des politiques publiques volontaristes.

16. Auteur notamment de *Pour une politique de la jeunesse*, Paris, Seuil, 2022, dans lequel on trouve un chapitre intitulé « La marée montante de la précarité ».

17. Camille Peugny appuie ce constat sur les données de la génération X qui a, elle aussi, fait les frais d'un marché du travail plus dégradé que celui de ses parents. Il observe que, même à quarante ans, les personnes ayant rencontré des difficultés à trouver un premier emploi stable enchaînent bien souvent les emplois de moins bonne qualité et moins bien payés, et ce davantage que la génération qui les a précédées.

18. Les jeunes qui ont terminé leurs études en 2010 ont ainsi souvent démarré avec un salaire plus élevé que ceux qui s'insèrent sur le marché du travail en 2018.

19. https://www.insee.fr/fr/statistiques/4238409 Source : Numéro Oblik : « Génération No future ? », *Alternatives économiques*, printemps 2022.

20. « Le marché du travail défavorise les jeunes : rencontre avec Camille Peugny », *Welcome to the Jungle*, 21 novembre 2023.

21. https://www.insee.fr/fr/statistiques/4238409?sommaire=4238781

22. Il est notamment l'auteur d'un livre majeur sur la question : *Le Destin des générations*, Paris, PUF, 2014.

23. https://www.lemonde.fr/campus/article/2019/01/14/meme-un-master-n-offre-plus-la-certitude-d-une-entree-facile-sur-le-marche-de-l-emploi_5408630_4401467.html

24. M. Duru-Bellat, *L'inflation scolaire. Les désillusions de la méritocratie,* Paris, Seuil, 2006.

25. Bourdieu le décrivait en son temps : « Aller au Lycée, cela veut dire chausser, comme des bottes, l'aspiration à devenir prof de Lycée, médecin, avocat, notaire, autant de positions qu'ouvrait le Lycée dans l'entre-deux-guerres. Le décalage entre les aspirations que le système scolaire favorise (indexées sur l'état antérieur du système) et les chances qu'il garantit réellement est au principe de la déception. »

26. Selon une étude de France Stratégie en 2019, les jeunes, notamment les hommes, sont plus exposés au travail au noir que le reste de la population. https://www.strategie.gouv.fr/sites/strategie.gouv.fr/files/atoms/files/coe-rapport-travail-non-declare-fevrier-2019.pdf

27. https://www.leparisien.fr/societe/restos-du-coeur-les-moins-de-26-ans-premiers-beneficiaires-25-11-2019-8201706.php

28. https://www.institutmontaigne.org/publications/une-jeunesse-plurielle-enquete-aupres-des-18-24-ans

29. https://drees.solidarites-sante.gouv.fr/sites/default/files/2023-02/DD106.pdf

30. https://www.fage.org/ressources/documents/source/1/8464-DP-FAGE-ConsultationCROUS_2024.pdf

31. Insee, données 2018.

32. « Comment réformer la fiscalité des successions », France Stratégie, janvier 2017 : https://www.strategie.gouv.fr/sites/strategie.gouv.fr/files/atoms/files/2017-2027-action-critique-transmission_0.pdf

33. Bourdieu Pierre et Passeron Jean-Claude, *Les Héritiers : Les étudiants et la culture*, Paris, Minuit, 1964.

34. https://www.tf1info.fr/education/la-precarite-tue-renoncement-soins-decouvert-detresse-psychologique-etudiant-immole-a-lyon-les-chiffres-de-la-precarite-estudiantine-2137409.html

35. Repères 2020, http://www.ove-national.education.fr/

36. 6 mois depuis la réforme du chômage.
37. Et de travail pour les exilés également.
38. Le prénom a été modifié.
39. Pour Réseau d'éducation prioritaire.
40. https://dares.travail-emploi.gouv.fr/publications/les-jeunes-ni-en-emploi-ni-en-formation-neet
41. Son prénom a été modifié à la demande de l'intéressée.

Quand il vaut mieux hériter que mériter

1. https://www.aefinfo.fr/depeche/661708-en-5-ans-la-part-de-contractuels-a-l-education-nationale-est-passee-de-145-a-22#:~:text=n%C2%B0661708-,En%20 5%20ans%2C%20la%20part%20de%20contractuels%20%C3%A0%20l'%C3%89ducation,%2C5%20 %25%20%C3%A0%2022%20%25.
2. https://www.challenges.fr/education/face-a-la-penurie-de-profs-les-plans-b-des-rectorats-pour-recruter_813909
3. https://www.institutmontaigne.org/publications/une-jeunesse-plurielle-enquete-aupres-des-18-24-ans
4. https://www.lemonde.fr/societe/article/2016/12/15/le-pessimisme-et-la-defiance-de-la-jeunesse-atteignent-des-records_5049316_3224.html
5. Source : Numéro Oblik : « Génération No future ? », Printemps 2022, éditions Alternatives, économiques p. 33.
6. https://www.insee.fr/fr/statistiques/4238409?sommaire=4238781
7. Chiffres correspondant aux chances pour des élèves de 5e d'intégrer une seconde générale et technologique en 2007. Mathieu Ichou, « Évolution des inégalités au lycée : origine sociale et filières », dans *Comment l'école amplifie les inégalités sociales et migratoires ?*, CNESCO, 2016.

8. Source : *Générations désenchantées ? Jeunes et démocratie*. Sous la direction de Laurent Lardeux et Vincent Tiberj, INJEP, 2021

9. Source : Numéro Oblik : « Génération No future ? », *op. cit.*

10. https://www.avise.org/articles/en-france-les-inegalites-scolaires-saggravent

11. Au-delà de l'école, il faut en France 6 générations pour sortir de la catégorie des moins aisés (10 % les plus pauvres) et se hisser au niveau de revenu moyen. « A Broken Social Elevator ? How to Promote Social Mobility », 15 juin 2018, OCDE.

12. https://www.cnesco.fr/wp-content/uploads/2016/09/160926-Inegalites-scolaires.pdf

13. Direction de l'évaluation, de la prospective et de la performance (DEPP), République française, « L'état de l'école 2021 : Une analyse statistique du système éducatif », Ministère de l'Éducation nationale, de la Jeunesse et des Sports, novembre 2021.

14. https://www.strategie.gouv.fr/publications/nes-meme-etoile-origine-sociale-niveau-de-vie

15. « La cécité aux inégalités sociales condamne et autorise à expliquer toutes les inégalités, particulièrement en matière de réussite scolaire, comme inégalités naturelles, inégalités de dons. » *Les Héritiers*, de Bourdieu et Passeron, Minuit, 1964.

16. https://www.sudouest.fr/politique/education/education-degradation-des-conditions-de-travail-des-directeurs-de-colleges-et-lycees-selon-une-etude-7214588.php

17. https://www.lemonde.fr/societe/article/2021/11/23/un-rapport-senatorial-pointe-la-degradation-des-conditions-de-travail-des-enseignants_6103326_3224.html

18. Dont je parle principalement ici car les jeunes de plus de 18 ans dont je parle dans ce livre sont très minoritaires à être encore dans le secondaire.

19. https://www.lemonde.fr/societe/article/2022/08/08/enseignement-superieur-les-formations-privees-attirent-de-plus-en-plus-d-etudiants_6137449_3224.html

20. https://www.lemonde.fr/campus/article/2022/01/17/l-insolente-sante-de-l-enseignement-superieur-prive_6109765_4401467.html

21. *Entrez rêveurs, sortez manageurs : formation et formatage en école de commerce*, Maurice Midena, La Découverte, janvier 2021.

22. D'après les données du ministère de l'Enseignement supérieur, 12,7 % des étudiants des écoles de commerce en France étaient boursiers sur l'année scolaire 2018-2019, contre 37,5 % dans l'ensemble du supérieur.

23. https://www.xerfi.com/blog/Grandes-manoeuvres-en-perspectives-dans-l-enseignement-prive_1138

24. https://www.educavox.fr/accueil/debats/le-boom-du-prive-dans-l-enseignement-superieur-francais

25. On peut citer notamment le projet STAR (Student Teacher Achievement Ratio) mené aux États-Unis de 1985 à 1990, ou encore le bilan de l'expérimentation CP par Pascal Bressoux et Laurent Lima publié en 2011.

26. https://www.alternatives-economiques.fr/la-france-championne-du-soutien-scolaire/00011799

27. http://archives.strategie.gouv.fr/cas/system/files/2013-01-10-soutienscolaire-na315.pdf

28. Insee 2021, « Portrait social de la France » : https://www.insee.fr/fr/statistiques/5432517?sommaire=5435421

29. https://www.insee.fr/fr/statistiques/5432517?sommaire=5435421

30. Insee 2021, « Portrait social de la France ».

31. https://www.insee.fr/fr/statistiques/1373852?sommaire=1373855

Marie-Émilie Clerc, Olivier Monso et Erwan Pouliquen, *Les inégalités entre générations depuis le baby-boom*.

32. https://edito.seloger.com/actualites/france/25-ans-prix-de-l-immobilier-france-a-triple-article-40099.html

33. https://www.huffingtonpost.fr/politique/article/la-politique-du-logement-parent-pauvre-du-quinquennat-les-jeunes-parmi-les-victimes_191927.html

34. https://www.francetvinfo.fr/economie/syndicats/info-franceinfo-cout-de-la-vie-etudiante-pres-de-20-des-etudiants-ne-mangent-pas-a-leur-faim-selon-une-etude-de-la-fage_6293136.html

35. https://www.francetvinfo.fr/societe/education/temoignage-en-ce-moment-je-dors-chez-des-amis-des-etudiants-confrontes-a-la-penurie-de-logements_6037304.html et https://www.lemonde.fr/societe/article/2023/08/27/logement-etudiant-je-ne-sais-pas-ou-ma-fille-va-dormir-a-la-rentree_6186697_3224.html

36. https://drive.google.com/file/d/1TM5x8Arq4V1twD_RC2_q5OgXq9Ptr3vK/view

37. Le prénom a été modifié.

38. https://www.insee.fr/fr/statistiques/3315412

39. CAE 2021, « Repenser l'héritage ».

40. https://www.youtube.com/watch?v=wZNFc-fmz8MA

41. https://www.ccomptes.fr/fr/publications/les-prelevements-obligatoires-sur-le-capital-des-menages

Les réformes en carton des politiques publiques de la jeunesse

1. François Mitterrand (1916-1996), Discours à l'Assemblée nationale, 8 mai 1968.

2. Camille Peugny, *Pour une politique de la jeunesse*, Paris, Seuil, 2022.

3. *Ibid.*

4. À part pour une petite minorité de jeunes répondant à des conditions spécifiques : être un parent isolé

ou avoir travaillé deux ans à temps plein durant les trois années qui précèdent la demande.

5. Léa Lima, « Politiques d'insertion et citoyenneté sociale des jeunes ». Valérie Becquet éd., *Politiques de jeunesse : le grand malentendu*. Champ social, 2012.

6. Le prénom a été modifié

7. Les Crous sont les Centres régionaux des œuvres universitaires et scolaires.

8. https://www.liberation.fr/checknews/est-il-vrai-que-100-des-logements-du-crous-ont-ete-renoves-sous-le-quinquennat-macron-comme-laffirme-vidal-20220120_NSNKMJTNTZBGLLBG6A53PRVSPE/

9. https://twitter.com/PikettyLeMonde/status/1372830168725778434

10. https://etudiant.lefigaro.fr/article/emmanuel-macron-accuse-de-vouloir-rendre-l-universite-payante-les-syndicats-etudiants-vent-debout_98086728-777e-11ec-a6e3-975a64a66243/

11. https://www.lemonde.fr/economie/article/2022/02/16/des-resultats-mitiges-pour-le-tres-couteux-plan-1-jeune-1-solution_6113886_3234.html

12. Florence Ihaddabene est maîtresse de conférences à l'université Picardie-Jules Verne et spécialisée dans la sociologie du travail des jeunes.

13. https://www.mediapart.fr/journal/france/271021/macron-n-est-pas-le-president-des-jeunes

14. La réforme du chômage a été annoncée dès 2017, au prétexte d'un système d'indemnisation des chômeurs et chômeuses « trop généreux » et a été définitivement validée le 15 décembre 2021 par le Conseil d'État. Il faut désormais travailler 6 mois au lieu de 4 pour prétendre à des indemnités.

15. Selon la réforme de l'assurance-chômage entrée en vigueur le 1er juillet 2021 : https://www.unedic.org/sites/default/files/2021-04/Impact%20evolution%20

regles%20assurance%20chomage%201er%20juillet%20 2021_3.pdf

16. https://www.telerama.fr/debats-reportages/pass-culture-audiovisuel-le-budget-de-la-culture-explique-en-quatre-chiffres-cles-7012234.php

17. https://www.opinion-way.com/fr/component/edocman/opinionway-pour-economie-matin-et-taiga-les-francais-et-l-expatriation-decembre-2023/view document/3242.html?Itemid=0

Internet, piège et refuge d'une génération

1. https://www.ouest-france.fr/leditiondu-soir/2022-03-30/qui-est-le-youtubeur-michou-deuxieme-personnalite-preferee-des-7-14-ans-c37b41e5-452f-421e-a277-71c814fb0fa1

2. https://www.youtube.com/watch?v=IFcxEfRO3n4

3. Léna Situations, *Toujours plus,* + = +, Paris, Robert Laffont, 2020.

4. https://www.youtube.com/watch?v=Q6XL9Xy_CvI

5. Intitulé « Le livre qui se vend le mieux en France est tellement sucré qu'il rend les doigts poisseux ; nous en déconseillons sa lecture aux diabétiques » ! https://www.lefigaro.fr/livres/frederic-beigbeder-autobiographie-d-une-inconnue-celebre-20201106

6. https://addictions-france.org/actualites/publicites-pour-les-paris-sportifs-une-reglementation-efficace-simpose-pour-lutter-contre-les-addictions-5121/

7. https://www.ouest-france.fr/sante/addictions/jeux/info-ouest-france-paris-sportifs-ce-que-prepare-le-gouvernement-pour-proteger-les-jeunes-f33d51d2-7835-11ec-b15e-c80a838fe678

8. Stéphanie Marteau, « Euro 2021 et paris sportifs en ligne : l'overdose du "marketing de la misère" », *Le Monde*, 24/06/2021

9. https://www.francetvinfo.fr/sante/drogue-addictions/paris-sportifs-les-jeunes-de-banlieue-directement-cibles-par-les-operateurs_4972467.html

10. https://www.leparisien.fr/economie/tout-pour-la-daronne-winamax-contraint-de-retirer-sa-publicite-17-03-2022-5QAV7FW5UNASBFHBNJ4RR2PGEA.php

11. https://anj.fr/publicite-et-jeux-dargent-lanj-presente-ses-lignes-directrices-et-recommandations

12. https://www.youtube.com/watch?v=eb0sVdXC-tXg

13. Santé Publique France, « Jeux d'argent et de hasard dans le baromètre de Santé publique France 2019 : description des joueurs, des pratiques et des problèmes en population adulte ».

14. https://www.20minutes.fr/societe/3238183-20220219-jeux-argent-jeunes-plus-plus-accros-exposes-addiction

15. https://www.youtube.com/watch?v=O5bWNL-JyUTw

16. https://www.presse-citron.net/cette-etude-kpmg-confirme-lappetit-des-francais-pour-la-crypto/

17. https://www.lemonde.fr/economie/article/2022/05/26/bitcoin-ether-les-jeunes-pris-dans-la-fievre-des-cryptomonnaies_6127711_3234.html

18. Selon une étude réalisée par le cabinet de conseil KPMG en janvier 2022, cité dans *Le Monde* : https://www.lemonde.fr/economie/article/2022/05/26/bitcoin-ether-les-jeunes-pris-dans-la-fievre-des-cryptomonnaies_6127711_3234.html

19. https://www.youtube.com/watch?v=guzwmm0yRL4

20. Cette activité consiste à créer une boutique en ligne, pour commercialiser des produits *via* ce site, et c'est le fournisseur, fabricant de ces produits, qui va prendre en charge l'expédition des commandes et les éventuels retours en cas d'insatisfaction client.

21. https://www.lesechos.fr/finance-marches/marches-financiers/les-jeunes-de-plus-en-plus-victimes-descroqueries-financieres-sur-les-reseaux-sociaux-1372177

22. https://www.lemonde.fr/economie/article/2021/07/28/l-influenceuse-nabilla-paie-20-000-euros-d-amende-pour-pratiques-commerciales-trompeuses-sur-snapchat_6089795_3234.html

23. Ces plateformes permettent à des hommes d'offrir des cadeaux de valeur ou de l'argent à des jeunes femmes en échange de leur « compagnie », ce qui peut induire l'offre de services sexuels. Le 6 avril 2021, le plus grand site de *sugar dating* au monde, Seeking Arrangement, a dévoilé que la France était le pays d'Europe qui comptait le plus de « suggar daddies » sur son territoire.

24. Le prénom a été modifié.

25. OnlyFans est une plateforme de partage de photos et de vidéos, et il faut payer pour y accéder.

26. Un *nude* est une photo de soi-même qu'on prend avec son smartphone, en étant nu ou partiellement dénudé.

27. Le prénom a été modifié.

DEUXIÈME PARTIE
« SOIS JEUNE ET NE T'EN FAIS PAS »

Attentats et recul démocratique

1. https://www.varkeyfoundation.org/what-we-do/research/generation-z-global-citizenship-survey/

2. Le prénom a été modifié.

3. Frédéric Dabi et Stewart Chau, *La Fracture*, Paris, Les Arènes, 2021.

4. L'horloge de la fin du monde est une horloge conceptuelle créée en 1947 dans le contexte de la guerre froide pour représenter, à travers l'analogie du décompte vers minuit, la proximité grandissante du péril pesant sur l'humanité. À l'origine cette horloge évaluait la possibilité d'une guerre nucléaire mondiale ; cependant ce sont désormais les actes terroristes et les conséquences du changement climatique qui rapprochent ses aiguilles du minuit fatidique.

5. En référence au livre de Francis Fukuyama, *La Fin de l'Histoire ou le dernier homme*, traduit par Denis-Armand Canal, Paris, Flammarion, 1992.

6. *Inside Job*, de Charles H. Ferguson (2010), est un documentaire oscarisé qui analyse les causes de la crise financière mondiale.

7. Au cours du mois de mars 2012, Mohamed Merah tua trois militaires, un enseignant et trois enfants d'une école juive à Toulouse et à Montauban.

8. https://www.francebleu.fr/infos/faits-divers-justice/attentats-du-13-novembre-2015-chacun-d-entre-nous-a-vecu-un-mini-traumatisme-le-proces-peut-l-1631096412

9. Gérôme Truc, *Sidérations. Une sociologie des attentats*, Paris, Presses universitaires de France, 2016.

10. « Le terrorisme est une action de violence dont les effets psychologiques sont hors de proportion avec les résultats purement physiques » (Raymond Aron, *Paix et guerre entre les nations*, Paris, Calmann-Lévy, 1962).

11. https://www.science-et-vie.com/article-magazine/attentats-terroristes-vivre-dans-langoisse-ce-que-la-science-dit-du-traumatisme

12. https://www.memoire13novembre.fr/

13. Anne-Sophie Simpere et Pierre Januel, *Comment l'État s'attaque à nos libertés. Tous surveillés et punis*, Paris, Plon, 2022.

La mutation anxiogène de l'information

1. Alain Finkelkraut, *La Seule Exactitude*, Paris, Stock, 2015.

2. https://www.ipsos.com/fr-fr/comment-evolue-la-consommation-media-des-affluents-ces-20-dernieres-annees

3. https://www.insee.fr/fr/statistiques/6036909

4. https://www.ipsos.com/fr-fr/sante-1-adolescent-sur-4-est-touche-par-un-trouble-anxieux-generalise

5. https://www.culture.gouv.fr/Presse/Communiques-de-presse/Les-jeunes-et-l-information-une-etude-du-ministere-de-la-Culture-vient-eclairer-les-comportements-des-jeunes-en-matiere-d-acces-a-l-information#_ftnref1

6. Julia Cagé, Nicolas Hervé et Marie-Luce Viaud, *L'Information à tout prix*, Ina Éditions, 2017.

7. https://theconversation.com/comment-le-11-septembre-sest-imprime-dans-nos-memoires-167674

8. https://www.francetvinfo.fr/faits-divers/attaque-au-siege-de-charlie-hebdo/video-la-femme-d-un-des-otages-accuse-bfmtv-d-avoir-mis-en-danger-la-vie-de-son-mari_793979.html

9. L'acronyme Gafam désigne les cinq entreprises américaines du secteur de la technologie les plus populaires et cotées en Bourse : Google, Apple, Facebook, Amazon et Microsoft.

10. « Les adolescents face aux images violentes, sexuelles et haineuses : stratégies, vulnérabilités, remédiations. Comprendre le rôle des images dans la construction identitaire et les vulnérabilités de certains jeunes ? », recherche réalisée avec le soutien de la Mission de recherche Droit et Justice, de la Fondation de France, la Ligue de l'enseignement, l'Unaf et les Cemea (pour le Cieme).

11. https://www.lemonde.fr/politique/article/2021/04/05/le-rassemblement-national-premier-parti-des-25-34-ans_6075574_823448.html

La crise écologique : une bombe à retardement

1. https://www.inshs.cnrs.fr/fr/cnrsinfo/generation-what-une-sociologue-du-cnrs-dresse-un-portrait-de-la-jeunesse-francaise
2. Par rapport à l'ère préindustrielle.
3. Sondage Ipsos pour *Le Parisien*, 5 février 2022
4. En 2007, un groupe de scientifiques a découvert la présence du virus de la grippe espagnole dans des corps enterrés dans une fosse commune en Alaska dans les années 1920. Ça va être sympa quand toutes les bactéries enfouies depuis des millénaires vont sortir du congel…
5. Dans la mythologie grecque, Cassandre avait reçu d'Apollon le don de prophétie tout en étant condamnée ensuite, pour lui avoir refusé ses faveurs, à n'être jamais crue. Elle passera la totalité de l'*Iliade* à prévenir les Troyens des prochains mouvements des Achéens, sans jamais être écoutée.
6. https://www.lemonde.fr/idees/article/2020/02/20/l-appel-de-1-000-scientifiques-face-a-la-crise-ecologique-la-rebellion-est-necessaire_6030145_3232.html
7. https://twitter.com/ReveilEcolo/status/1512434528131948546
8. https://www.theguardian.com/commentisfree/2022/apr/06/climate-scientists-are-desperate-were-crying-begging-and-getting-arrested
9. https://twitter.com/ccesoir/status/1521232308686049280

10. Voir Olivier Galloy, *Analyse et typologie des réactions individuelles aux discours catastrophistes*, Université libre de Belgique, 2020.

11. https://twitter.com/franceinfoplus/status/1529930879753150464

12. Kari De Pryck, *GIEC : La voix du climat*, Paris, Presses de Sciences Po, 2022.

13. https://twitter.com/cassouman40/status/1547600036829155332

14. https://twitter.com/palomamoritz/status/1511708690621116416

15. https://www.rts.ch/play/tv/-/video/-?urn=urn:rts:video:12994234

16. https://www.leparisien.fr/environnement/des-manifestations-de-jeunes-pour-le-climat-a-travers-la-france-ce-vendredi-25-03-2022-HF3XIEFDBNHA3OKKFFXUSDOC54.php

17. https://www.lemonde.fr/planete/article/2019/10/08/qui-est-extinction-rebellion-le-mouvement-qui-bloque-des-places-et-des-ponts-dans-le-monde_6014616_3244.html

18. Professeure à l'université de Lausanne, Julia Steinberger est chercheuse en économie écologique. Sa spécialité est celle des enjeux sociétaux liés aux impacts du dérèglement climatique.

19. https://infos.ademe.fr/magazine-mars-2022/faits-et-chiffres/les-francais-de-plus-en-plus-conscients-de-lurgence-climatique/

20. https://www.jean-jaures.org/publication/eco-anxiete-analyse-dune-angoisse-contemporaine/?export_pdf=1&post_id=26695

21. Teaghan L. Hogg, Samantha K. Stanley, Léan V. O'Brien, Marc Wilson et Clare R. Watsford, « The Hogg Eco-Anxiety Scale : Development and validation of a multidimensional scale », *Global Environmental Change*, novembre 2021.

22. https://www.thelancet.com/journals/lanplh/article/PIIS2542-5196(21)00278-3/fulltext

23. Antoine Pelissolo et Célie Massini, *Les Émotions du dérèglement climatique*, *op. cit.*

24. Je précise que je parle bien sûr des personnes qui ont les moyens matériels et le temps de s'inquiéter. Pour ceux qui subissent déjà de plein fouet les conséquences du réchauffement climatique, ou ceux qui vivent tout simplement dans une précarité ne leur laissant aucun espace mental disponible pour ce type de considération, ne pas se préoccuper des questions écologiques n'a rien d'une inconscience, c'est tout simplement quasiment impossible.

25. Ce livre est écrit en 2022. Si par un hasard de la vie je devais avoir un enfant (ce qui vraiment, n'est pas au goût du jour), j'écris cette note de bas de page à destination de tous ceux qui se croiraient malins en brandissant alors, victorieux, ce livre : « Ah mais t'avais dit que t'en aurais pas ! » Je me réserve donc le droit de changer d'avis, tout comme j'ai le droit de vouloir un jour accaparer les richesses et lutter contre la redistribution, bref, je revendique le droit de vieillir, quoi. (C'est une blague, j'écris ces lignes à 4 heures du matin, soyez indulgents.)

26. Matthew Schneider-Mayerson et Leong Kit Ling, « Eco-reproductive concerns in the age of climate change », *Climatic Change*, 2020.

27. https://www.lemonde.fr/climat/article/2021/09/14/climat-les-trois-quarts-des-jeunes-jugent-le-futur-effrayant_6094571_1652612.html

28. Une étude qui avait fait beaucoup de bruit à l'époque expliquait que faire un enfant équivalait à émettre 60 tonnes de CO_2 par an, identifiant la mise au monde d'un enfant comme le pire acte écocide pour un individu. Mais cette idée reçue a été notamment démontée par Emmanuel Pont dans son livre *Faut-il arrêter de faire des enfants pour sauver la planète ? Entre question de société et choix personnel*, Paris, Payot, 2022.

29. Selon la Haute Autorité de santé, la vasectomie consiste à obturer les tuyaux qui permettent aux spermatozoïdes de sortir des testicules. Il s'agit d'une méthode considérée comme définitive, car la réussite de l'opération inverse n'est pas garantie.

30. Et si vous êtes arrivés jusqu'ici, vous commencez à comprendre à quel point j'aime les statistiques.

31. https://www.insee.fr/fr/statistiques/5012724#tableau-figure3

32. Hope Dillarstone, Laura J. Brown, Elaine C. Flores, « Climate change, mental health, and reproductive decision-making: A systematic review », PLOS Clim 2(11), 2023 : https://journals.plos.org/climate/article?id=10.1371/journal.pclm.0000236#sec038

33. Je vous épargne son chapitre intitulé « Le mythe de la culture du viol », ce sera pour une autre fois.

34. Les journalistes ont en moyenne 44,8 ans selon l'Observatoire des métiers de la presse, et les moins de 34 ans représentent seulement 18 % des personnes apparaissant à la télévision dans le cadre de programmes d'information. https://www.vie-publique.fr/sites/default/files/rapport/pdf/285750.pdf

35. https://www.reportersdespoirs.org/wp-content/uploads/2020/07/Etude_Climat_ReportersdEspoirs_07072020.pdf

36. La France s'est engagée au niveau international à réduire ses émissions de gaz à effet de serre de 40 % d'ici à 2030 par rapport à 1990. Or les différentes mesures de la loi qui ont pu être quantifiées conduisent, en cumulé, à une baisse de rejets carbonés de presque 12 millions de tonnes par an, soit 10 % du chemin qu'il reste à parcourir. https://www.lemonde.fr/planete/article/2021/02/10/projet-de-loi-climat-des-mesures-nombreuses-mais-pas-a-la-hauteur-des-ambitions_6069399_3244.html

37. https://www.generations-futures.fr/actualites/lettre-ouverte-glyphosate-macron/

38. https://www.francetvinfo.fr/monde/environnement/pesticides/pesticides-les-ventes-ont-augmente-en-2020-mais-l-executif-prevoit-d-inverser-vite-la-tendance_4722073.html

39. https://twitter.com/valmasdel/status/1538155011070476290

40. https://www.science.org/doi/10.1126/science.abi7339

41. https://www.lemonde.fr/climat/article/2021/09/14/climat-les-trois-quarts-des-jeunes-jugent-le-futur-effrayant_6094571_1652612.html

La pandémie, accélérateur de pessimisme

1. https://www.youtube.com/watch?v=tqaqY2nc-wQ

2. Selon Santé publique France et l'Institut national d'études démographiques (Ined).

3. https://www.europe1.fr/societe/malgre-une-faible-mortalite-chez-les-jeunes-le-covid-nest-pas-sans-consequence-4021872

4. Direction de la recherche, des études, de l'évaluation et des statistiques.

5. https://www.lavoixdunord.fr/735258/article/2020-04-02/une-jeunesse-egoiste

6. Pierre Bréchon, Frédéric Gonthier et Sandrine Astor (dir.), *La France des valeurs. Quarante ans d'évolutions,* Fontaine, Presses universitaires de Grenoble, 2019.

7. https://cop1.fr/wp-content/uploads/2021/05/ETUDE-Cop1-Complete-65p.pdf

8. https://www.letudiant.fr/lifestyle/Sante-mutuelle-et-assurance/le-cheque-psy-juge-insuffisant-par-les-professionnels-et-les-syndicats-etudiants.html

9. https://www.courrier-picard.fr/id177172/article/2021-03-26/logement-prime-de-1000eu-pour-les-actifs-de-moins-de-25-ans-cest-deja-la-fin

10. https://www.courrier-picard.fr/id177172/article/2021-03-26/logement-prime-de-1000eu-pour-les-actifs-de-moins-de-25-ans-cest-deja-la-fin

11. Dares : https://www.vie-publique.fr/en-bref/279229-covid-19-chute-du-nombre-de-stages-en-entreprise-en-2020

12. https://www.youtube.com/watch?v=nXZyz-b3xJa4&t

13. https://corporate.apec.fr/home/nos-etudes/toutes-nos-etudes/barometre-2022-de-linsertion-des-jeunes-diplomees.html

14. L'Association pour l'emploi des cadres.

15. Source : Sondage OpinionWay pour les Apprentis d'Auteuil, octobre 2021, conduit auprès d'un échantillon représentatif de 2 500 personnes âgées de 16 ans et plus.

16. Le prénom a été modifié.

17. https://twitter.com/qofficiel/status/1348715136715026432?lang=fr

18. https://www.defenseurdesdroits.fr/fr/rapports-annuels/2021/11/rapport-annuel-enfant-sante-mentale-le-droit-au-bien-etre

19. https://www.liberation.fr/checknews/gestes-suicidaires-chez-les-adolescentes-sos-dune-jeunesse-en-detresse-20220110_USG4W6Q5WNAZZBJLED5776FUSM/

20. https://www.lexpress.fr/actualite/societe/sante/c-est-un-tsunami-en-psychiatrie-l-explosion-de-nouveaux-cas-inquiete-les-medecins_2147569.html

21. https://www.lemonde.fr/sciences/article/2023/02/14/un-jeune-sur-cinq-presente-des-troubles-depressifs_6161695_1650684.html

22. https://media.doctolib.com/image/upload/mkg/file/cp_doctolib_fondation_fondamental.pdf

23. https://ipbes.net/pandemics

24. https://www.radiofrance.fr/franceinter/pourquoi-les-pandemies-seront-elles-de-plus-en-plus-frequentes-2786630

25. Référence à Paul Valéry : « Nous autres, civilisations, nous savons maintenant que nous sommes mortelles. » In *La Crise de l'esprit* (1919).

26. https://www.france24.com/fr/%C3%A9co-tech/20210406-air-france-va-obtenir-une-nouvelle-aide-allant-jusqu-%C3%A0-4-milliards-d-euros

27. https://www.economie.gouv.fr/plan-soutien-filiere-automobile

28. https://www.blast-info.fr/articles/2021/entre-repression-et-criminalisation-les-militants-ecologistes-dans-loeil-du-cyclone-eqeS4WbjSB6N1ki96w7kWA

La culture des jeunes, miroir de l'impasse sociétale

1. https://www.lefigaro.fr/vox/societe/bac-2022-en-ignorant-le-sens-du-mot-ludique-certains-lyceens-confirment-la-baisse-dramatique-du-niveau-20220615

2. https://www.lemonde.fr/economie/article/2022/05/29/les-jeunes-reinventent-les-usages-de-la-lecture_6128097_3234.html

3. Anne Muxel, *Politiquement jeune*, Paris, Éditions de l'Aube/Fondation Jean-Jaurès, 2018.

4. Menée en 2016.

5. https://actualitte.com/article/101315/politique-publique/la-france-enfin-decidee-a-investir-dans-le-developpement-du-livre-audio

6. https://injep.fr/publication/de-spectateurs-a-createurs-multiplicite-des-pratiques-culturelles-et-artistiques-des-jeunes/

7. https://injep.fr/publication/de-spectateurs-a-createurs-multiplicite-des-pratiques-culturelles-et-artistiques-des-jeunes/

8. Si le concept est largement inspiré du film *Battle Royale*, sorti en salle en 2000, la dimension de « divertissement » rediffusé sous forme de téléréalité est plus novatrice. Les films sont inspirés d'une série littéraire à succès composée de trois tomes : *Hunger Games* (paru en octobre 2008), *L'Embrasement* (septembre 2009) et *La Révolte* (août 2010).

9. https://fr.yna.co.kr/view/MYH20211110 06600884

10. https://www.theguardian.com/tv-and-radio/2021/oct/26/squid-games-creator-rich-netflix-bonus-hwang-dong-hyuk

11. « Chute libre », saison 3, épisode 1.

12. https://www.lepoint.fr/pop-culture/l-effondrement-la-serie-qui-avait-tout-predit-27-03-2020-2369041_2920.php

13. Le 10 avril 2006, le Premier ministre Dominique de Villepin retirait sa réforme sur le contrat première embauche, pourtant promulguée une dizaine de jours plus tôt par le président de la République Jacques Chirac. C'est le dernier grand mouvement de convergence entre la jeunesse et les syndicats s'étant soldé par une victoire.

TROISIÈME PARTIE
« SOIS JEUNE ET LÈVE-TOI (MAIS PAS TROP) »

Un rapport compliqué à l'autorité et à l'État

1. Notamment auteur d'un livre intitulé *La Nation inachevée. La jeunesse face à l'école et la police*, Paris, Grasset, 2022.

2. https://www.radiofrance.fr/franceinter/controles-au-facies-en-france-six-associations-francaises-et-internationales-saisissent-le-conseil-d-etat-2664056

3. https://rmc.bfmtv.com/actualites/politique/il-minimise-pour-emmanuel-macron-c-est-l-oisivete-qui-a-motive-les-emeutiers-l-ete-dernier_AV-202401170512.html

4. Un mème est une image diffusée sur le web par le biais des réseaux sociaux, composée d'une photo explicite et d'un texte humoristique ou ironique, écrit, le plus souvent, dans une police large et blanche.

5. https://www.facebook.com/watch/?v=1080105939016173

6. https://www.francebleu.fr/infos/faits-divers-justice/strasbourg-l-adolescent-blesse-au-visage-par-un-tir-de-lbd-est-toujours-immobilise-chez-lui-1552227777

7. Par Amnesty international, Médecins sans frontières, Human Rights Watch… l'association Utopia 56 a même dédié une partie entière de son site à l'historique des violences policières à l'encontre des migrants.

https://utopia56.org/category/plaidoyer/thematique/harcelement-et-violences-policieres/

8. Étude #MoiJeune « 20 Minutes » – OpinionWay, 18 décembre 2020

9. Tirer avec des LBD 40, lanceurs de balles de défense en caoutchouc à l'origine de nombreuses mutilations.

10. https://www.sciencespo.fr/cevipof/sites/sciencespo.fr.cevipof/files/NoteBaroV12_GF%26FL_confiancepolice_mars2021_Versionfinale2.pdf

11. https://www.la-croix.com/France/Contre-racisme-violences-policieres-jeunes-premiere-ligne-2020-06-12-1201099330

Le vote des jeunes, un vote de rupture

1. Le prénom a été modifié.

2. Source : Sondage Ipsos-Sopra Steria pour Radio France, France Télévisions, France24/RFI/MCD, Public

Sénat/LCP Assemblée nationale et *Le Parisien-Aujourd'hui en France* publié dimanche 10 avril.

3. Sondage Ipsos et Sopra Steria pour France Télévision et Radio France publié le 12 juin 2022 : https://www.ipsos.com/sites/default/files/ct/news/documents/2022-06/Ipsos%20Sopra%20Steria_Sociologie%20des%20e%CC%81lectorats_12%20Juin%2020 h 24.pdf

4. https://www.bfmtv.com/politique/elections/legislatives/42-chez-les-18-24-ans-les-jeunes-ont-plebiscite-la-nupes-et-l-abstention-au-1er-tour-des-legislatives_AN-202206120472.html

5. Vincent Tiberj, *Les citoyens qui viennent. Comment le renouvellement générationnel transforme la politique en France*, Paris, PUF, 2017.

6. https://www.lefigaro.fr/actualite-france/vers-un-melenchonisme-des-beaux-quartiers-20220617

7. https://www.jean-jaures.org/publication/declinisme-et-nostalgie-un-cocktail-francais/?post_id=26344&export_pdf=1

8. https://www.bfmtv.com/politique/elections/legislatives/42-chez-les-18-24-ans-les-jeunes-ont-plebiscite-la-nupes-et-l-abstention-au-1er-tour-des-legislatives_AN-202206120472.html

9. Le prénom a été modifié.

10. Je n'ai pas mis le nom de la ville pour qu'il ne puisse pas être identifié.

11. « Mère dans le secteur de la santé à mi-temps gagnant 800 € par mois, père touchant 1 400 € de retraite par mois, grande sœur handicapée mentale à plus de 80 %, et je n'étais pas désiré par mes parent », me précise-t-il.

12. Le prénom a été modifié.

13. Rassemblement national, le parti présidé par Marine Le Pen.

14. Les Républicains, dont la candidate en 2022 était Valérie Pécresse.

15. La France insoumise, dont le président candidat était Jean-Luc Mélenchon.

16. La fenêtre d'Overton symbolise l'étendue de discours socialement acceptables dans une société donnée. Ouvrir la fenêtre d'Overton consiste donc à faire entrer dans cette étendue de nouveaux discours qui jusqu'ici n'étaient pas acceptés par le corps social – le discours anti-woke (c'est-à-dire anti-progressiste) par exemple.

17. Voir *infra*, « La dépolitisation des classes populaires » dans le chapitre « L'abstention : premier parti des jeunes ».

L'abstention : premier parti des jeunes

1. https://www.france24.com/fr/france/20211211-pr%C3%A9sidentielle-2022-la-mal-inscription-sur-les-listes-%C3%A9lectorales-un-mal-fran%C3%A7ais

2. Étude Ifop, 20 juin 2021 : https://www.ifop.com/wp-content/uploads/2021/06/117992-Rapport-JDV-REG21-T1-DET-20 h 30.pdf

3. https://matthieuorphelin.org/wp-content/uploads/2021/10/VF_Etude.pdf

4. https://www.laprovence.com/actu/en-direct/6799739/video-legislatives-2022-il-y-avait-un-vote-aujourdhui-notre-reportage-a-marseille.html

5. Le prénom a été modifié.

6. Le prénom a été modifié.

7. https://eduscol.education.fr/1681/programmes-et-ressources-en-enseignement-moral-et-civique-voie-gt

8. Vincent Tiberj, *Les citoyens qui viennent. Comment le renouvellement générationnel transforme la politique en France, op. cit.*

9. https://www.institutmontaigne.org/publications/une-jeunesse-plurielle-enquete-aupres-des-18-24-ans

10. Source : *Générations désenchantées ? Jeunes et démocratie*. Sous la direction de Laurent Lardeux et Vincent Tiberj, *op. cit.*

11. Alors que l'âge médian des Français est de 41,2 ans : nos représentants politiques sont donc en moyenne plus âgés que les Français dans leur ensemble. Alors imaginez les jeunes… https://www.assemblee-nationale.fr/dyn/vos-deputes

12. Source https://injep.fr/wp-content/uploads/2020/01/rapport-2019-15-jeunes_maires.pdf

13. François de Closets, *La Parenthèse boomers*, Paris, Fayard, 2022.

14. Stéphane Beaud et Gérard Mauger, *Une génération sacrifiée ? Jeunes des classes populaires dans la France désindustrialisée*, Paris, Rue d'Ulm, 2017.

15. Vincent Tiberj appelle ces jeunes « les relégués ».

16. https://twitter.com/SophiaAram/status/1514259761822408716

17. https://www.insee.fr/fr/statistiques/4238379%3F-sommaire%3D4238781

18. https://www.ined.fr/fr/tout-savoir-population/chiffres/france/structure-population/population-ages/

Les différentes formes d'engagement citoyen

1. https://injep.fr/wp-content/uploads/2018/09/fr18_participation_02.pdf

2. https://www.businessofapps.com/data/tik-tok-statistics/

3. https://act.wemove.eu/campaigns/chalutage-fonds-marins?utm_campaign=ocean&utm_medium=video&utm_source=partners

4. https://buzzles.org/2021/01/31/les-reseaux-sociaux-terrain-incontournable-de-lengagement-politique-des-jeunes/

5. Le prénom a été changé.

6. https://fr.yougov.com/news/2021/10/01/boycott-marques-des-18-24-ans/

7. https://www.lesechos.fr/economie-france/social/associations-des-benevoles-plus-jeunes-mais-moins-disponibles-1911266

8. https://www.leparisien.fr/societe/je-ne-pouvais-pas-rester-sans-rien-faire-les-jeunes-ne-se-sont-jamais-autant-engages-dans-le-benevolat-EAQ2TZIFF5EZ3G6PQJOAKGMRSA.php

9. https://www.ouest-france.fr/environnement/ecologie/transition-ecologique/le-peripherique-parisien-bloque-par-des-militants-ecologistes-de-derniere-renovation-53d6f1d6-050f-11ed-8a81-42fa9cc69cd5

10. https://www.arretsurimages.net/emissions/arret-sur-images/militants-climat-les-medias-veulent-des-jeunes-femmes-apeurees

L'engagement politique par le travail

1. Marie Desplats et Florence Pinaud, *Manager la génération Y. Travailler avec les 20-30 ans*, Paris, Dunod, 2015 [2011].

2. Institut national de la jeunesse et de l'éducation populaire, « Les jeunes face au travail, un regard ambivalent reflet de disparités », 2019.

3. https://www.aefinfo.fr/depeche/670319-65-des-jeunes-prets-a-renoncer-a-postuler-dans-une-entreprise-qui-ne-prend-pas-assez-en-compte-l-environnement

4. Institut national de la jeunesse et de l'éducation populaire, *op. cit.*

5. Jean-Philippe Decka, *Le Courage de renoncer. Le difficile chemin des élites pour bifurquer vers un monde durable*, Paris, Payot, 2022.

CONCLUSION

1. https://www.youtube.com/watch?v=1Mw5A-DaHyFo
2. https://www.tiktok.com/@bryanblaffart/video/7119188845890981125?is_copy_url=1&is_from_webapp=v1&lang=fr
3. En remplaçant le PIB par un indice de bien-être notamment.
4. https://www.lemonde.fr/idees/article/2020/02/20/l-appel-de-1-000-scientifiques-face-a-la-crise-ecologique-la-rebellion-est-necessaire_6030145_3232.html
5. https://www.theguardian.com/commentisfree/2021/dec/29/climate-scientist-dont-look-up-madness
6. Dès 1971, Total savait que ses activités étaient directement responsables du réchauffement climatique, mais l'entreprise a continué en dépit de cette connaissance, et a même organisé la fabrique du doute sur le dérèglement climatique en discréditant la science. À travers un lobbying agressif, la compagnie pétrolière a aussi tout fait pour empêcher la régulation de ses activités par des politiques climatiques exigeantes.

BIBLIOGRAPHIE

Yaëlle Amsellem-Mainguy, *Les filles du coin : Vivre et grandir en milieu rural*, Paris, Les Presses de Sciences Po, 2021.

Raymond Aron, *Paix et guerre entre les nations*, Paris, Calmann-Lévy, 1962.

Stéphane Beaud et Gérard Mauger, *Une Génération sacrifiée ? Jeunes des classes populaires dans la France désindustrialisée,* Paris, Rue d'Ulm, 2017.

Pierre Bourdieu, « La "jeunesse" n'est qu'un mot », entretien avec Anne-Marie Métailié paru dans *Les jeunes et le premier emploi*, Paris, Association des Âges, 1978, repris in *Questions de sociologie*, Paris, Minuit, 1984.

Pierre Bourdieu et Jean-Claude Passeron, *Les Héritiers : Les étudiants et la culture*, Paris, Minuit, 1964.

Pierre Bréchon, Frédéric Gonthier et Sandrine Astor, *La France des valeurs : Quarante ans d'évolutions,* Fontaine, Presses universitaires de Grenoble, 2019.

Julia Cagé, Nicolas Hervé et Marie-Luce Viaud, *L'Information à tout prix*, Paris, Ina, 2017.

Louis Chauvel, *Le Destin des générations : Structure sociale et cohortes en France du XXe siècle aux années 2010*, Paris, Presses universitaires de France, 2014.

Tom Chevalier et Patricia Loncle, *Une jeunesse sacrifiée ?*, Paris, Presses universitaires de France, 2021.

François de Closets, *La Parenthèse Boomers*, Paris, Fayard, 2022.

Frédéric Dabi et Stewart Chau, *La Fractur*e, Paris, Les Arènes, 2021.

Jean-Philippe Decka, *Le Courage de renoncer : Le difficile chemin des élites pour bifurquer vers un monde durable*, Paris, Payot, 2022.

Marie Desplats et Florence Pinaud, *Manager la génération Y. Travailler avec les 20-30 ans*, Paris, Dunod, 2015.

Marie Duru-Bellat, *L'Inflation scolaire : Les désillusions de la méritocratie,* Paris, Seuil, 2006.

Jean Fourastié, *Les Trente Glorieuses, ou la révolution invisible de 1946 à 1975*, Paris, Fayard, 1979.

Francis Fukuyama, *La Fin de l'Histoire ou Le dernier homme*, traduit par Denis-Armand Canal, Paris, Flammarion, 1992.

Olivier Galland et Bernard Roudet (sous la dir.), *Une jeunesse différente ? Les valeurs des jeunes Français depuis 30 ans*, Paris, La Documentation française, 2012.

Olivier Galloy, *Analyse et typologie des réactions individuelles aux discours catastrophistes*, Bruxelles, Université libre de Belgique, 2020.

Léa Lima, « Politiques d'insertion et citoyenneté sociale des jeunes », *in* Valérie Becquet, Patricia Loncle et Cécile Van de Velde (sous la dir.), *Politiques de jeunesse : Le grand malentendu*, Champ social, 2012.

Maurice Midena, *Entrez rêveurs, sortez manageurs : Formation et formatage en école de commerce*, Paris, La Découverte, 2021.

Marine Miller, *La Révolte : Enquête sur les jeunes élites face au défi écologique*, Paris, Seuil, 2021.

Anne Muxel, *Politiquement jeune*, Paris, Éditions de l'Aube/Fondation Jean-Jaurès, 2018.

Antoine Pelissolo et Célie Massini, *Les Émotions du dérèglement climatique : L'impact des catastrophes écologiques sur notre bien-être et comment y faire face !*, Paris, Flammarion, 2021.

Camille Peugny, *Pour une politique de la jeunesse*, Paris, Seuil, 2022.

Emmanuel Pont, *Faut-il arrêter de faire des enfants pour sauver la planète ? Entre question de société et choix personnel*, Paris, Payot, 2022.

Kari De Pryck, *GIEC : La voix du climat*, Paris, Presses de Sciences Po, 2022.

Sebastian Roché, *La Nation inachevée : La jeunesse face à l'école et la police*, Paris, Grasset, 2022.

Anne-Sophie Simpère et Pierre Januel, *Comment l'État s'attaque à nos libertés : Tous surveillés et punis,* Paris, Plon, 2022.

Jean-François Sirinelli, *Génération sans pareille : Les baby-boomers de 1945 à nos jours*, Paris, Tallandier, 2015.

Vincent Tiberj, *Les Citoyens qui viennent : Comment le renouvellement générationnel transforme la politique en France*, Paris, Presses universitaires de France, 2017.

Gérôme Truc, *Sidérations : Une sociologie des attentats*, Paris, Presses universitaires de France, 2016.

Paul Valéry, *La Crise de l'esprit*, Paris, NRF/Gallimard, 1919.

« Socrate, la ciguë et les futurs délinquants. Quelques réflexions à propos du rapport Bockel. Document du collectif Pasde0deconduite (novembre 2010) », in *Les Enfants au carré ? Une prévention qui ne tourne pas rond ! Prévention et éducation plutôt que prédiction et conditionnement*, Toulouse, Érès, 2011.

Revues

Global Environmental Change, Teaghan L. Hogg, Samantha K. Stanley, Léan V. O'Brien, Marc Wilson et Clare R. Watsford, « The Hogg Eco-Anxiety Scale : Development and validation of a multidimensional scale », novembre 2021.

Climatic Change, Matthew Schneider-Mayerson et Leong Kit Ling, « Eco-reproductive concerns in the age of climate change », 2020.

Oblik, « Génération No future ? », *Alternatives économiques*, printemps 2022.

Revue Projet, Antoine Dulin et Célia Vérot. « Précarité des jeunes : le grand bizutage », vol. 361, n° 6, 2017.

Le Télémaque, Alain Vergnioux et Marc Lemonnier, « Les adolescents des années soixante : salut les copains ! », 2010/2.

Documentation institutionnelle

Canopé, Régis Guyon (sous la dir.), *Portraits de jeunesses. Diversité*, n° 194, janvier-avril, 2019.

Cnesco, Mathieu Ichou, « Évolution des inégalités au lycée : origine sociale et filières », dans Comment l'école amplifie les inégalités sociales et migratoires ?, 2016.

Conseil d'analyse économique, Clément Dherbécourt, Gabrielle Fack, Camille Landais et Stefanie Stantcheva, « Repenser l'héritage », 2021.

Institut national de la jeunesse et de l'éducation populaire (Injep), Laurent Lardeux et Vincent Tiberj (sous la dir.), « Générations désenchantées ? Jeunes et démocratie », 2021.

Insee, Marie-Émilie Clerc, Olivier Monso et Erwan Pouliquen, « Les inégalités entre générations depuis le baby-boom », 2011.

OCDE, « A Broken Social Elevator ? How to Promote Social Mobility », 15 juin 2018.

Santé Publique France, *Jeux d'argent et de hasard dans le baromètre de Santé publique France 2019 : description des joueurs, des pratiques et des problèmes en population adulte*, 2019.

Film documentaire

Charles H. Ferguson, *Inside Job*, 2010.

REMERCIEMENTS

Tout d'abord, je tiens à remercier du fond du cœur tous les jeunes qui ont accepté de me parler. Vous ne pouvez pas savoir à quel point vos récits m'ont ébranlée, émue, révoltée parfois. Je m'adresse aussi à ceux dont les témoignages ne figurent pas dans le livre, ceux qui m'ont écrit de très longs mails, ceux que j'ai eus au téléphone ou que j'ai rencontrés, et qui ne se reconnaîtront pas dans ces pages. Chaque minute de votre temps a été un cadeau précieux à mes yeux. Si je n'ai pas retenu votre témoignage, ce n'est certainement pas parce qu'il ne m'intéressait pas, mais parce qu'il a fallu faire des choix, et notamment éviter certaines répétitions. N'en doutez jamais : votre voix compte, et elle m'a accompagnée tout au long de l'écriture de ce livre.

Merci donc à Adrien, Alan, Alban, Alex, Alexis, Andy, Angelo, Anna, Antoine, Arthur B., Arthur M., Aryel, Bastian, Bernard, Bertrand, Bryan, Camille, Chams, Chloé, Clément B., Clément C., Damien, David, Élia, Élie, Éloise J., Éloise S., Émilie, Emma, Erik, Esteban, Estelle, Étienne, Florian, Gaëtan, Guillaume, Hélène, Hugo, Islam, Jason, Jérémie, Jeremy, Jérôme, Joseph, Jules, Julien, Juliette, Kéziah, Laura, Léa, Leïla, Léo, Leslie, Lise, Lola, Lorelei, Loris, Lothaire, Lou, Louis L., Louis V.,

Louison, Luna, Maëla, Maëva, Mallaury, Manon, Marion, Martin, Mateo, Mathieu, Maxence, Maxime, Mikhail, Mohamed-Anis, Morgan, Nasser, Nathan D., Nathan M., Nicolas, Nina, Olivier, Oscar D., Pierre, Quentin, Rachel, Raphaël, Romain, Salomée, Sarah B., Satine, Théo, Thibault, Thomas K., Thomas L., Thomas N., Victor, Vincent N., Vincent Z. et Zaouali.

Je voudrais ensuite remercier mon éditrice, Laure-Hélène, qui m'a soutenue avec une patience infinie dans le processus d'écriture. Merci d'avoir eu confiance en moi, d'avoir répondu à mes SMS désespérés à une heure du matin, merci de m'avoir fait me sentir capable et légitime.

Merci à mon père pour son soutien sans faille et à mes petites sœurs pour l'inspiration qu'elles m'ont donnée ; c'est aussi pour elles que j'ai écrit ce livre.

Merci à mon ami Eliot, toujours prêt à passer des nuits blanches pour m'aider dans mes projets les plus fous, grand pourvoyeur d'idées de sous-titres aussi drôles que pertinents (feu « L'Empire contre-attaque »).

Merci à Marion pour sa relecture d'une immense qualité, son discernement et sa précision.

Merci à Mélissa, mon amie de toujours, qui a relu ce livre en pleine période d'examens (qu'est-ce qu'on ne ferait pas par amitié…).

Merci à Anne L. dont la finesse des commentaires m'a redonné courage à un moment où j'en manquais terriblement.

Merci à Emmanuel pour ses remarques exigeantes (et ses conseils en diplomatie), à Thomas (qui fait payer ses relectures en mojitos) et à mon amie et collègue Paloma pour leur regard et leur attention, notamment sur la partie Écologie.

Merci à Yoann, qui a toléré mes humeurs intolérables pendant des mois, et m'a exceptionnellement laissé avaler des dizaines de litres de café sans intervenir.

Merci à Anne D. pour sa bienveillance et son accueil (c'est bien dans la maison du bonheur que j'ai commencé à écrire les premières lignes de ce livre !) et à Antoine pour ses encouragements !

Merci à Ludivine pour sa relecture exigeante de la partie historique.

Merci à tous mes amis pour leur aide inestimable dans la construction de ce livre, en relisant des parties ou, au contraire, en proposant d'en éliminer certaines : Anthony (en pleine vacances d'été !), Sarah V., Naïma, Lenny, Mathias et Galaad.

Merci à tous ceux (ils se reconnaîtront) dont j'ai loupé les anniversaires et les soirées, ou qui m'ont tolérée en vacances avec mon ordinateur greffé à la main, sans jamais m'en tenir rigueur.

Merci à Brigitte pour les bons repas cuisinés en Normandie pendant que je travaillais, et au moulin d'Andé pour son superbe accueil en juillet.

Enfin, merci aux jeunes qui s'accrochent, qui essaient de changer les choses à leur échelle, et merci à ceux de nos aînés qui nous soutiennent déjà, comme à ceux qui se décideront (je l'espère !) à nous soutenir demain.

TABLE

TROISIÈME PARTIE
« SOIS JEUNE ET LÈVE-TOI (MAIS PAS TROP) »

Achevé d'imprimer en février 2024
sur les presses de Normandie Roto Impression s.a.s.
à Lonrai (Orne)
pour le compte des Éditions Payot & Rivages
60/62, avenue de Saxe -75015 Paris
N° d'impression : 2400381
Dépôt légal : mars 2024

Imprimé en France